Heekyoung Cho

•

Translation's Forgotten History

Russian Literature,
Japanese Mediation,
and the Formation
of Modern Korean Literature

Harvard University Press
Cambridge (Massachusetts) / London
2016

Хигён Чо

Забытая история перевода

Русская литература, японское посредничество и формирование современной корейской литературы

Academic Studies Press
Библиороссика
Бостон / Санкт-Петербург
2024

УДК 821.531
ББК 83.3(5)
Ч76

Перевод с английского Алены Кузнецовой

Серийное оформление и оформление обложки Ивана Граве

Чо, Хигён.

Ч76 Забытая история перевода. Русская литература, японское посредничество и формирование современной корейской литературы / Хигён Чо ; [пер. с англ. А. Кузнецовой]. — СПб.: Academic Studies Press / Библиороссика, 2024. — 300 с. — (Серия «Современное востоковедение» = «Contemporary Eastern Studies»).

ISBN 979-8-887196-50-3 (Academic Studies Press)
ISBN 978-5-907767-71-3 (Библиороссика)

Хигён Чо исследует значения и функции, которые перевод придавал современным национальным литературам в период их становления, и переосмысляет литературу как часть динамичного переводческого процесса, направленного на усвоение иностранных ценностей. Исследуя триединство литературных и культурных связей между Россией, Японией и колониальной Кореей и выявляя общую восприимчивость и литературный опыт стран Восточной Азии (которые рассматривали Россию как значимого партнера в формировании своих собственных современных литератур), эта книга выделяет перевод как радикальную и неискоренимую составляющую, а не просто как инструмент, катализатор или дополнение формирования современной национальной литературы, переосмысляя путь развития современной литературы в Корее и Восточной Азии.

УДК 821.531
ББК 83.3(5)

ISBN 979-8-887196-50-3
ISBN 978-5-907767-71-3

© Heekyoung Cho, text, 2016
© Harvard University Press, 2016
© А. Кузнецова, перевод с английского, 2023
© Academic Studies Press, 2024
© Оформление и макет.
ООО «Библиороссика», 2024

Моим родителям, Мун Хедже и Чо Мюндже

Предисловие

Перевод стал одним из ключевых понятий, спровоцировавших переосмысление интерпретаций и представлений о разнообразных культурных феноменах в сфере исследований литературы и культуры. И все же, несмотря на возрастающее понимание формирующей роли перевода, переводная литература до сих пор по привычке считается производной от источника, другими словами, не столь оригинальной, как исходник. Набор правовых режимов, окружающих современное авторское право, — одно из проявлений подобного убеждения и свидетельство его господства. При чтении иностранной литературы мы часто упускаем из виду работу переводчика, а переводы иностранных произведений вряд ли уместно включать в канон литературной истории той или иной страны. Однако период формирования современной литературы в Восточной Азии на рубеже XX века предлагает другой взгляд на перевод. В это время он рассматривался как что-то творческое и аутентичное — наравне с другими видами прозы, как художественной, так и нет. Для многих ведущих интеллектуалов Восточной Азии тех дней перевод стал важным способом воздействия на литературный и социальный дискурсы. В книге «Забытая история перевода» исследуются значения и функции перевода, оказавшие влияние на современную национальную литературу в период ее становления; таким образом, литература переосмысляется как часть динамического процесса согласования иностранных и местных ценностей. Перевод не был дополнением к национальной литературе — он был ее сутью. Исследуя, как корейские интеллектуалы начала XX века переводили и присваивали (apppropriated) русскую прозу, я стремлюсь подчеркнуть, что перевод является радикальной и непременной частью процесса формирования современной национальной литературы, а не просто катализатором или дополнением к нему. Это поможет подтолкнуть к переосмыслению того, как развивалась современная литература в Корее и Восточной Азии. Национальные каноны часто основаны на амнезии относительно процесса их формирования, но если подходить с самого начала к литературе как к процессу, а не объекту, то это позволит точнее и более комплексно понять становление национальной литературы в Восточной Азии и, возможно, предложит модель, подходящую и для ситуации в современной мировой литературе.

Данное исследование пересматривает роль перевода в формировании современной литературы: я анализирую, как в начале XX века, в процессе создания собственной современной литературы, в колониальной Корее через посредничество японских косвенных переводов присваивали русскую литературу. Перевод был неотъемлемой частью формирования современной литературы во многих странах, и Корея не исключение. Писатели присваивали иностранную литературу для создания народного языка, а также использовали ее и литературных деятелей для создания новой публичной роли писателя в обществе. В рамках этого проекта русская литература была важным примером социально ангажированной литературы в условиях авторитарного режима; в Корее начала XX века ее переводили чаще других, не менее значимой она была и для других стран Восточной Азии.

Однако переводы на корейский делались при посредничестве японского языка и японской культуры. Первый опыт чтения русской литературы большинства корейских авторов структурировался колониальными отношениями между Кореей и Японией (1910–1945). Дело в том, что лишь немногие корейские интеллектуалы могли переводить напрямую с русского, а японские переводы русской литературы в большинстве случае были доступны, так что корейские авторы в основном переводили и адаптировали японские версии. Таким образом, выбор японцев — что и как переводить из русской литературы — во многом предопределил ее рецепцию в Корее. Применяя исторический и текстуальный анализ русских произведений, пришедших в Корею через Японию, я утверждаю, что перевод был активной и творческой формой интеллектуальной работы, с помощью которой колониальные интеллектуалы взаимодействовали с окружающей их социополитической реальностью. Использование корейцами русской литературы сформировало часть сообщества интеллектуалов в Восточной Азии — сообщества, которое особенно выделяется схожим применением русской реалистической прозы в процессе развития национальной социально ориентированной литературы.

Хотя перевод являлся неотъемлемой частью и важным процессом в формировании и концепта (или сознания), и сути национальной литературы, его роль была преуменьшена и забыта — а то и намеренно устранена историческим нарративом, представляющим развитие национальной литературы как независимое явление. В освобожденной Корее начиная с 70-х и до начала 90-х годов XX века интеллектуалы спорили — открыто и завуалированно — о том, насколько автономно развитие современной корейской литературы и была ли она продолжением премодерных традиций. Теории о самостоятельном создании, которая делала акцент на внутренней логике развития современной корейской литературы, вновь стало уделяться внимание в начале 1990-х — на фоне споров о настоящей отправной точке — споров, главной целью которых было обнаружение зачатков современной литературы в традиционной, не затронутой колонизацией.

Такой националистический подход можно рассматривать как значимую и даже неизбежную часть процесса, в ходе которого национальная литература, испытавшая полуколонизацию, пытается восстановить культурный суверенитет. Проблема в том, что, настаивая на этой теории, корейские исследователи тем самым принижали значимость иностранной литературы, японского посредничества и, как следствие, самого перевода — все из-за предположения, что литературное влияние показывает недоразвитость литературы и, более того, слабость нации. Вместе с этим данный подход не дает исследователям напрямую подойти к вопросу о колониальном наследии и его влиянии на их собственную научную работу. Однако в 2000-х годах специалисты из Кореи и Америки, занимающиеся изучением Кореи, стали уделять все больше внимания проблеме перевода в современном корейском обществе. Эта тема заинтересовала тех, кто пытается понять фундаментальные характеристики корейского социума. Книга «Забытая история перевода» предлагает новаторское исследование важных отношений между русской и корейской литературой и стремится учесть значение и функцию перевода в современной корейской литературе на этапе ее формирования.

Помимо этого, в данной работе представлена более широкая перспектива, позволяющая понять формирование современной литературы. Японские переводы русской литературы были востребованы и среди современных корейских писателей, и среди китайских авторов Движения 4 мая. На всех них воздействовал образ русской литературы как ориентированной на общество — образ, сформированный в японских литературных кругах и заметно отличающийся от западного, для которого имела значение схожесть с викторианским стилем. Русская литература особым образом повлияла на восточноазиатских интеллектуалов, ищущих новые модели для литературы и новые идеи о социальной роли писателя в эпоху больших перемен. Вне зависимости от того, откуда были авторы — из колонии (Корея), полуколонии (Китай), империалистического государства (Япония), они пытались предложить новый взгляд на мир для общества; русская литература была воспринята лучше всего антиимпериалистически настроенными интеллектуалами не только в Корее и Китае, но и в Японии. Японские антивоенные авторы времен Русско-японской войны (1904–1905) и пролетарские писатели 1920–1930-х годов привычно обращались к русским реалистам XIX века. Это говорит о том, что русская литература была частью восточноазиатского антиимперского космополитизма в начале XX века. В свете отношений, которые выстраивались при помощи русской литературы, книга «Забытая история перевода» призвана углубить наше понимание и восприятие литературного опыта, общего для авторов Восточной Азии, для которых Россия стала значимым «Другим» в процессе формирования современной литературы их стран.

Помимо рассмотрения азиатской литературы, данная книга представляет собой вклад в исследование перевода и (колониального) посредничества. Благодаря переосмыслению перевода в понятиях переписывания и преломления, а не отражения и имитации, переводоведение делает акцент на целевой культуре. Мое исследование помогает лучше понять отношения между переводом и процессом становления национальной литературы: я утверждаю, что важность творческой силы перевода постепенно вытеснялась из истории литературы ради укрепления позиций национальной литературы. Это также относится и к сфере изучения посредничества — в моем случае это анализ косвенных переводов и медиации в отношении культурной передачи между Россией и Кореей.

Основываясь на достижениях предыдущих исследований, эта работа стремится выйти за пределы парадигмы национальной литературы, при этом оставляя место для агентности и важных локальных смыслов. Достижение этого возможно благодаря фокусу на конструктивных процессах, которые перевод влечет за собой. Я надеюсь, что книга «Забытая история перевода» также внесет вклад в гуманитарные науки и послужит отправной точкой для всесторонних исследований формирования современной литературы в глобальном масштабе, перемещений культурного капитала, колониальных исследований и — шире — исследований письма и авторства.

Благодарности

Эта книга стала реальностью только благодаря помощи большого количества людей. В ее основе лежит моя диссертация, поэтому в первую очередь я хочу поблагодарить профессоров Университета Чикаго, которые вдохновляли и поддерживали меня на протяжении многих лет: Чхве Гёнхи, Норму Филд, Брюса Камингса, Майкла Бурдагса и покойную Анну Лизу Кроун. Я также признательна за щедрую помощь и размещение, которые предоставили мне на начальных этапах проекта исследователи из Японии и Кореи: Кодзима Наоко, Хотэй Тосихиро, Ватанабэ Наоки, Чон Гынсик, Ким Юнсик, Ким Вегон, Ким Мёнхван, Ким Хынгю, Ким Чэён и Ли Сангён.

Большую поддержку мне оказали коллеги и друзья из Университета Вашингтона (факультет азиатских языков и литературы), Центра гуманитарных наук Симпсона (программа корееведения, текстологии), из Исследовательского кластера переводоведения и Библиотеки Восточно-Азиатской литературы. Огромную пользу мне принесли беседы с Тедом Маком, Кларком Соренсеном, Кэтлин Вудворд, Давиндером Бхоумиком, Крисом Хаммом, Нам Хвасук, Полом Аткинсом, Дженнифер Дуброу, Висенте Рафаэлем, Синтией Стил, Ли Хёкён и многими другими. Я также должна поблагодарить всех тех, кто на протяжении многих лет давал комментарии и предложения в рамках конференций, воркшопов и лекций, включая Криса Хилла, Джона Трэта и Катерину Кларк.

Эта книга появилась благодаря щедрой поддержке — стипендии НФГН (Национального фонда гуманитарных наук) для университетских преподавателей (при этом любые мнения, выводы, заключения или рекомендации, выраженные в этой книге, не обязательно отражают точку зрения НФГН); стипендии АСНО (Американского совета научных сообществ); премии Исследовательского фонда авторских прав; стипендии Общества ученых Центра гуманитарных наук Симпсона при Университете Вашингтона и стипендии постдокторантуры Совета по изучению Восточной Азии при Йельском университете.

Я благодарна «Женскому журналу Америка — Япония» за разрешение опубликовать часть третьей главы.

Моим друзьям — Минхеа, Суён, Джиын; без них написать эту книгу было бы намного труднее.

Моей семье — родителям, сиблингам, племянницам и племянникам — они поддерживали меня своей любовью на протяжении долгого путешествия. Особая благодарность моему мужу Джастину — самому внимательному читателю и другу, и моей дочери Терин, благодаря которой я смеюсь каждый день.

Заметки о транслитерации и именах

Для записи корейских слов использовалась система Концевича, для японских — система Поливанова, для китайских — система Палладия.

Корейские, китайские и японские имена пишутся в таком порядке: фамилия, имя. При последующем упоминании восточноазиатского имени я использую фамилию. Однако в случае с известными японскими авторами, которых часто называют по имени, я следую этому обычаю и использую имя, а не фамилию при повторном обращении. Так, например, я пишу Сёё при упоминании Цубоути Сёё.

Введение
Перевод и создание современной литературы

Перевод — это способ создания новых смыслов и проводник изменений в обществе. Это подлинно творческая деятельность, роль которой становится особенно заметна на фоне важных исторических и культурных изменений в обществе, как и было в Корее начала XX века. Корейские интеллектуалы, настойчиво ощущавшие груз ответственности в эпоху империализма, рассматривали литературу как воплощение независимого духа народа и символ новой развивающейся цивилизации. Благодаря литературным переводам корейские интеллектуалы могли активно участвовать в социальных и интеллектуальных преобразованиях страны с начала колонизации. Они переводили и адаптировали, проявляя авторскую изобретательность, — с целью создания формы современной литературы, которая отвечала бы исторической ситуации в их обществе. Обычно считается, что переводу недостает творчества и аутентичности так называемого оригинала, и переводческая деятельность не богата историей, свидетельствующей о ее значениях, функциях и ожиданиях в разные периоды и в разных обществах. Однако я покажу, что подобные идеи созданы современным концептом национальной литературы, которая сама по себе является историческим конструктом.

Что значил перевод для формирования национальных литератур в Восточной Азии? Когда «литературный перевод» стал термином, обозначающим передачу иностранного произведения на национальный язык? Что сделало переводчиков и их работу невидимой, иностранный текст — источником, а перевод — его производной? В какой момент граница между *собственной* литературой нации и иностранной стала чем-то самоочевидным — и, соответственно, когда перевод стал особым видом литературной деятельности?

Ироничны отношения между переводом и национализмом. Именно перевод стал тем медиумом, с помощью которого были сконструированы и укрепили свои позиции концепт и сущность национального языка и литературы во всем мире. При этом национализм требует коллективной амнезии происхождения, из-за которой конструирующая роль перевода была забыта. В угоду создания более чистой нации, достойной чувства привязанности больше, чем предшествующая ей социальная и политическая реальность, национализм заставляет стереть из памяти разнообразие этнических и лингвистических истоков. Национальная литература, являясь частью этого процесса, также забыла свои многообразные корни, что неизбежно произошло и со связями с иностранной литературой. История литературы подтверждает и делает эту амнезию естественным процессом, поддерживая идею о непроницаемости границ национальной литературы, — подобные истории были популярны в Корее, особенно после освобождения, с начала 1970-х до начала 1990-х годов. Чтобы понять работу перевода в том времени и пространстве, когда национальная литература еще не успела забыть свои истоки, мы должны переосмыслить сферу перевода.

Забытая история: перевод, национализм, а также национальные язык и литература

«Воображаемые сообщества» Бенедикта Андерсона — эпохальное исследование на тему истоков национализма. Удивительно, но, несмотря на глубину анализа, это также пример слепоты по отношению к переводу, распространенной в исследованиях национализма и национального языка. Для Андерсона вернакуляризация и «фатальность языковой разнородности» — центральные пункты его позиции. Эта тема не может быть разобрана должным образом без упоминания перевода, и все же в книге он отсутствует. Андерсон объясняет основные факторы, приведшие к закату «воображаемых сообществ христианского мира» и сделавшие возможным воображение новых национальных сообществ. «Эзотеризация латыни, Реформация и спонтанное развитие административных родных языков» были для него тремя главными силами, свергнувшими старые сообщества [Андерсон 2001: 65].

Если эти три фактора повлияли на упадок латыни и, таким образом, на появление новых воображаемых сообществ, то, продолжает Андерсон, «что в позитивном смысле сделало эти новые сообщества вообразимыми, так это наполовину случайное, но вместе с тем взрывное взаимодействие между системой производства и производственных отношений (капитализмом), технологией коммуникаций (печатью) и фатальностью человеческой языковой разнородности» [Там же: 67]. Автор объясняет, что не языковая разнородность сама по себе, но именно «взаимодействие» всех трех факторов помогло вообразить новые национальные сообщества. «Печатные языки» Андерсона, которые были следствием взаимодействия между фатальностью, технологией и капитализмом, располагались между латынью и разговорными языками. Они не были лингва франка как латынь, но имели меньше вариаций, чем разговорные языки, и также образовывали поля сообщения между собой. Они позволяли людям понимать друг друга «через печать» и представляли группу людей, понимающих один и тот же печатный язык, как сообщество [Там же].

Объяснениям Андерсона на тему национализма и языков не хватает обсуждения роли перевода. Во-первых, сама вернакуляризация, которая, по словам Андерсона, сделала вклад в «становление национального сознания», появилась и как процесс, и как итог перевода. Народные языки были не записанной версией разговорных, но «переводом» письменного языка, в данном случае — латыни. Кодзин Каратани говорит:

> Когда Данте писал на народном языке, это не было прямым переносом современного ему разговорного языка на письменный. Из различных идиом (Соссюр), существовавших по всей Италии, он выбрал одну. Выбранная им идиома не была стандартом — скорее, из-за того, что использование им народного языка было одной из форм перевода с латыни, его написание (écriture) затем стало стандартным, а остальные идиомы были низведены до статуса диалектов. То же самое верно и для французского с немецким [Karatani 1995: 17–18].

Подобное упущение в теории Андерсона характерно и для недавних исследований на тему вернакуляризации корейского и японского, в которых основное внимание уделяется процессу преодоления разрыва между устной и письменной речью[1].

Во-вторых, не только печатные языки, но и перевод был неотъемлемой частью процесса становления национального сознания. В то время как печатные языки позволяют читателям представить языковое сообщество, члены которого понимают друг друга через печать, перевод между языками позволяет читателям осознать границы сообщества. По словам Наоки Сакаи, «нам приходится переводить (или интерпретировать) один текст в другой не потому, что у нас есть две разные языковые единицы; это потому, что перевод *формулирует* языки так, что мы можем постулировать наличие двух единиц — переводящего и переводимого языков — как если бы они были автономными и закрытыми сущностями посредством *определенной репрезентации перевода*» (выделение в оригинале) [Sakai 1997: 2]. Перевод — это пространство, где неизбежно должны признаваться и обсуждаться различия между языками, которые якобы представлены как закрытые сущности. Таким образом, место, где происходит перевод, — это граница воображаемого лингвистического сообщества.

До начала обсуждения печатных языков Андерсон подчеркивает значимость роли романа в формировании национального

---

[1] К теме отношений между переводом и движением *гэнбун-итти* (дословно «объединение разговорного и письменного языка», кор. *онмун ильчхи*) см. [Levy 2006: 38–39].

сознания: он изменил понятие «одновременности» с вертикального на горизонтальный, и у людей появилась возможность вообразить сообщество, представив посредством чтения романов и газет, что одновременно с ними существуют другие люди и события (газеты, согласно Андерсону, это романы без связи между сюжетами) [Андерсон 2001: 47–58]. Печатный язык, необходимый для написания романа, также возник в процессе перевода иностранных языков. Таким образом, лингвистические элементы и их взаимодействие с другими элементами, введенными Андерсоном для объяснения происхождения нации и национального сознания, тесно переплетаются с проблемой перевода.

Не только концепция национального языка и литературы, но и содержательная форма национальной литературы формировалась посредством противостояния и обсуждения, присущих процессу перевода. Франко Моретти в статье «Гипотезы о мировой литературе» попытался сформулировать систему мировой литературы для объяснения связи между национальными литературами. Отправной точкой для него служат Гёте и Маркс, предвосхитившие рождение мировой литературы:

> «Национальная литература сейчас мало что значит, на очереди эпоха всемирной литературы, и каждый должен содействовать скорейшему ее наступлению», — говорил Гёте Эккерману в 1827 г. А вот что писали Маркс и Энгельс 20 лет спустя, в 1848-м: «Национальная односторонность и ограниченность становятся все более и более невозможными, и из множества национальных и местных литератур образуется одна всемирная литература». *Weltliteratur* — именно ее имели в виду Гёте и Маркс [Моретти 2016а: 78].

Вдохновленный Гёте и Марксом, концепт мировой литературы Моретти все же не является чем-то целостным. Существует «единая мировая литературная система (связанных между собой литератур)», но она «глубоко неравномерна». Его концепт мировой литературы как системы основан на гипотезе «миросистемной школы исторической экономики, с точки зрения которой мировой капитализм является системой, которая одновременно едина и неравномерна: у нее есть ядро и периферия (а также полупериферия), связанные отношениями возрастающей неравномерности» [Там же: 80]. Неравномерность означает, что периферийные литературы подвергаются вмешательству со стороны литератур, расположенных в ядре, но не наоборот.

Взяв за основу наблюдение Фредрика Джеймисона о том, что «не всегда удавалось органично совместить сырой материал японской социальной действительности с формальными структурами западного романа», Моретти разрабатывает определенные правила появления современного романа в местной культуре [Jameson 1993: xiii]. Он утверждает, что

> …в культурах, находящихся на периферии литературной системы (то есть почти во всех культурах — как в Европе, так и за ее пределами), роман современного типа возникает не как самостоятельное изобретение, а как компромисс между западными формальными влияниями (как правило, французскими или английскими) и местным материалом [Моретти 2016а: 85].

По его словам, компромисс между заимствованным и местным — настолько частое явление, что независимое появление романа в испанском, французском и британских случаях нужно рассматривать как исключение из правила [Там же: 90][2]. Под

---

[2] Основная проблема данной статьи, на которую указывали и другие исследователи, это аргумент Моретти о «самостоятельном изобретении» (autonomous development) английского, французского и испанского романов, что стало исключением в истории развития романа. Джонатан Арак опровергает это в статье «Англо-глобализм?», и Моретти соглашается в своей последней статье «Еще гипотезы», что никакого «самостоятельного изобретения» в Западной Европе не было. Таким образом, модель Моретти — ядро-периферия — теряет в силе, но его идея о том, что роман развивается в процессе компромисса, становится универсальной, охватывая все западноевропейские страны. Подробнее см. [Arac 2002: 38; Моретти 2016b: 169]. Тем не менее исследователи все еще считают диффузионистскую модель Моретти проблемной, так как она подтверждает европоцентричный взгляд и игнорирует отношения между «перифериями». Подробнее о Моретти и теориях мировой литературы см. Главу 2.

словом «компромисс» у Моретти подразумеваются сложный процесс согласования иностранной формы (иностранного сюжета), местного материала (местных персонажей) и местной формы (местного повествовательного голоса). Моретти считает местный повествовательный голос самым нестабильным из трех элементов, потому что при согласовании различий повествователь выступает в роли комментатора и оценщика. Появляются «трещины» между «историей и дискурсом, миром и мировоззрением: мир движется в неизвестном направлении, которое продиктовано внешними силами, а мировоззрение пытается это осмыслить и поэтому постоянно выходит из равновесия» [Там же: 96–97].

Меня интересуют не столько различия между этими тремя элементами, сколько сам по себе концепт компромисса Моретти. С моей точки зрения, то, что он понимает под компромиссом, есть не что иное, как перевод — и как процесс, и как его результат (то есть переведенный текст). В книге Лидии Лю о транслингвистической практике в современном Китае хорошо продемонстрированы согласование (компромисс), присущие любому акту перевода, особенно в период формирования современной литературы. Исследуя исторические связи и условия перевода, автор раскрывает сложный процесс, «в ходе которого в принимающем языке, благодаря или вопреки контактам (столкновениям) с гостевым языком, появляются, циркулируют и приобретают легитимность новые слова, значения, дискурсы и способы репрезентации» [Liu 1995: 26]. Компромисс при контакте культур — который был возможен только через процесс перевода, был незаменимым агентом в деле рождения «национальных» языка и литературы. Более того, как показывает книга «Забытая история перевода», отнесение перевода к производным и вторичным литературным актам происходит из-за того, что национальным языкам необходимо скрывать контексты согласования, в которых они рождались.

Обзор вторичного (дальнего) чтения Моретти, посвященный рождению современных романов, намекает на то, что большинство современных национальных литератур возникло одновременно с категорией перевода. Именно перевод был силой, ответственной за конструирование современной национальной литературы в Восточной Азии. По словам Наоки Сакаи, рождение национальных языка и литературы может быть объяснено «режимом перевода»:

> ...рождение — или мертворождение — японского языка связано с очень небольшой частью литераторов восемнадцатого века, когда возникла схема конфигурации. То есть схема конфигурации — это средство, с помощью которого национальное сообщество представляет себя самому себе, тем самым определяя себя как субъекта [Sakai 1997: 15].

Сакаи расширяет сферу своего внимания до национальной литературы, утверждая, что конструирование национальной литературы в современную эпоху было неотделимо от процесса сопоставления. Поэтому с самого начала «конструирование национальной "литературы" всегда сопровождалось конструированием "сравнительной литературы"; национальная литература по своей сути была сравнительной» [Ibid.: 22]. Объяснить появление национальной литературы может не только режим перевода — по-настоящему процесс создания национальной литературы осуществлялся при неослабевающем содействии перевода. На этапе формирования не существовало четко определенных концептов иностранной и национальной литературы и разграничений между ними. Этот непрерывный процесс происходил посредством перевода, который определял их как независимых равнозначных сущностей, а возникшая переводная литература сыграла значительную роль в становлении национальных литератур Восточной Азии.

Несмотря на то что перевод был неотъемлемой частью процесса формирования и концепта национальной литературы и ее сущности, он был обесценен и забыт — или умышленно стерт историей литературы, которая преподносит национальную литературу как независимо сформированный культурный продукт. С 1970-х до начала 1990-х годов корейские исследователи были так или иначе вовлечены в дебаты о том, возникла ли современная корейская литература независимо, или это был результат заимствования, а также существовал ли континуитет между премодерной и современной корейской литературой. Теория самостоятельного изобретения подчеркивала внутреннюю логику в развитии современной корейской литературы и сразу же получила огромное внимание и поддержку исследователей[3]. В начале 1990-х годов эта теория получила новое развитие в виде дискуссии об истинной точке отсчета современной корейской литературы, одной из главных целей которой был поиск корней в корейской литературной традиции [Ку Джунсо 1997]. И все же проблема заключается в том, что, выдвигая эти аргументы, исследователи были склонны принижать взаимодействие корейской и иностранных литератур, влияние японского посредничества и, как следствие, роль перевода в становлении современной корейской литературы.

Это пренебрежение переводом и умаление его роли выходит далеко за рамки дискуссии о современной корейской литературе в Корее. Андре Лефевр указывает:

> истории литературы в том виде, в котором их писали до недавнего времени, почти не оставляли места переводу, так как для историка литературы перевод — это только о «языке», не о литературе: еще одно следствие «монолингвизации» истории литературы историографами романтизма, стремившимися создать «национальные» литературы, предпочтительно как можно менее зараженные иностранным влиянием [Bassnett, Lefevere 1990: 24].

---

[3] Примером новаторского исследования может служить книга «История корейской литературы» («Хангук мунхакса») Ким Юнсика и Ким Хёна. Позднее исследователи переосмыслили этот дихотомический взгляд на корейскую историю литературы, и Ким Юнсик в 1990-х также сменил направление. Чхве Вонсик, также поддерживавший теорию «самостоятельного изобретения», в небольшой статье 1993 года утверждал, что националистическая вовлеченность в историю литературы была следствием «невротического отвращения к влиянию». Он предложил исследователям избавиться от этого «невротического отвращения» и выйти «за рамки теории заимствования» и «теории самостоятельного изобретения» [Чхве Вонсик 1993: 406–407].

По-видимому, подобные же серьезные проблемы были и в современном Китае. Лю упоминает, как в своем исследовании она «не поддалась искушению объяснить *изменения* либо иностранным влиянием, либо местной эволюцией — этот выбор привел бы к преждевременному закрытию вопроса, когда его следовало бы изучать дальше» [Liu 1995: xix]. Чтобы избежать дихотомии «иностранного влияния» и «местной эволюции», что лишает ученого возможности дальнейшего продуктивного исследования, автор обращает внимание на процесс изменения: «Понятие *переведенная современность* (translated modernity) полезно тем, что позволяет выявить и интерпретировать те условные моменты и процессы, которые не сводятся ни к иностранному влиянию, ни к самоочевидной логике местной традиции» (выделено в оригинале) [Ibid.].

На этапе становления современной корейской литературы, то есть в 1900-е, 1910-е и 1920-е годы, переводные тексты иногда оказывали более глубокое воздействие, чем произведения еще только формирующейся национальной литературы. При этом часть творчества писателей находилась на грани того, что сегодня можно назвать плагиатом: перевод включал в себя в том числе сокращения, краткое содержание, адаптацию, присвоение без ссылки на имя иностранного автора. Однако обесценивать и исключать эти произведения из истории локальной литературы было бы некорректно. В это время перевод и творчество не были разделены. На этапе формирования национальной литературы перевод *был* творчеством, а переводные и художественные тексты (написанные очень новой формой современного языка) дополняли друг друга и оказывали взаимное влияние. Это можно визуально показать через аналогию с сосудом Вальтера Беньямина.

Теория Беньямина предлагает вдохновляющий и уникальный взгляд на перевод, который исходит из взаимодополняемости оригинала и перевода. Для него перевод — это не что-то подчиненное оригиналу, а, скорее, его последующая жизнь [Беньямин 2000: 48]. Органичная и взаимная связь между оригиналом и переводом лучше всего объясняется через аналогию с сосудом:

> Подобно тому как осколки сосуда должны полностью совпадать друг с другом, чтобы их можно было составить в одно целое, но не должны быть похожи, так и перевод, вместо того чтобы стремиться к смысловому сходству с оригиналом, должен с любовью во всех деталях освоить способ мышления оригинала и отразить его на своем языке, чтобы и в том и в другом случае, как в осколках, можно было узнать части сосуда или части великого языка [Там же: 54].

Основной аргумент Беньямина заключается в том, что перевод раскрывает родство языков, которые дополняют друг друга, в гармонии с «памятью Божией». Не принимая полностью его мистицизма, я хотела бы подчеркнуть идею Беньямина о взаимодополняемости исходника и перевода. Если оригинал и его переводы — это не про отношения власти и подчинения, направленные в одну сторону, а про взаимодополнение, то обоснованы и требования перевода о независимом по отношению к исходнику пространстве для творчества. Особенно в те времена, когда работа писателя и переводчика не была четко разделена, перевод и художественное письмо были одной масти (или осколками сосуда). Неизбежная роль перевода в принимающей культуре становится более очевидной, когда количество переводных текстов превышает то, что создано местными авторами. Китайский историк литературы А Ин (Цянь Синцунь) подсчитал, что «среди по меньшей мере 1500 опубликованных художественных текстов времен последней декады династии Цин, две трети — это переводы иностранной литературы», цит. по: [Liu 1995: 26].

Переводы должны учитываться историей той или иной национальной литературы, поскольку перевод и расширял репертуар литературы, и служил силой, ответственной за создание современной национальной литературы, — конструкция, которая будет стерта после стабилизации. Полноценное понимание национальной литературы в период ее становления невозможно, если не брать во внимание перевод. Это особенно заметно на примере его роли в формировании современной корейской литературы.

Историчность перевода: разделение авторского труда

В западной теории перевода Цицерон и Гораций были одними из первых противников дословной передачи текста, они предложили перевод смысла. Согласно данной теории, перевод должен выходить за рамки чисто лингвистических или технических задач. Однако эта интеллектуальная позиция неразрывно связана с тем, что их работа была частью империалистического проекта. По словам Лоуренса Венути, «культурные функции римского перевода подчеркивают относительную самостоятельность переводного текста: тождество определяется как общее семантическое и стилистическое соответствие, и тем самым важность его сводится к минимуму» [Venuti 2004: 14]. После завоевания Греции, длившегося с конца III по середину I века до нашей эры, Рим в рамках постколониального проекта должен был создать собственную культуру, частично присвоив греческую, при этом сведя к минимуму то, чем Рим обязан греческому «превосходству». Это стремление «изобретательно и оригинально "воспроизвести" греческого автора на латинском языке было основано не на идеях преемственности или прогресса, а трактовалось задачами завоевания» [Robinson 1997: 52]. С самого зарождения западной теории перевода ни перевод, ни его теории не были нейтральными — напротив, они следовали определенным целям и манипулировали, так что значение термина «перевод», практика, которую он обозначает, и суждения, связанные с этой практикой, различались в зависимости от конкретного исторического и политического контекста, в котором использовался термин. Идеи перевода вне истории не существует.

В начале XX века термин «перевод» (*понёк*) в корейском языке вмещал в себя куда больше практик, чем сейчас. Сам термин «литература» (*мунхак*) был переводным, поэтому следует различать тексты, которые обозначались этим словом, от литературы, традиционно сформировавшейся до этого времени[4]. Более того,

---

[4] Более подробно о том, почему термин «литература» (*мунхак*) был определен как переводное слово, см. Главу 1.

пока определение нового термина «литература» находилось на стадии формирования и признания, корейские интеллектуалы практиковали этот новый стиль письма в процессе чтения и перевода иностранных произведений. Перевод для них был не только актом знакомства с иностранной литературой, но и практикой письма в новом стиле, который пришел из этой литературы. Можно сказать, что перевод — в плане перехода от одной национальной литературы к другой — на данном этапе еще не имел смысла, поскольку сама переводная литература находилась в стадии становления. Перевод создавал возможность своего собственного существования.

Рассуждение Иммануила Валлерстайна о закреплении разделения труда и корреляции относительной стоимости, соответствующей различным видам труда, позволяет объяснить отношения между переводчиком и писателем в период формирования современной литературы в Корее и других странах Восточной Азии. Говоря о капитализме как исторической социальной системе, возникшей в конце XV века, Валлерстайн объясняет усиление разделения труда в истории экономики так: «…рабочим классам стало навязываться общественное разделение труда на производительный и непроизводительный», и производительный труд начал определяться как труд по зарабатыванию денег, а непроизводительный — всего лишь как деятельность по поддержанию жизни [Валлерстайн 2008: 84]. Таким образом, производительный наемный труд стал в первую очередь делом взрослых мужчин, а непроизводительный — женщин и детей. Валлерстайн утверждает, что, хотя разделение труда по полу и возрасту не было изобретением исторического капитализма, при нем оно стало четким и принудительным:

> Новое, что принес исторический капитализм, — это корреляция между разделением труда и его оценкой. Мужчины могли часто выполнять работу, отличную от женской (а взрослые — работу, отличную от таковой детей и стариков), но при историческом капитализме шел процесс постоянного обесценивания женского труда (а также труда молодых и старых) и, соответственно, все большего акцентирования значения труда взрослых мужчин [Там же].

Перевод происходил одновременно с — или (чаще всего) перед — созданием современных литературных произведений на языках Восточной Азии. В большинстве случаев на заре этого процесса виден был только переводчик, в то время как автор оригинала находился в тени. Сейчас, напротив, переводчик невидим. Часто интеллектуалы в начале писательской карьеры переводили и публиковали переводы иностранных авторов. Этот путь выбрали, к примеру, Лу Синь [Лу Сюнь], Фтабатэй Симэй, Ли Гвансу и Хён Джингон. Четкой границы между переводом и творчеством не было, и первое не считалось чем-то менее важным или унизительным. Мой аргумент заключается в том, что в Корее начала XX века разделение труда автора и переводчика не было абсолютным, так что граница между оригинальной работой и переводной была менее четкой, чем сейчас. Таким образом, «корреляция» между разделением труда автора и переводчика и определенной иерархией ценностей — это историческое событие, закрепившееся по мере стабилизации «национальной литературы».

Кажущиеся естественными границы и иерархия ценностей между автором, отличающимся оригинальностью, и переводчиком как имитатором вновь становятся зыбкими, если вспомнить, что «автор» и «авторство» — недавние исторические конструкты. Перевод был обесценен и заклеймен как вторичное и подражательное письмо, поскольку противопоставлялся «оригинальному», которое, в свою очередь, стало важнейшим элементом в конструировании концепции авторства. Широкое распространение этих концепций также подтвердило, что в законах об авторском праве перевод занимает место ниже «оригинала»[5]. Термин «оригинал» приблизился к современному значению в XVIII веке, что еще более осложнило ситуацию. «Слово "оригинальный", которое в Средние века означало "существовавший с самого начала", приобрело смысл "непроизводный, независимый, из первых рук"; и когда Эдуард Юнг в эпохальном тракта-

---

[5] Венути детально показывает, как концепция авторства и авторское право стигматизируют и сдерживают перевод, в частности в Америке и Англии. Подробнее см. [Venuti 1998] и [Venuti 1995].

те "Мысли об оригинальном сочинении" (1759) называл Ричардсона "гением как моральным, так и оригинальным", это слово могло использоваться в качестве похвалы, означая "новый или свежий по характеру или стилю"» [Watt 1962: 14].

Как и понятие «оригинальный», слово «автор» тоже получило свое современное значение в Европе в XVIII веке. Одна из составляющих этих изменений носила экономический характер, поскольку новый класс писателей стал стремиться к финансовой целесообразности продажи своих произведений. Писатели начали переформулировать основные характеристики творчества, что способствовало концептуализации авторства в его современном виде [Woodmansee 1984: 426]. Данное исследование перевода в период становления современной корейской литературы показывает: разделение труда между переводчиком и писателем было неполным, что свидетельствует об историчности самого термина «перевод» и связанных с ним суждений.

Политика в переводе и политика перевода

Обесценивание перевода не сводится только к принижению самих переводных текстов: что важнее, оно подразумевает утверждение эссенциалистских культурных иерархий и поддерживает предположение о культурном превосходстве Запада, который всегда отождествляется с оригиналом.

В противовес ассоциированию перевода с производной литературой, переводоведение как дисциплина зародилось в конце 1970-х годов. Утверждалось, что перевод — это не просто ответвление от сравнительного литературоведения, а область, заслуживающая самостоятельного изучения [Bassnett 2002: 11]. Сьюзен Басснетт во введении к своей книге «Переводоведение» 1980 года верно отмечает как сложность и многогранность переводоведения, так и его важность в качестве области знаний:

> Данная книга представляет собой попытку очертить рамки этой дисциплины, дать представление о том, что было сделано к настоящему моменту, и предложить направления,

в которых необходимы дальнейшие исследования. Важнее всего попытка показать, что переводоведение — действительно самостоятельная дисциплина; не просто небольшое ответвление от сравнительного литературоведения, не особая часть лингвистики, но чрезвычайно сложная область со множеством направлений [Ibid.].

Публикация книги Басснетт ознаменовала закрепление переводоведения в качестве самостоятельной дисциплины, хотя исследования перевода были и раньше [Venuti 2004: 221][6]. Выход в 1990-х годах серии «Переводоведение» ("Translation Studies") под редакцией Сьюзен Басснетт и Андре Лефевра свидетельствует об относительной стабилизации переводоведения как самостоятельной дисциплины[7].

Переводоведение как дисциплина стремится переосмыслить перевод как переписывание и преломление, а не как простое отражение «оригинала»: «Конечно же, перевод — это переписывание (rewriting) оригинального текста. Любое переписывание, независимо от намерений, отражает определенную идеологию и поэтику и как таковое манипулирует литературой, чтобы она функционировала в определенном обществе определенным образом» [Bassnett, Lefevere 1990: preface]. Представление о том, что перевод — это переписывание, подразумевает признание роли власти в, казалось бы, прозрачном процессе перевода. Как проницательно отмечают Басснетт и Лефевр, «в эпоху постоянно усиливающихся разного рода манипуляций изучение манипулятивных процессов в литературе на примере перевода может помочь нам лучше осознать мир, в котором мы живем» [Ibid.]. Подобное понимание перевода как переписывания и есть тот контекст, в который я помещаю свое исследование перевода в колониальной Корее.

Развитие переводоведения было частью переориентации культурных исследований в середине 1970-х годов, когда акцент

---

[6] Книга Басснетт переиздавалась в 1980, 1991 и 2002 годах.

[7] Серия начинается с книги Басснетт и Лефевра «Перевод, история и культура» ("Translation, History and Culture"), опубликованной в 1990 году.

сместился на целевую культуру. Практически одновременно с заявлением Басснетт и Лефевра о необходимости переводоведения как самостоятельной дисциплины ряд других групп выступил с похожими работами. Одной из них, оказавшей сильное влияние на Лефевра, была группа теоретиков полисистемной модели, включавшая Итамара Эвен-Зохара и Гидеона Тури, — их исследования основаны на предположении, что литературные переводы являются фактами принимающей культуры[8].

Однако Дуглас Робинсон справедливо указывает на косность, все еще присущую интеллектуальным представлениям о переводе:

> Должно быть ясно, однако, что интеллектуальные представления, сформированные две тысячи лет назад такими классиками, как Цицерон, Гораций, Плиний и Квинтилиан, чрезвычайно тяжело сдают позиции; на протяжении трех или четырех столетий эти классические идеи считались единственным способом осмысления практики перевода. И действительно, старые представления о переводе — что это чисто лингвистический и в значительной степени обезличенный процесс достижения семантической эквивалентности между текстами — все еще являются доминирующими среди многих интернациональных сообществ переводоведов [Robinson 1997: 12].

Беспокойство Робинсона о продолжающемся доминировании «старых представлений» о переводе может показаться лишним в среде, где с 1990-х годов наблюдается значительный рост числа исследований, посвященных социальным и культурным контекстам, — и сейчас эта область активно изучается и обсуждается. Однако огромный разрыв между активно исследуемой областью и общими представлениями никуда не делся, а быстро развивающаяся сфера машинного и автоматизированного переводов, несмотря на ассоциации с передовыми достижениями цифровой

---

[8] О полисистемной теории см. [Even-Zohar 1979: 237–310] и обновленную версию [Even-Zohar 1990].

эпохи, воспроизводит и укрепляет «старые представления», заложенные в традиционных методологиях перевода, — особенно идею о том, что перевод — «это чисто лингвистический и в значительной мере обезличенный процесс достижения семантической эквивалентности между текстами».

Необходимо подчеркнуть, что каждый исследователь, заинтересованный в переводе (а переводоведение очень широкая и междисциплинарная область, охватывающая различные академические направления), не обязательно должен интересоваться историчностью и политикой, присущим переводческому процессу. Это также не о том, что исследования перевода, посвященные лингвистическим элементам, не нужны. Вместо этого я хотела бы обратить внимание на те представления и последствия, которые они порождают. *Преобладание* в переводоведении исключительно лингвистических подходов, пропагандирующих научные модели исследования, привело к тому, что приоритет отдается якобы свободным от ценностей и объективным исследованиям перевода. В результате в расчет не берутся социальная ангажированность перевода, творчество и манипулятивность, присущие ему, и, что важнее, политика вокруг самого акта перевода и его результатов. Исключительно лингвистические подходы к изучению перевода, игнорируя исторические условия его создания, подтверждают и укрепляют, сознательно или нет, иерархию ценностей между исходными языком и культурой и целевыми.

Критический взгляд исследовательницы на перевод неотделим от ее подхода к таким вопросам, как природа современных литератур в не-западноевропейских культурах. К примеру, современные литературные формы в Корее и Восточной Азии развились в процессе перевода и западноевропейских литератур и согласования с ними. Если считать перевод всего лишь производной формой, которая всегда вторична по отношению к «оригиналу», то современная корейская литература никогда не сможет стать чем-то бóльшим, чем производной европейской литературы. Сами корейские исследователи воспроизводят эту иерархию ценностей.

Проблемные представления в исследованиях перевода в Корее

Многие исследования литературных переводов в Корее проблемны потому, что начинаются с представления о переводе как вторичном тексте по отношению к «оригиналу». К примеру, один из частых выводов — человек, который переводит или присваивает, не до конца понял «оригинал». Однако неверный перевод нельзя автоматически считать неосознанным непониманием исходного текста переводчиком. Даже в случае непонимания очень значимы исследования закономерностей (а также литературных и социальных коннотаций) подобного непонимания, особенно если оно неоднократно встречается в принимающей культуре. Еще одно недопустимое предположение — принимать культурные различия, заложенные в языках, за свидетельства того, что целевому языку чего-то *недостает*. Подобное заранее установленное оценочное суждение способствует распространению идеи о том, что исходный язык и культура являются всеобъемлющими, а целевой язык и культура — неполноценными.

«Хангук кындэ понёк мунхакса ёнгу» («История литературного перевода в модерной Корее») Ким Пёнчхоля, опубликованная в 1998 году, — наиболее полное исследование практик перевода в современной корейской литературе [Ким Пёнчхоль 1998b]. В нем приводится обширный каталог корейских переводов западных литературных произведений, их аннотации и общие закономерности рецепции, основанные, прежде всего, на статистических исследованиях. Эта книга предоставляет нам список корейских переводов для дальнейшего изучения, а также ее можно использовать для обсуждения распространенного представления о том, что перевод демонстрирует неполноценность.

Исследование перевода Кима наиболее важно в качестве обширной базы данных, незаменимость которой стала очевидна сразу после ее создания. Как сообщается во введении, сперва Ким собирал лишь названия корейских переводов английской и американской литературы, что было его специальностью, но вскоре решил включить другие основные западные литературы, такие как французская, русская, немецкая и иногда некоторые другие. Его аннотированный перечень не столь полон, как японский аналог — «Мэйдзи, Тайсё, Сёва хонъяку бунгаку мокуроку» («Индекс переводной литературы времен Мэйдзи, Тайсё и Сёва»), опубликованный в 1959 году, тем не менее представляет собой беспрецедентное и чрезвычайно важное исследование [Кокурицу Коккаи Тосёкан 1959]. Необходимо также отметить попытки автора определить японские переводы, которые в колониальный период служили основой для корейских переводов текстов, изначально написанных на западных языках, — это дает представление о роли японского перевода как медиума в переводческой практике современной Кореи[9].

Одно из ограничений исследования Кима — его постоянное разделение на «хорошие» и «плохие» переводы. Внятных критериев для определения «хорошего» перевода не дается, хотя очевидно, что для Кима полный и верный перевод, безусловно, лучше, чем частичный и носящий характер присвоения. Ким не учитывает социальные и литературные условия, в которых находился переводчик, — для него в приоритете верность оригиналу. Еще одно предположение: решение переводить неканоничные произведения — это показатель недостаточного и незрелого понимания переводчиком литературы, которую он или она собирается переводить [Ким Пёнчхоль 1998b: 302]. Но такие критерии, как литературный канон и эстетическая ценность, не являются ни нейтральными, ни постоянными; их конструируют и легитимизируют внешние литературные условия и интересы. Эстетическая ценность, определяющая «хороший» перевод, также развивалась исторически и во многом произвольна. По иронии, некоторые переводы иногда считали «лучше» не из-за большей верности оригиналу или эстетических соображений, но лишь потому, что они были привычны литературному вкусу

---

[9] Симптоматично, что Ким Пёнчхоль включает таких не-западноевропейских авторов, как индийский поэт Тагор и норвежский писатель Ибсен, но не учитывает переводы китайской и японской литературы.

читателя[10]. Подобные ценности становятся более проблемными в разговоре о переводе, созданном в литературных и культурных условиях, отличных от реалий современного общества.

Другое сомнительное предположение Кима — линейное развитие перевода. Для него литературные переводы в Корее 1900–1910-х годов находились в зачатке или на ранней стадии, а в 1920-х годах их качество выросло. Переводы 1930-х стали еще лучше — и так далее. Подобная идея следует из приоритетов Кима, когда единственно желанным стандартом становится полный и точный перевод. Если следовать этому предположению, то все частичные переводы, неточные присвоения и творческие обобщения, преобладающие в Корее начала XX века, становятся примерами неправильных и незрелых практик перевода. Подобная телеологическая перспектива стирает все разнообразные эксперименты и достижения, которые не соответствуют стандартам перевода, принятым в современном обществе. В сущности, она утверждает мнение, что ранняя современная корейская литература — незрелая и переходная по сравнению с более «завершенной» литературой последующего периода, которая ближе к современной форме западноевропейской литературы. Подобное предположение, служа основой, подтверждает и усиливает принижение и корейской литературы, и перевода как имитации, которые всегда лишь приближаются к западной литературе и, соответственно, к «оригиналу»[11].

---

[10] Подробнее см. "Introduction: Proust's Grandmother and the Thousand and One Nights" («Введение. Бабушка Пруста и Тысяча и одна ночь») в [Bassnett, Lefevere 1990: 1–13].

[11] Исследование Ким Пёнчхоля имеет и ряд недостатков. Во-первых, подсчитывая число переводов, в некоторых случаях он учитывает и рассказ, и сборник рассказов как одну позицию. Во-вторых, он относит постановку иностранной пьесы к переводу, хотя само по себе это не перевод пьесы. В-третьих, он часто делает вывод о наличии связи с тем или иным японским переводом, не приводя при этом убедительных доводов. В-четвертых, когда он пытается показать незрелость и неточность перевода колониального периода, то часто использует более поздний корейский перевод того же иностранного текста. Нет никаких доказательств, что более поздний перевод лучше и таким образом может служить критерием для оценки перевода, опубликованного ранее.

Этика перевода

Ценностные суждения Ким Пёнчхоля о «хорошем» и «плохом» переводе могли бы быть более обоснованными, если бы он воспользовался методологией определения рекомендуемых переводов для разных читательских аудиторий, предложенной Ким Ёнхи. В 2002 году Ким Ёнхи и Исследователи англоведения в Корее (ИАК) запустили проект по созданию аннотированной библиографии корейских переводов английской литературы. Главной целью ее команды было рекомендовать переводы для различных групп читателей, например, «для широкого круга читателей в качестве школьных учебников или как тексты, которые сами по себе являются литературными произведениями» [Kim Young-hee 2004: 239][12]. К примеру, Ким и ее команда проанализировали 36 переводов «Гордости и предубеждения» Джейн Остин, опубликованных после 1945 года, и пришли к заключению, что только два из них близки к тому, чтобы быть рекомендованными переводами. Исходя из этой цели, Ким и ИАК отложили в сторону исторический и культурный контексты создания переводов и оценивали их в зависимости от того, достигли ли переводчики заявленных в предисловиях целей. И хотя Ким Ёнхи сознательно исключила анализ конкретного культурного контекста, в котором создавался перевод, сам ее подход показывает невозможность безоговорочного распространения единых лингвистических норм на все переводы.

И Ким Пёнчхоль, и Ким Ёнхи «оценивают» качество перевода и делают акцент на дословном переводе. Но там, где Ким Пёнчхоль подразумевает, что дословно и точно — это норма для «хорошего» перевода, Ким Ёнхи предполагает, что это не норма, но этический выбор. Основываясь на убеждении Гаятри Спивак в том, что дословный перевод представляет собой сопротивление за-

---

[12] Неясно, что она имела в виду под «текстами [переводами], которые сами по себе являются литературными произведениями», и как бы она отличила литературность конкретных рекомендуемых переводов от других, но я не буду вдаваться в эти вопросы здесь.

падному универсализму и ориентализму, Ким Ёнхи утверждает, что и в Корее "дословные" и "точные" переводы потенциально могут стать силой, противостоящей внутренним и внешним иерархиям лингвистического сообщества» [Ibid.: 245]. По ее мнению, дословные переводы потенциально обеспечивают широкому кругу читателей доступ к иностранному тексту, сопоставимый с доступом специалистов, и тем самым способствуют сокращению разрыва между ними. Она также утверждает, что дословный перевод позволит читателю осознать, что читаемый им английский литературный текст является не нормативным или «естественным», а «иностранным» текстом [Ibid.: 245–246]. Однако автор не развивает свою мысль и не пытается найти конкретный ответ на вопрос, как корейские литературные переводы могут функционировать в качестве сопротивления внешним иерархиям разнообразных лингвистических сообществ. Кроме того, как отмечает и Ким, необходимо задаться вопросом, можем ли мы применять одну и ту же логику ко всем переводящим языкам. Я вернусь к этой проблеме позже.

Эта, казалось бы, лингвистическая методология перевода переплетается с политическими и этическими проблемами. Включая постструктуралистский взгляд на язык в дискуссию об английских переводах третьего мира, Спивак критикует переводчицу, нечувствительную к специфике и «риторичности» языка, с которого она переводит. По мнению исследовательницы, риторика нарушает логику создания агента, и, таким образом, «без чувства риторичности языка в движение приходит разновидность неоколониалистского конструирования не-западной сцены» [Spivak 2004: 371]. Спивак продолжает, утверждая, что

> …при массовом переводе на английский может произойти предательство демократических идеалов в пользу закона сильнейшего. Это случается, когда вся литература третьего мира превращается в мейнстримный корявый перевод (with-it translatese), так что произведение, написанное женщиной из Палестины, по ощущению от прозы напоминает что-то, написанное мужчиной из Тайваня [Ibid.: 371–372].

Таким образом, доместикация перевода иностранного текста, которая уничтожает риторичность текста третьего мира, для Спивак фундаментально империалистична и неэтична.

Спивак не единственная, кто делает акцент на этике, проявляющейся в дословности перевода. Вслед за Антуаном Берманом, который рассматривает дословность как этику перевода, поскольку он превращает переводной текст в пространство, где проявляется культурная инаковость [Berman 1985: 87–91], Лоуренс Венути говорит о форенизирующем (дословном) переводе как о форме сопротивления культурному империализму, заложенному в британской и американской переводческих практиках. Он пишет:

> Смею предположить, что форенизация — в той мере, в какой она стремится сдержать этноцентрическое насилие перевода, — крайне желательна в настоящее время: стратегическое вмешательство в текущую мировую ситуацию, направленное против гегемонистских англоязычных наций и неравноправных культурных обменов, в которые они вовлекают глобальных других. В интересах демократичных геополитических отношений форенизирующий перевод на английский мог бы стать формой сопротивления этноцентризму и расизму, культурному нарциссизму и империализму [Venuti 1995: 16].

Как показано у Спивак и Венути, доместикация в английском переводе текстов стран третьего мира, сглаживая их специфику за счет свободного и легко читаемого перевода, означает, что конфликтность и прерывистость, присущие переводу, становятся невидимыми для читателя. Подобный гладкий и доместизирующий перевод упрочивает господство и универсализм английского языка над иностранным, сводя к минимуму признаваемые различия.

Упомянутые исследования проблематизируют доместикацию (вольный перевод) текстов с языков периферии. При этом, однако, практически нет исследований, которые бы воспринимали вольный, доместицирующий перевод как правомерный этический выбор. Есть риск создать впечатление, будто дословность в переводе всегда морально верна, в то время как вольный и присваивающий перевод — неэтичен. Но этика не является неотъемлемой частью практики дословного, или форенизирующего, перевода; она определяется по-разному в зависимости от социополитического контекста, в котором применяют дословный перевод. Конкретная филологическая методология перевода проявляет свои политические функции только будучи помещенной в конкретный социополитический контекст и взаимодействуя с ним. Возможно, поэтому взгляд Спивак, включенный Ким Ёнхи в корейский контекст, не может получить развития. Зависимость этических воззрений на дословный перевод от социополитического контекста становится очевидной, стоит посмотреть на практики перевода в Корее начала XX века. В ситуации, когда западная форма литературы уже заняла господствующее положение и ее влияние на Корею было односторонним, а не взаимным, присваивающие и доместизирующие практики перевода могли считаться проявлением культурного сопротивления и попыткой развития альтернативной формы литературы. Что же тогда значил перевод и каковы были его функции в Корее начала XX века?

Значение и функции перевода в колониальной Корее

Литературный перевод на корейский язык появился в середине XV века, когда была создана корейская письменность. Среди романов, написанных в Корее эпохи Чосон (1392–1910), около 40 % (то есть 35 из 95 произведений) были определены как переводы [Чо Хиун 1973: 258]. Есть большое количество переводов, которые исследователи не могут идентифицировать, хотя можно предположить, что переводная литература долгое время была не маргинальной, но основной сферой производства литературных произведений на корейском. Категория «корейские переводы» включала в себя корейскую литературу, изначально написанную на китайском, но большинство были переводами китайской народной литературы [Мин Гвандон 1997: 516–517]. По словам Мин

Гвандона, существовало 50 корейских переводов китайских народных романов, а если учитывать адаптации, то их число достигает практически 100 [Там же: 516]. Разделение на переводы и адаптации не является строго обоснованным, при этом подчеркивается, что «если считать за перевод только те тексты, которые соответствуют нашим современным стандартам, то будет лишь один такой перевод — перевод китайского романа "Сон в красном тереме", хранящийся в Библиотеке павильона Наксонджэ» [Там же: 537]. Это означает, что общепринятой практикой перевода был не верный и полный, а адаптивный перевод.

В эпоху Чосон термин *понёк* (перевод), наряду с другими словами, означал разные виды перевода, и, судя по всему, *понёк* не был единственным господствующим обозначением перевода, как в наши дни. Китайское 翻譯[13], корейское обозначение этого же иероглифа *понёк* и обе части в отдельности — 翻 и 譯 — все они использовались в различных контекстах, а также в сочетаниях с разными китайскими иероглифами для создания более конкретных терминов, таких как *чинбон* (眞翻[14]) и *понон* (翻諺[15]) — оба варианта означают перевод с корейского языка на классический китайский. По словам Ли Хёнхи, использование этих терминов было неоднозначным и многоуровневым. Они обозначали: 1) перевод, близкий к сегодняшнему пониманию этого термина; 2) аннотирование звуков (*ымджу*, 音注[16]); 3) копию или печать (*тынса*, 謄寫[17]) [Ли Хёнхи и др. 2014: 55].

Вдобавок к термину *понёк*, такие слова, как *онхэ* (諺解[18]), *исок* (吏釋[19]), *чинбон* (眞翻) и *чикхэ* (直解[20]), использовались для обозначения конкретных типов перевода в премодерной Корее.

---

[13] Кит.: фаньи. — *Примеч. ред.*

[14] Кит. чжэньфань. — *Примеч. ред.*

[15] Кит.: фаньянь. — *Примеч. ред.*

[16] Кит.: иньчжу. — *Примеч. ред.*

[17] Кит.: тэнсе. — *Примеч. ред.*

[18] Кит.: яньцзе. — *Примеч. ред*

[19] Кит.: лиши. — *Примеч. ред.*

[20] Кит.: чжицзе. — *Примеч. ред.*

Перевод осуществлялся по многим направлениям между текстами, написанными на классическом китайском, народном китайском, народном корейском и *иду* (письмо чиновников: китайские иероглифы использовались фонетически для обозначения корейских звуков) [Там же: 72][21]. *Понёк* не был ни привилегированным термином для обозначения определенного типа переложения, как сегодня, ни термином, обозначающим лишь ограниченную деятельность по лингвистическому переводу.

По сравнению с *понёк* термин *понан* (翻案[22], адаптация) почти не использовался как форма переложения до середины 1910-х годов. В «Мэиль синбо», единственной корейской газете, печатаемой по всей стране в 1910-х, термин *понан* не появляется до 20 января 1916 года [Чхве Тхэвон 2010: 12]. Ли Санхёп, выдающийся переводчик, редактор и журналист 1910-х годов, ни разу не использовал термин *понан* для разговора об адаптации; вместо этого он объяснял адаптацию как *понёк* (перевод), который меняет романы западных писателей так, чтобы они соответствовали нашим чувствам и обычаям[23].

Японские художественные произведения эпохи Эдо (1603–1867) также «изобилуют примерами адаптаций повествований династии Мин, а не дословными переводами, несмотря на относительную современную прозрачность китайского языка» [Miller 2001: 4]. Использование этих терминов в Японии в период Эдо и в начале периода Мэйдзи (1868–1912) дает нам еще один интересный пример, который противоречит современным представлениям о них:

> Подобная дихотомия отражена в двух современных японских словах для обозначения текстового перевода: *хонъяку* и *хонъан*. Хотя первый термин, *хонъяку*, появляется в некоторых документах периода Хэйан, новые популярность и значение он приобрел в эпоху Токугава, когда использо-

---

[21] Детальнее см. Гл. 1 (Введение) и Гл. 4 в [Ли Хёнхи и др. 2014].
[22] Кит.: фаньань. — *Примеч. ред.*
[23] Мэиль синбо. 1919. 29 окт. Детальнее о практиках перевода Ли Санхёпа см. [Cho Heekyoung 2013: 153–183].

вался для корреспондентского перевода импортированных научных и медицинских текстов с голландского или других европейских языков. <...> Использование термина *хонъяку* в эпоху Токугава для обозначения чувства соответствия между исходным текстом и переводом содержит здоровую долю уверенности *рангаку* в западных научных инструментах препарирования, наблюдения и идентификации. <...> Обозначая сейчас «адаптацию», изначально термин *хонъан* использовался для разговора о переводе в общем. Со временем, особенно с тех пор, как *хонъяку* приобрел значение дословного перевода, *хонъан* стал означать намеренное изменение или переписывание произведений классической или зарубежной литературы и драматургии. <...> В период Мэйдзи дихотомия между этими двумя словами отражала фундаментально разные цели: *хонъяку* стремился к эффективности и точности для служения прогрессу и просвещению, в то время как *хонъан* стремился приручить и модифицировать иностранное в соответствии с отечественными представлениями, обычно в интересах искусства или развлечения [Ibid.: 12–13][24].

Писатели эпохи Мэйдзи рассматривали перевод-адаптацию (*хонъан*) не как «неполный» концепт верного перевода, но как творческий альтернативный жанр дословного перевода (*хонъяку*). Иерархическая и эволюционная перспектива — от адаптивного (вольного) перевода к верному (дословному) — сформировалась и утвердилась в современную эпоху; она игнорирует историко-культурную специфику, в которой осуществлялись переводы.

Дословность и верность не были критерием для выбора «лучшего» перевода и в Корее. Во время так называемого корейского Просвещения — примерно в 1890–1910-е годы — дословный перевод не был ни однозначным предпочтением, ни желаемой практикой в среде корейских интеллектуалов. В частности, после

---

[24] Миллер, говоря об эпохе Мэйдзи, имеет в виду последние три декады XIX века; он сравнивает адаптации трех авторов эпохи Мэйдзи: писателя юмористических художественных произведений Канагаки Робуна (1829–1894), профессионального артиста-рассказчика Санъютэя Энтё (1839–1900) и драматурга Цубоути Сёё (1859–1935).

того как в 1905 году Корея стала протекторатом Японии, корейские интеллектуалы столкнулись с дилеммой: их рассуждения о нациостроительстве похожи на рассуждения колониальных властей[25]. В подобной исторической ситуации дословные переводы западных и японских текстов стали местом столкновения корейцев с этой дилеммой. Передовая статья одной из газет в 1909 году специально призывала корейскую интеллигенцию не переводить иностранные тексты дословно. Редактор, написавший материал, критиковал неосмотрительность корейских переводчиков, которые переводили иностранные тексты дословно, не заботясь об их уместности для Кореи[26]. «Выбор» переводчика и вытекающие из него «отличия» — и искажения — в переведенном тексте были этичны в покоренной культуре, так как процесс становления чего-то местным, зависящим от коренного населения сам по себе, был способом демонстрации агентности в условиях культурного и политического господства.

При обсуждении дословного перевода в Корее также важен еще один фактор: непрямой, или косвенный, перевод. В чем смысл дословных и верных переводов, если большинство из них — это непрямые переводы с японского? Что значит, например, перевести русскую литературу с японского языка на корейский? Переводчики полагали, что переводят русскую литературу, но на самом деле они переводили не русскую, а японскую. Это усложняет «режим перевода» Наоки Сакаи, в котором языки определяются как две различные сущности: таким образом, для русского и корейского конфигурация режима перевода работает на концептуальном уровне, а для японского и корейского — на практическом. Это отношения не двух следующих друг за другом пар (русский-японский, японский-корейский), но трех сторон. Когда корейские интеллектуалы переводили «русскую» литературу, теоретически именно русская и корейская литература определялись посредством перевода как замкнутые сущности. Однако в реальной

---

[25] Подробнее о дилемме корейских интеллектуалов после аннексии Кореи Японией см. [Schmid 2002].

[26] Тэхан мэиль синбо. 1909. 9 июля.

переводческой практике, поскольку тексты на корейский переводились с японского или подвергались японскому литературному вмешательству, корейский язык выстраивался по отношению к японскому. Таким образом, именно процесс перевода русской литературы знакомил корейских интеллектуалов с японским языком и по иронии судьбы конструировал корейский язык (считавшийся в колониальный период *символом* корейского суверенитета) как эквивалентное языковое образование по отношению к языку колонизаторов.

Симптоматично, что корейские интеллектуалы не подавляли русское присутствие в подобных непрямых переводах, но старались стереть японское; возможно, у них было искушение умолчать о факте косвенного перевода с японского, поскольку это был язык колонизаторов, и корейцы помещали его ниже западных языков и литературы. Таким образом, со временем росло количество косвенных переводов, содержащих имя автора оригинального текста, в то время как японские переводы, к которым обращались и с которых переводили, еще долгое время оставались непризнанными. Преобладание непрямых переводов частично объясняет, почему дословный перевод и дискуссии о нем были редки в колониальный период.

В отличие от историков литературы в период после освобождения, некоторые корейские писатели начала XX века без колебаний признавали и проблематизировали влияние и посредничество японских языка и литературы на корейскую. «Корейские писатели японского производства (*ильбонче*)»[27] — так в 1921 году Ли Иксан перефразировал содержание опубликованной в январе 1921 же года статьи Ли Гвансу, писателя и переводчика[28]. Ли Иксан переформулирует аргумент Ли Гвансу, соглашаясь, что «…это правда. Так как мы учились у Японии. <…> Неизбежна

---

[27] Ли Иксан. Есульчок янсим и кёрёхан ури мундан [Наш литературный мир, лишенный художественного сознания] // Кебёк. 1921. № 11. Май. С. 106.

[28] В этом эссе Ли Гвансу критикует декадентский образ жизни корейских писателей, который, по его мнению, пришел из Японии. Ли Гвансу, «Писатель и самовоспитание» в [Ли Гвансу 1977, 10: 355].

наша имитация того, что мы видели и слышали». Отмечая японское влияние на корейских писателей и литературу, он обвиняет корейских писателей в незнании социально-политического состояния современной Кореи и подчеркивает этическую роль писателей, которые должны вести свой народ в правильном направлении[29]. Независимо от того, были ли эссе Ли Гвансу и Ли Иксана справедливыми или нет, одна из их главных целей заключалась в критике опрометчивости корейских писателей, а для этого им необходимо было привлечь внимание к японскому присутствию в корейской литературе.

Возможно, верно и то, что в 1910-х годах корейские интеллектуалы не посещали Японию с явной целью изучения литературы, и все же они изучали литературу, потому что были в Японии. Ким Донин, к примеру, отправился в Японию изучать юриспруденцию, но познакомился с современной литературой и в итоге стал выдающимся автором рассказов. В своих мемуарах он вспоминает, как не понял, что имелось в виду, когда его друг Чу Ёхан при встрече в Японии заявил о намерении изучать литературу. После чтения японских переводов некоторых западных произведений Ким заинтересовался литературой[30]. Дело было не в том, что корейские интеллектуалы читали литературу, особенно современную ее форму, зная, что это такое; скорее, они узнали, что это благодаря чтению западной и японской литератур. Но чтение большей частью происходило на японском. Поэтому чтение (перевод) западной литературы корейскими интеллектуалами было также процессом интернализации современного японского языка.

Перевод с японского на корейский представлял собой не процесс переложения из одной системы в другую, но сам процесс написания литературного произведения. Ким Донин, к примеру, признал сложность написания художественного произведения

---

[29] Ли Иксан. Есульчок янсим и кёрёхан ури мундан [Наш литературный мир, лишенный художественного сознания] // Кебёк. 1921. № 11. Май. С. 112.

[30] Ким Донин, «Мунхак-ква на» («Литература и я») в [Ким Донин 1964, 8: 390–391].

на корейском, когда в 1919 году только начал публиковать свой журнал «Чханджо» («Созидание»), направленный на избранную аудиторию. Он писал в своих мемуарах:

> японские язык и литература оказались весьма полезными [когда я начал писать свои рассказы]. Японский литературный язык может служить примером [для корейского литературного языка], поскольку его способ выражения, синтаксические и грамматические изменения схожи с корейским языком. <...> Но несмотря на то что сочинение историй в моей голове происходило на японском языке и без каких-либо проблем, мне было трудно... сочинять их на корейском языке[31].

Если так обстояли дела с корейскими писателями по крайней мере в первые два десятилетия XX века, то неудивительно, что некоторые известные корейские авторы создали свои первые художественные произведения — независимо от того, были они официально опубликованы или нет, — на японском языке. К примеру, первая попытка Ли Гвансу написать что-нибудь в современной форме вылилась в рассказ на японском «Аи ка?» («Это любовь?»), а Ким Донин вспоминал, что он написал свой первый рассказ на японском во время пребывания в Японии, хотя детали истории стерлись из памяти[32].

Необходимо подчеркнуть, что авторы признавали посредничество японского языка и литературы в формировании корейской литературы, при этом они отстранились от японского посредничества, что напоминает сам процесс перевода: переводчик сперва уступает переводимому тексту, но затем должен дистанцироваться и отстраниться от него, чтобы перевести своими словами. Аналогично — большинство корейских интеллектуалов признавали влияние японской литературы на корейскую, при этом не относились с энтузиазмом к японской литературе как

---

[31] Ким Донин, «Мунхак чхульбаль» («Начало моей литературной карьеры») в [Ким Донин 1964, 8: 394–395].

[32] Японский рассказ Ли Гвансу «Аи ка?» («Это любовь?») был написан в 1909 году. В случае Ким Донина см. Ким Донин, «Мунхак-ква на» («Литература и я») в [Там же: 392–393].

образцу для подражания. Они признавали Японию в качестве посредника, но не в качестве одной из моделей, которой должны в конечном итоге следовать[33]. Может показаться ироничным, что в действительности они активно использовали японскую литературу и поддерживали с ней связь, возможно, более тесную, чем с любой другой иностранной литературой на протяжении всего колониального периода[34]. Определив японскую литературу как производную и второсортную, они исключили ее из числа образцов для национальной литературы. Такой иерархический образ мышления был проблематичен в глобальном масштабе, поскольку утверждал Запад в качестве универсального, в то же время отвергал культурное доминирование колонизаторов. В процессе создания современной литературы корейским писателям пришлось столкнуться с вдвойне сложной ситуацией: с одной стороны, у них была западная литература, с которой, по их мнению, они должны были соперничать и в то же время подражать ей, а с другой — японская как окно в западную, — а без этого окна они в конечном счете хотели бы обойтись. Этот социальный контекст легитимизирует вольный и неточный перевод как деструктивную, если не подрывную, практику и усложняет суждение об этике дословного перевода в колониальной Корее.

---

[33] Пак Ёнхви, «Чаёнджуый-эсо син-исанджуый-э киуроджинын чосон мундан-ый чхвесин кёнхян» («Недавняя тенденция в корейской литературе о переходе от натурализма к новому идеализму») в [Пак Ёнхи 1997, 3: 19–22]. Корейские интеллектуалы никогда активно не признавали японскую литературу в качестве образца для подражания, хотя некоторые из них упоминали имена японских писателей, их художественные и нехудожественные произведения в своих сочинениях. Например, в статье «Мунхаг-э ттыд-ыль тунын и-эгэ» (с. 3) Ли Гвансу дает ссылки на японские произведения, которые он рекомендует будущим писателям, но он никогда не называет японскую литературу одним из образцов, которому должна следовать корейская, несмотря на огромное влияние японской литературы на его собственное творчество и творчество других корейских писателей, проявившееся во многих аспектах.

[34] Активное использование корейцами японской литературы и тесные литературные связи между Японией, Китаем, Кореей и Тайванем наглядно показаны в книге «Империя текстов в движении» ("Empire of Texts in Motion") Торнбер.

В момент зарождения современной корейской литературы еще не было тех условностей перевода, о которых мы говорим сегодня. Корейские переводчики по ряду признаков были более заметны, чем «авторы» переведенных ими текстов. Во-первых, имена переводчиков были существенно лучше видны на печатных изданиях, чем имена авторов исходных текстов. До 1919 года чаще опускались имена иностранных авторов, чем имена переводчиков. Среди переводов, опубликованных между 1895 и 1909 годами, 61 из 95 появились без имени иностранного автора, в то время как без имени переводчика — только 20. В 1911–1919 годах имен стало меньше, но, как и ранее, преобладали переводческие [Ким Пёнчхоль 1998b: 307, 369][35]. Во-вторых, были распространены вольные и адаптивные переводы с выраженным присутствием переводчика, включая выборочные частичные переводы, реструктуризацию и творческие обобщения[36]. К примеру, среди корейских переводов западных текстов, опубликованных между 1895 и 1909 годами, только 18 из 95 — полные и дословные переводы [Там же: 308]. В-третьих, в качестве переводчиков выступали выдающиеся писатели и интеллектуалы, так что их имена на обложке переведенных текстов были знакомы читателям. Такие корейские писатели, как Ким Ок, Чхве Намсон, Ли Гвансу, Ём Сансоп и Хён Джингон — и это лишь малая часть, — переводили до или одновременно с тем, как сами писали художественную прозу или поэзию.

В Корее начала XX века перевод действительно обладал определенным значением и функцией, но это слово обозначало гораздо более широкий круг деятельности, чем тот, который ассоции-

---

[35] Число переводов резко возросло после 1920-х годов, поэтому статистики у Кима нет.

[36] Практика перевода в Китае во времена поздней Цин также не имела четкого определения и включала в себя «перефразирование, переписывание, урезание, косвенный перевод и изменение стиля» [Wang 1998: 303]. Переводчики воспринимали свои переводы как отличные от «оригинальных», чтобы те служили идеологическим целям, а непреднамеренные ошибки и намеренные искажения порождали непредусмотренные альтернативные аспекты современной литературы. Конкретные примеры см. [Ibid.: 303–329].

руется с ним сегодня. Я использую «перевод» для обозначения двух предметов. Во-первых, это широкий спектр существенных практик и текстов, включая такие типы переложения, как различные перифразы, частичные переводы и адаптации[37]. Расширенное определение понятия «перевод» более целесообразно, поскольку в период становления современной корейской литературы не было ничего, что соответствовало бы узкому современному определению «перевода» как чего-то всегда буквального, полного и верного «оригиналу». Во-вторых, я использую «перевод» как образный термин, обозначающий перенос культурного капитала посредством процесса содержательного перевода и интертекстуальных практик между различными культурными полями.

Переводчики в период становления всегда были также выдающимися авторами и интеллектуалами, а зарождающаяся корейская литература представляла собой пастиш из адаптаций, переводов и других «нелитературных» форм дискурса. Пока создавалось новое определение литературы, корейские интеллектуалы осваивали этот новый стиль письма в процессе чтения и перевода иностранных литературных текстов[38]. Для них перевод был не

---

[37] О разнице между адаптацией и присвоением см. «Введение» и «Часть 1» в [Sanders 2006: 1–41]. «Адаптации и присвоение могут различаться по тому, насколько явно они заявляют о своей интертекстуальной цели. Многие из кино-, теле- или театральных адаптаций канонических литературных произведений, которые мы рассматриваем в этом томе, открыто заявляют о себе как об интерпретации или переосмыслении канонического предшественника. Иногда это связано с личным видением режиссера и может включать или не включать перемещение из культуры в культуру или обновление какой-либо формы; иногда этот реинтерпретационный акт также включает в себя перемещение в новый общий режим или контекст. При присвоении интертекстуальные отношения могут быть менее явными, более укорененными, но часто неизбежно то, что политические или этические взгляды определяют решение писателя, режиссера или исполнителя по-новому интерпретировать исходный текст» [Ibid.: 2].

[38] Больше о взаимоотношениях перевода и зарождения современной японской литературы см. [Levy 2006: 28–33]. Она объясняет, что история современной японской литературы началась с перевода в трех аспектах. Во-первых, *бунгаку* — японский термин, обозначающий «литературу», приобрел новое значение, взяв за основу европейскую концепцию литературы XIX века.

только актом знакомства с иностранной литературой, но и практикой письма в новой идиоме — или дисциплине, — которая сама по себе была определяющей характеристикой этой литературы.

Перевод как методология и предмет

Книга «Забытая история перевода» является частью переводоведения как особой дисциплины, расположенной рядом или в рамках (очень широкого) поля компаративистики. Изучение взаимодействия русской, японской и корейской литератур имеет свою значимость, поскольку оно крайне важно для понимания современной корейской литературы, но обращались к нему редко по ряду причин: контуры холодной войны, препятствовавшие развитию исследований России в Южной Корее, колониальное наследие, мешавшее изучению японо-корейских отношений, и лингвистический вызов — необходимость владения тремя языками. Однако не менее важным в этой книге является новый подход к теме. Цель книги «Забытая история перевода» — не просто проследить влияние определенных идей или литературных форм на корейскую литературу. Более глобальная цель — использовать перевод в качестве методологии и, таким образом, проследить конкретные материальные и институциональные структуры — а также индивидуальные вмешательства, — которые создали «корейскую литературу» различных направлений в колониальный период. Более того, посмотреть, как эта работа по созданию происходила через взаимно образующий процесс перевода (и параллельно процесс создания корпуса текстов) «русской литературы» и «японской

Во-вторых, переводы Нива Дзюнъитиро в стиле *канбун-кудзуси* — японская модификация литературного китайского языка — помогли создать образованную, элитарную аудитории для жанра романа. В-третьих, переводы Фтабатэя Симэя предшествовали написанию им романов, и его успешное использование стиля *гэнбун-итти*, практиковавшееся им сперва в процессе перевода, стало основой современного японского романа. О роли перевода в формировании современных японских идентичностей см. [Levy 2011].

литературы». Именно плотное наслоение этих процессов служит основой для моего аргумента о том, что перевод — это действительно радикальный и неискоренимый элемент конструирования национальной литературы. В этом плане данная книга отличается от компаративных исследований в широком понимании, и именно об этом идет речь в ее методе: попытка показать смыслы и функции, которые перевод (как практика, совокупность переводных текстов и образующая сила) порождал в современных национальных литературах в период их становления. Именно здесь мы можем начать рассматривать литературу как часть динамичного «процесса» согласования различных иностранных и местных ценностей.

Между тем переводу как предмету, как учреждающей силе в формировании современной литературы не уделялось должного внимания, и он был забыт в исследованиях корейской литературы на протяжении многих десятилетий вплоть до середины 2000-х годов, когда к нему вновь проявили интерес. Наряду со статьями и эссе, посвященными переводу в различных контекстах и опубликованными за последнее десятилетие, первые три диссертации о роли перевода в становлении современной корейской литературы вышли в 2010 году: Пак Чинён и Чхве Тхэвон в Корее, а также моя собственная диссертация в Америке [Пак Чинён 2010; Чхве Тхэвон 2010; Cho Heekyoung 2010][39]. Работа Пака представляет собой полезное и обширное введение в переводческую деятельность начала XX века, отображает тенденции и стили перевода с указанием различных издательств и периодов. Однако он не проводит глубокого анализа текстов или того, как отдельные авторы маневрировали в институциональной среде, и сосредоточивает свое внимание на адаптивных переводах

---

[39] Диссертация Пака была опубликована в виде книги в 2011 году [Пак Чинён 2011]. Диссертация Чон Ынгёна также посвящена адаптивным переводам 1910-х годов, но в основе своей исследование посвящено чтению в этот период [Чон Ынгён 2006]. Часть диссертации Ли Хиджона о романах, опубликованных в 1910-х в бюллетене колониального правительства «Мэиль синбо», также посвящена переводным романам в контексте колониальных политики и дискурса [Ли Хиджон 2006].

1910-х годов, серийно публиковавшихся в газете на корейском языке, которая издавалась японским колониальным правительством («Мэиль синбо»). Масштаб диссертации Чхве Тхэвона меньше: в фокусе исследования один автор, Чо Джунхван, переводивший японские романы в 1910-х, также публиковавшиеся в «Мэиль синбо». В диссертации приводится подробное сравнение японских исходных текстов и корейских переводов, показано, какие изменения были внесены в корейские переводы и почему, что станет полезным источником для дальнейших исследований Чо Джунхвана и его эпохи.

Книга «Забытая история перевода» отличается от этих двух исследований, так как в них переводы — называемые «адаптациями» (*понан*), вопреки существовавшей в то время практике, — рассматриваются как особый, недолговечный жанр, который служил мостом между новым романом и первым современным корейским романом, опубликованным в 1917 году. Таким образом, их работы подтверждают общую телеологическую перспективу, которая исключает переводные тексты из рассмотрения в качестве законных составляющих современной корейской литературы. Соответственно, эта исследовательская рамка ограничивает их возможность объяснить влияние перевода (в том числе адаптивного) на корейскую литературу позднее середины 1910-х. Взгляд Пака и Чхве на адаптивные переводы как на переходную форму на пути к зрелой литературе вполне укладывается в стандартную парадигму национальной литературы, против которой и выступает данная книга. Тем не менее их работы являются большим достижением, учитывая трудности с получением источников и отсутствие предыдущих исследований по этой теме[40].

---

[40] Есть также несколько важных исследований на английском языке, которые уделяют внимание переводу в широком смысле, хотя роль перевода в формировании современной литературы и не является их основной темой. О восточноазиатских литературных контактах и взаимодействиях в Японской империи см. [Thornber 2009b]. О связи перевода с колониальными и национальными дискурсами см. [Suh Serk-Bae 2013].

Почему русская литература?

В первые десятилетия XX века корейские интеллектуалы с энтузиазмом импортировали иностранную литературу. Наибольшее предпочтение отдавалось русской литературе. Процесс внедрения и перевода иностранной литературы начался в 1900-х годах и достиг своего наиболее динамичного пика в 1920-е годы[41]. Эссе корейских писателей свидетельствуют о том, что они охотно искали и читали русскую литературу. К примеру, Ли Хёсок вспоминает, что в старшей школе (начало 1920-х) он и его друзья «тоже читали английских и французских авторов, таких как Харди и Золя, но ничто не могло сравниться с популярностью русской литературы»[42]. Почему корейских писателей привлекала русская литература? Какие элементы они взяли из нее?

Русская литература занимала видное место не только в Корее, но и в других странах Восточной Азии. В конце XIX — начале XX века интеллектуалы Восточной Азии пытались сформировать собственную современную, стилизованную под западную литературу. В Китае, Корее и Японии русская литература была самой популярной «западной» литературой в период становления. Трудно выделить какое-то одно объяснение, но есть ряд факторов, которые следует принять во внимание. Первый — это географическая близость. Политические и географические контакты между этими странами создали необходимость и возможность знать языки друг друга, что вызвало бум в их изучении. Литературные произведения часто использовались в качестве языковых пособий, и изучающие язык знакомились с литературой друг друга, независимо от того, было ли это их основной

---

[41] В 1910-х годах было сделано 89 переводов западных произведений, а в 1920-х — 671, см. [Ким Пёнчхоль 1998b: 414]. В 1920-х было переведено 81 произведение русской литературы, 78 французской, 55 английской, 24 американской и 34 немецкой. Из 81 перевода с русского 23 произведения были рассказами и пьесами Чехова. Подробнее см. [Ким Пёнчхоль 1998c: 188–712].

[42] Ли Хёсок, «На-ый суоп сидэ» («Мой литературный опыт») в [Ли Хёсок 1990, 7: 156–157].

целью[43]. Этот процесс потребовал перевода русской литературы. Более косвенная причина популярности русской литературы заключается в том, что в конце XIX века она вошла в сферу той литературы, которую японцы и корейцы называли мировой, — сложившегося канона европейских шедевров.

Русская литература как мировая существовала в Восточной Азии в основном в переводах на другие европейские языки, с которых и переводили. В Японию многие английские переводы ввозились через книжный магазин «Марудзэн», а прямые переводы с русского языка осуществлялись Православной духовной семинарией и Токийской школой иностранных языков. Нобори Сёму и Фтабатэй Симэй — представители этих школ. В Китае писатели Движения 4 мая опирались на английские, немецкие или японские переводы [Ng Mau-sang 1988: 7]. Есть вероятность, что некоторые корейские писатели читали английские переводы, но большинство контактов в Корее происходило через японские переводы или корейские, основанные на японских. Более того, признание Францией, Англией и другими европейскими странами русской литературы как «мировой» оправдало и ускорило вхождение русской литературы в Восточную Азию[44].

Эти соображения, однако, не могут полностью объяснить первенство русской литературы среди западных в Восточной Азии. Вполне вероятно, что писатели Японии, Китая и Кореи испытывали сильное чувство общности с русскими писателями или героями их произведений. Там, где государство контролирует политический дискурс, литература приобретает силу, выходящую за рамки ее эстетической роли. Царский режим в России, сильное государство в современной Японии, японское колониальное правительство в Корее — все они контролировали то, что можно говорить на публике, и блокировали политически опасные высказывания, что привело к приданию литературе заметного социально-политического значения. В странах, которые были

---

[43] Изучение русского языка рассмотрено подробнее далее во введении.

[44] К вопросу о рецепции русской литературы в европейских странах см. [May 1994: 11–55].

частично или полностью колонизированы, таких как Китай и Корея, литература стала альтернативным инструментом социальных реформ и пространством, в котором интеллектуалы могли, не говоря прямо, выражать свои социально-политические заботы. Лян Цичао считал литературу «наиболее эффективным инструментом социальных реформ» [Ibid.: 4]. Лу Синь придерживался мнения, что литература — это лучший инструмент для изменения китайского национального характера, а Ли Гвансу — что это «фундаментальная сила, определяющая взлет и падение нации»[45].

Одной из наиболее значимых характеристик личности Толстого, как его представили в Корее, было утверждение, что царский режим не мог наказать его, потому что он был известной фигурой[46]. Таким образом, идеализированным и образцовым писателем для корейских интеллектуалов был не тот, кто пишет эстетически совершенные литературные произведения, а тот, кто взаимодействует с современным ему обществом через литературу. Это в определенной степени отражает идеал литератора в конфуцианском обществе, которое подчеркивало социальный (моральный) долг и благожелательность лидера. Но также отвечает ситуации, в которой оказались интеллектуалы Восточной Азии: у них было мало возможностей для непосредственного участия в происходящем, поскольку силы колонизации и развития захлестнули мир. В Китае писатели Движения 4 мая — Лу Синь, Юй Дафу, Мао Дунь и Ба Цзинь — находили сходство между собой и «излишней и революционной традицией Гамлета», примером которой служили герои-интеллектуалы русских романов XIX века, чей идеализм так часто разрушался государственной властью [Ibid.: 4–5].

В частности, Лу Синь уточнял, почему китайские интеллектуалы чувствовали общность с русской литературой. Он писал:

---

[45] Обсуждение Лу Синем китайского национального характера см. [Liu 1995: 45–76]; Ли Гвансу, «Мунхаг-ый качхи» («Ценность литературы») в [Ли Гвансу 1977, 1: 545–546].

[46] Иль Со. Туон [Толстой] // Асон. Т. 1. 1921. № 4. Окт. С. 39.

> Похождения сыщиков, авантюристов, сказки про английских мисс, африканских негров могли щекотать нервы лишь жирным, сытым и пьяным людям, а часть нашей молодежи уже почувствовала гнет, ей не нужны были щекочущие нервы произведения, она мучилась и металась в поисках насущных указаний. И тогда она нашла русскую литературу. И тогда она поняла, что русская литература наш учитель и друг. Русская литература открыла перед нами прекрасную душу угнетенного, его страдания, его борьбу; мы загорались надеждой, читая произведения сороковых годов [1840-е]. Мы горевали вместе с героями произведений шестидесятников [1860-е] [Лу Синь 1955: 99].

Образ другого создается через проекцию и отражение самоидентификации на этого другого, но и сама самоидентификация конструируется посредством того же процесса. Образы русской литературы и стремление к ней в данном случае раскрывают самоидентификацию китайской литературы или ту, на которую китайские интеллектуалы надеялись претендовать.

Для многих корейских интеллектуалов русская литература наиболее полно соответствовала идеальному типу современной литературы, который корейские писатели разрабатывали в 1910–1920-е годы. Ан Хвак, Чу Ёсоп, Ким Гиджин и Пак Ёнхви утверждали, что русская литература отличалась от других европейских литератур, таких как французская и английская, тем, что она публично стремилась к реформированию российского общества, — и поэтому они считали ее морально выше[47] [Ким Гиджин 1988, 4: 341; Пак Ёнхи 1997, 3: 24]. В русской литературе они увидели «литературу для жизни»: не искусство ради искусства, а, скорее, искусство ради жизни. Термин «литература для жизни» был неоднозначным, но он подчеркивал, что степень вовлеченности русской литературы в жизнь своего общества была выше, чем у других. Хотя представления писателей о том, что есть «литература для жизни», несколько разнились, можно в качестве

---

[47] Чу Ёсоп. Носоа-ый тэ мунхо Чхекхобы [Великий русский писатель Чехов] // Согван. 1920. № 6. С. 88; Ан Хвак. Сеге мунхаккван [Обзор мировой литературы] // Асон. Т. 1. 1921. № 2. Май. С. 41.

примера обратиться к Иль Со (вероятно, псевдоним). Он писал, что русское общество переживало темный период авторитарного режима: у людей не было никакой свободы публикаций, слова или организаций, а каждый гражданин находился под надзором полицейских органов. Как выдающийся человек, Толстой был недосягаем для царского режима — даже несмотря на то что выступал против него[48]. Ким Мёнсик утверждал, что, хотя вся литература прошлого мертва, потому что была сосредоточена на поэтическом и эмоциональном выражении, русская литература — живая, так как она привнесла социальные проблемы в литературную сферу. По мнению Кима, русская литература была «живой», поскольку она выражала агонию и печаль общества и стремилась к социальным реформам. Ким пришел к выводу, что русские писатели пожертвовали собой ради справедливости и правильности и таким образом создавали литературу не красоты и техники, а мысли и людей[49]. Эмоциональное восприятие русской литературы корейскими писателями было связано с их стремлением к активной роли литературы в специфической общественно-политической ситуации.

Японское посредничество и его колониальное наследие

Увлечение русской литературой в Японии, конечно, отчасти объясняет ее популярность в Корее. Как утверждает Мотидзуки Тэцуо, «другие литературы, в особенности французская, немецкая и английская, также играли важную роль в формировании современной японской литературы, но из всего, с чем знакомились в этот период [XIX и начало XX века], русская по праву считается самой влиятельной»[50]. По данным Питера Бертона

---

[48] Иль Со. Туон [Толстой] // Там же. № 4. Окт. С. 39.

[49] Ким Мёнсик. Носва-ый сан мунхак (Живая литература России) // Синсэнхваль. 1922. № 1: 3. Апр. С. 5–6, цит. по: [Ким Пёнчхоль 1998с: 607–608].

[50] Мотидзуки Тэцуо, "Japanese Perceptions of Russian Literature in the Meiji and Taishō Eras" («Японское восприятие русской литературы в период Мэйдзи и Тайсё») в [Rimer 1995: 17].

и Пола Ф. Лангера, которые подсчитали количество переводов в «Мэйдзи, Тайсё, Сёва хонъяку бунгаку мокуроку» («Указателе переводной литературы Японии эпохи Мэйдзи, Тайсё и Сёва») и составили таблицу с перечнем иностранных авторов, наиболее часто переводившихся на японский язык в течение первого века после открытия Японии, пять русских авторов входят в топ-одиннадцать[51].

Япония была важнейшим посредником как в политических, так и в культурных отношениях между Кореей и Россией в конце XIX — начале XX века. В политической сфере Япония повлияла на представление корейцев о России как стране, представляющей угрозу и сравнительно менее развитой в конце XIX века [Хо Донхён 2005: 31–57]. Политическое влияние России на Корею было наиболее заметным, когда король Коджон отправился в изгнание под защиту русской дипломатической миссии с февраля 1896 по февраль 1897 года и впоследствии проводил пророссийскую политику, направленную против японской экспансии. Но поражение России в Русско-японской войне привело к тому, что в 1905 году Корея стала протекторатом Японии, а в 1910 году — колонией. Начиная с 1910 года контакты корейцев с русской и другими западными литературами почти полностью осуществлялись при посредничестве Японии.

Рецепция и перевод русской литературы в колониальной Корее носили совершенно бессистемный характер. В Японии полные собрания сочинений (яп. *дзэнсю* и кор. *чонджип*) большинства главных русских писателей, которые на самом деле содержали в себе не все, а лишь избранные работы, были переведены и опубликованы в 1910–1920-е годы или, самое позднее, в 1930-е. Подобные сборники на корейском языке были опубликованы только после освобождения. До этого момента выборка, перевод и знакомство с иностранными писателями и их произведениями

---

[51] Бертон Лангер, "The Russian Impact on Japan: Supplementary Illustrative Data by Peter Berton and Paul F. Langer" («Русское влияние на Японию: дополнительный иллюстративный материал, предоставленный Питером Бертоном и Полом Ф. Лангером») в [Nobori, Akamatsu 1981: 112].

зависели от личных предпочтений переводчиков, их конкретных целей, культурных и политических потребностей, а также от того, что было им доступно. Довольно сложно очертить закономерности рецепции в любом месте и в любой культурной среде, но ясно одно: ассортимент выбора во многом зависел от японского знакомства с русскими писателями и произведениями. Это не значит, что корейская рецепция в точности следовала японским образцам; были и преломления в виде изменений в переводах и в подчеркивании (исключении) определенной информации. Часто, однако, мы можем найти причины, по которым конкретное русское произведение, писатель или интерпретация были популярны в Корее, обратившись к японским кейсам. Другими словами, невозможно понять рецепцию в Корее без учета Японии.

И тем не менее роль японского посредничества не получила того внимания, которого заслуживает, — напротив, она была стерта и забыта переводчиками и исследователями. Пренебрежение японским посредничеством выходит за рамки упомянутой ранее приверженности идее самостоятельного развития корейской литературы, распространенной в 1970–1980-е годы. Начиная с колониального периода большинство корейских ученых, сознательно или нет, избегают того факта, что посредничество Японии сыграло важную роль в привнесении западной литературы. Лишь несколько работ по истории литературы, написанные с начала современного периода, рассматривают его всерьез. Им Хва является исключением, он подчеркивал, что роль посредничества Японии неоспоримо важна. Он также утверждает, что, если исследователь хочет понять период становления корейской литературы, он *обязан* изучить как рецепцию западных литератур, так и посредничество Японии, поскольку большинство из них попадало в Корею через Японию[52]. В эпоху после освобождения

---

[52] Возможно, Им Хва занял такую позицию потому, что он был одним из видных пролетарских литературных критиков и писателей, тесно общавшихся с японской интеллигенцией, и стремился к международному сотрудничеству. См.: Им Хва. Чосон мунхак ёнгу-ый иль квадже [Задача изучения корейской литературы] // Тонъа ильбо [Ежедневный вестник Тонъа]. 1940. 16 янв. Перепечатано в [Им Хва 1993: 378–379].

враждебное отношение Кореи к Японии препятствовало институционализации изучения японской литературы [Пак Кванхён 2005: 205–206]. Институциональные сложности и непростые эмоциональные отношения не позволяли корейским ученым в полной мере изучить влияние японского посредничества.

Чем же обернулось подобное стирание и игнорирование? Во-первых, факт непрямого перевода был предан корейскими переводчиками и критиками забвению. До 1920-х годов большинство иностранных литературных произведений переводилось с японского. В 1920-е годы переводы с оригинала стали появляться чаще, чем раньше, но многие по-прежнему зависели от японских переводов. Английская литература чаще всего переводилась с оригинала, а вот для французской и немецкой в значительной степени использовался японский перевод. В случае с русскими литературными произведениями большинство из них было переведено с японского и полностью зависело от японского выбора конкретных текстов. Во-вторых, некоторые корейские переводчики делали вид, что переводят с английского или другого западного языка, хотя их навыки в японском были выше [Ким Пёнчхоль 1998b: 537–538]. В-третьих, корейские переводчики, знавшие русский язык, делали вид, что переводят с него, но при этом продолжали ссылаться на японские версии произведений, о чем свидетельствует использование ими японского варианта русских имен. Среди исследователей России в Корее эта практика продолжалась до середины 1980-х годов[53]. Наконец, несмотря на то что некоторые современные сравнительные исследования корейской литературы колониального периода демонстрируют понимание важности роли, которую сыграла Япония, они не анализируют, как японское посредничество повлияло на восприятие в Корее того или иного произведения литературы.

Как видно на примере Кореи, двухчастная система оригинальной принимающей культуры не подходит для *ранней* стадии рецепции: в процесс рецепции обычно вовлекается третья сторона — посредник (посредники). Но «ранняя стадия рецепции» — это

---

[53] Статистику см. [Ом Сунчхон 2005: 258–260].

не только первая встреча с иностранной литературой, но и период между знакомством с ней и временем, когда полные переводы с оригинала уже широко доступны, бо́льшая часть канона иностранной литературы переведена, а принимающая культура разработала свой собственный корпус критики полученной литературы. До этого момента подавляющее большинство людей в принимающей культуре, скорее всего, будут воспринимать иностранную литературу под влиянием культур-посредников.

Существенная роль посредника (посредников) на раннем этапе рецепции становится очевидной, когда мы рассматриваем историю рецепции русской литературы. Русская литература появилась во французском и немецком литературных кругах прежде всего потому, что несколько ключевых русских писателей и интеллектуалов поддерживали тесные отношения с интеллектуалами этих стран. Но даже в Англии, где впоследствии родилась Констанс Гарнетт, одна из самых знаменитых переводчиц русской литературы, писатели и исследователи поначалу читали русскую литературу в основном на французском или немецком языках. Похожая ситуация была и в Америке [May 1994: 19]. В случае с Японией было три основных канала распространения русской литературы: студенты Токийской школы иностранных языков, студенты Православной духовной семинарии и японский книжный магазин «Марудзэн», основанный в 1869 году. Хотя роль первых двух групп, члены которых переводили русскую литературу непосредственно с русского языка, была значительной, наибольшее влияние оказал «Марудзэн», импортировавший европейские переводы — в основном на английском. «Марудзэн» также привозил европейские критические сочинения и эссе о русской литературе. Поэтому главным посредником, повлиявшим на раннее восприятие русской литературы в Японии, была Англия. В случае с Кореей, о котором говорилось ранее, Япония была важнейшим окном в русскую литературу, во многом предопределив корейскую рецепцию. Посредничество в той или иной степени было необходимо на ранней стадии рецепции иностранной литературы, и оно имело решающее значение в условиях колонизации. Перемещение русской литературы по миру через различные уровни посредничества — это не тот процесс, который мы можем позволить себе игнорировать. В частности, из-за сильного влияния японского посредничества рецепция в Корее дает яркое представление об общем процессе.

Несмотря на значимость японского посредничества, для работ как переводчиков и писателей колониального периода, так и современных корейских исследователей характерно пренебрежение Японией как основным путем восприятия западной литературы. Из-за продолжающегося влияния колониального наследия и холодной войны, которые оттолкнули ученых от перевода и, соответственно, русского языка, подробных исследований этого влияния было немного. Из-за такого систематического исследовательского забвения остались без внимания отражения и преломления, которые происходили в тройственном процессе внедрения и присвоения корейскими писателями западной литературы. Исключить японское посредничество означает также упустить различные функции, которые выполняла русская литература в Корее и Японии. Я надеюсь, что данное исследование позволит взглянуть на знакомство с иностранными текстами в колониальный период с точки зрения взаимодействия различных формирующих сил, которое нельзя упростить и свести к вопросу переноса или автономии в литературном развитии Кореи.

Русский язык и литература в Японии и Корее

Импорт русской литературы в Корею зависел от посредничества Японии в большей степени, чем импорт любой другой западной литературы, поскольку людей, способных перевести на корейский язык исходный русский текст, было очень мало. Среди корейских интеллектуалов, владеющих русским, были Ан Мак, Чхве Сынман, Ли Чхан, Чин Хакмун и члены Организации исследований иностранной литературы, такие как Хам Дэхун, Ли Сонгын, Ким Он и Ли Хонджон. Неясно, однако, могли ли они переводить русские тексты напрямую. Ким Он и Хам Дэхун закончили русскую кафедру Токийского университета иностранных языков, лишь они активно переводили русскую литературу и писали о ней статьи. Они изучали русский язык в Японии, поскольку в Корее официальное обучение было прекращено с началом Русско-японской войны в 1904 году. Большинство переводчиков русской литературы не знали русского.

Изучение Запада в Японии началось еще в середине XVI века, но отношения между Японией и Россией возникли лишь во второй половине XVIII века, когда продвижение России на восток и на юг привело к столкновениям между русскими и японцами. Основными источниками для начального исследования России в период Токугава были «голландские и китайские источники, сообщения туземцев и рыбаков, а также "северные" сведения, полученные непосредственно в ходе разведки и путешествий» [Berton et al. 1956: 5]. Разница между исследованием Голландии (Запада) и России состояла в дополнительном значении, которое приняли вторые: изучение России было изучением потенциального врага, а не просто любопытством. В 1808 году сёгунат попросил одного исследователя выучить русский и маньчжурский языки, чтобы читать дипломатические документы, что ознаменовало официальное начало государственного изучения русского языка. Первый японско-русский словарь («Русско-японский словарь» — «Ва-ро Цугэн Хико») был опубликован в 1857 году Азиатским департаментом Министерства иностранных дел России [Ibid.: 4–8].

В начале периода Мэйдзи для изучения русского языка существовало несколько школ, но интенсивное его изучение в Токио началось после прибытия в 1861 году русского священника Николая с миссией от Русской православной церкви. Так называемая Николаевская школа в 1873 году была переименована из Школы иностранных языков (Гогакко) в Православную духовную семинарию (Сэйкё Сингакко) [Ibid.: 11, 18]. С точки зрения изучения русского языка и литературы тремя наиболее важными учебными заведениями до Второй мировой войны были Православная духовная семинария, Токийская школа иностранных языков (Токё Гайкокугу Гакко) и Университет Васэда. Православная духовная семинария стала менее популярной после Мэйдзи, но

Васэда, основанная в период Тайсё, продолжала вносить большой вклад в изучение России вместо нее.

Сменив название в 1873 году, Православная духовная семинария открыла отдельную школу для девочек. Обе были средними школами с семью классами, и в них могли поступить ученики с начальным образованием (*кото сёгакко*)[54]. Помимо Библии, студенты изучали целый ряд предметов, и почти все тексты были на русском языке. В 1881 году, когда в школу поступил Конищи Масутаро, переводивший Лао-цзы на русский язык вместе с Толстым, в ней было пятьдесят учеников. Первый выпуск (два ученика) состоялся в 1882 году [Ibid.: 12]. Количество выпускников никогда не было большим — колебалось между пятью и двенадцатью. Лучшие выпускники получали возможность учиться в православных семинариях в России [Ibid.: 19]. Четыре главных выпускника Православной духовной семинарии, внесших вклад в русскую литературу и мысль: Сэки Такэсабуро, Нобори Сёму, Сэнума Каё и Конищи Масутаро[55]. После эпохи Мэйдзи школа пришла в упадок и окончательно закрылась в 1918 году, за год до открытия кафедры русского языка в Университете Васэда[56].

Токийская школа иностранных языков была основана в 1873 году, и многие студенты, интересовавшиеся русским языком, перевелись туда из Православной духовной семинарии. Вначале в школе преподавались английский, французский, немецкий, русский и китайский языки. В 1874 году кафедра английского организовала отдельную школу, а в 1880 году к ней добавилась корейская. В школу принимались ученики в возрасте от четырнадцати до восемнадцати лет с начальным образованием, а занятия проводились четыре раза в неделю, в сумме по двадцать четыре

---

[54] Арая Кэйдзабуро, "Нихон ни океру росиа бунгакку" [«Русская литература в Японии»] в [Фукуда и др. 1976, 3: 12].

[55] Наганава Мицуо, "The Japanese Orthodox Church in the Meiji Era" («Японская православная церковь в эпоху Мэйдзи») в [Rimer 1995: 161–162].

[56] Объяснения Нобори Сёму об отце Николае Японском и обучении на русском языке в Православной духовной семинарии см. [Нобори Сёму 1989: 103–126].

часа. В 1874 году пятилетняя программа была заменена на шестилетнюю. В 1876 году ее вновь пересмотрели и вернули пятилетку: три года начального уровня и два — продвинутого [Нихон Росиа Бунгаккукай 2000: 39–40]. Программа состояла из сочинений и переводов, логики, арифметики, алгебры, геометрии, бухгалтерии, географии, истории, физики, философии и гимнастики, — все преподавалось на иностранных языках. Хотя русская литература специально не преподавалась, литературные произведения часто использовались в качестве пособий на уроках языка [Berton et al. 1956: 13–15; Нихон Росиа Бунгаккукай 2000: 42–44].

Токийская школа иностранных языков была закрыта в 1885 году по приказу министра образования Мори Аринори, но вновь открылась в 1897 году[57]. После повторного открытия в ней преподавали семь языков: английский, французский, немецкий, русский, испанский, китайский и корейский. Через два года добавился итальянский. Сначала это была средняя школа, но позже стала трехлетним колледжем. Основная программа длилась три года, но был и двухгодичный интенсивный курс (*бэкка*). Позднее название этого интенсива было изменено на специальный курс (*сэнсюка*). В 1906 году на кафедрах русского, китайского и корейского языков был разработан годичный интенсивный курс [Нихон Росиа Бунгаккукай 2000: 73]. Первым заведующим кафедрой русского языка — с 1899 по 1902 год — был Фтабатэй Симэй, сам выпускник школы. Благодаря его личности, а также популярности русской литературы, русской словесности здесь уделялось больше внимания, чем на других кафедрах [Berton et al. 1956: 27][58].

Кафедра русской литературы в Университете Васэда открылась в 1919 году. Во время Первой мировой войны профессор кафедры английской литературы Катагами Нобуру отправился в Россию и несколько лет учился в Московском университете. Вернувшись

---

[57] Неизвестно, почему школу решили внезапно закрыть. Возможно, это было вызвано финансовыми соображениями или сомнениями Мори в полезности школы [Berton et al. 1956: 15].

[58] Подробнее о Фтабатэе Симэе и Русском отделении Токийской школы иностранных языков см. Глава 1 в «Первый японский современный роман: "Укигумо" Фтабатэя Симэя» с комментариями Марли Грейер Райан.

в Васэда, он организовал кафедру русской словесности. Первый класс состоял из семи человек, и ежегодно на кафедру поступало от восьми до тринадцати студентов [Ibid.: 40]. Все обучение длилось три года. Но в 1935 году руководство школы решило упразднить кафедру, а в 1937 году ее закрыли. Причина этого неясна, но предполагается, что Университет Васэда принял такое решение, поскольку в Японии активизировалось студенческое движение в связи с Маньчжурским инцидентом, а многие студенты русского отделения были арестованы за участие в нем [Нихон Росиа Бунгаккукай 2000: 107]. В учебной программе особое внимание уделялось литературе, истории литературы и критике, что отличало ее от Православной духовной семинарии и Токийской школы иностранных языков. Из шести возможных курсов, посвященных Гоголю, Чехову, Достоевскому, Тургеневу, Толстому и современным русским писателям, студенты могли выбрать три обязательных [Там же: 106].

Выпускники этих трех школ внесли вклад в японские дипломатические отношения с Россией и в развитие японской литературы. Среди них два значимых переводчика на первом этапе рецепции русской литературы: Фтабатэй Симэй, выпускник Токийской школы иностранных языков, и Нобори Сёму, выпускник Православной духовной семинарии. Наиболее часто переводимой западной прозой в Корее 1920-х годов была русская, при этом число корейских интеллектуалов, знавших русский язык, было весьма незначительным, и только в середине 1920-х годов в корейском литературном мире появилось первое поколение, изучавшее русский язык и литературу в Японии.

Первая школа русского языка открылась в Корее в 1896 году. Она была частью Национальной школы иностранных языков (Кваллип Вегуго Хаккё), которая официально начала свою работу в 1895 году и включала в себя два отделения: японского языка, основанного в 1891 году, и английского, основанного в 1894 году. Впоследствии появились программы французского (1895), русского (1896), китайского (1897) и немецкого (1898) языков. Школа должна была удовлетворить потребность в подготовке устных и письменных переводчиков после подписания современных договоров с Японией в 1876 году, а затем и с другими западными странами. Военный капитан Н. Н. Бирюков был назначен в школу русского языка в качестве первого инструктора в феврале 1896 года. Сперва в школе обучался 51 студент, а в 1898 году их число выросло до 88, что отражало возросший авторитет российской власти после побега короля Коджона в российское представительство в 1896–1897 годах, когда королева Мин была убита японцами. Несмотря на увеличение числа студентов, количество выпускников сокращалось, потому что они либо теряли интерес, либо бросали учебу из-за тяжелой работы, либо находили работу уже после нескольких лет обучения. Общее число выпускников школы русского языка неизвестно. Она закрылась в 1904 году с началом Русско-японской войны, оставалась закрытой и в колониальный период. До 1906 года обучение по программам на западных языках длилось пять лет, а на восточных — четыре года, но затем все программы были сокращены до трех лет [Ли Гванрин 1999: 163–176][59].

Корейцы, изучавшие русский язык и литературу, учились либо в Токийской школе иностранных языков, либо в Университете Васэда. В колониальный период известны четверо участников Школы иностранной литературы (Хэве Мунхакпха), организованной в 1926 году корейскими студентами, изучавшими в то время иностранную литературу в японских университетах. В январе 1927 года группа начала издавать свой журнал «Иностранная литература» («Хэве мунхак»). Этот журнал закрылся после выхода второго номера (июль 1927 года), но участники продолжали активно внедрять иностранную литературу в корейский литературный мир во второй половине 1920-х и в 1930-е годы. Самым активным членом группы был Хам Дэхун, изучавший русский язык и литературу в Токийской школе иностранных языков и окончивший ее в 1931 году. Он особенно интересовался Чеховым и с энтузиазмом писал о русской литературе для корейских газет и журналов. Ким Он также учился на факультете русского языка в Токийской школе иностранных языков

---

[59] О Н. Н. Бирюкове и Школе русского языка см. [Пак Чонхё 2008: 7–26].

и специализировался на Чехове. Еще одним участником Школы иностранной литературы, правда, не окончившим ее, был Ли Хонджон. Ли Сонгын изучал историю и русскую литературу в Университете Васэда и внес свой вклад в знакомство Кореи с Пушкиным [Ким Пёнчхоль 1998b: 494].

То, что лишь небольшое число корейцев училось на кафедрах русского языка, не означает, что у других корейских интеллектуалов не было возможности изучать русскую литературу в университетах. Например, Чин Хакмун, не изучая непосредственно русскую литературу, интересовался ею и перевел несколько произведений[60]. В 1910-х годах он учился на кафедре английского в Университете Васэда. В это время студенты изучали и писали научные работы по русской литературе на кафедре английской литературы[61]. Эта группа играла важную роль в деле приобщения японского литературного мира к русской литературе. Поскольку кафедра русского языка была основана сравнительно поздно (в 1919 году), некоторые студенты учились на кафедре английского, чтобы читать русскую литературу в переводе на английский. В своем эссе 1963 года «Нэнгэцу-но асиото» («Шаги времени») Хироцу Кадзуо, который был не только писателем, но и известным переводчиком и исследователем Чехова, писал: «...в то время мы были студентами английского отделения, однако влекли нас только русская и французская литературы. Мы использовали свои знания английского языка не для чтения английской или американской литературы, но для русской и французской»[62]. Когда Хироцу учился в Васэда с 1910 по 1913 год, единственной кафедрой иностранной литературы была кафедра английского языка. Исходя из этого, можно предположить, что

---

[60] Чин Хакмун перевел чеховский «Альбом» («Сачжин чхоп») [Чхончхун. 1916. № 2], «Челкаш» Горького («Черыкатсы») [Ежедневный вестник Тонъа. 1922. 2 авг. — 16 сент.], тургеневское стихотворение в прозе «Чернорабочий и белоручка» («Нодонджа-ва сон хвин сарам») [Кондже. 1920. № 1: 1. Сент.] и многое другое.

[61] Ясуда Ясуо, «Цуругенефу» («Тургенев») в [Фукуда и др. 1976, 3: 75].

[62] Цит. по: Янаги Томико. Чехофу: мэйдзи тайсё но сёкай, хонъяку о цусин ни, см. в [Там же: 100].

Чин также, прямо или косвенно, узнал о русской литературе на английском факультете.

Хотя в Японию и поступала русская литература различных направлений (от реалистических романов XIX века до модернистской поэзии XX века), наиболее влиятельными русскими писателями стали реалисты-прозаики XIX века, ранняя рецепция которых была ускорена социально-политическими условиями. Например, Тургенев впервые воспринимался как создатель неологизмов «нигилист» и «нигилизм» в романе «Отцы и дети»[63], а антивоенная философия и анархо-социалистическая мысль Толстого нашли отклик в дебатах вокруг Русско-японской войны[64]. Позднее большинство русских писателей будут рассматриваться с точки зрения гуманизма[65].

Несмотря на то что японские интеллектуалы обращались к многочисленным английским переводам и эссе о русской литературе, японский контекст рецепции значительно отличается от европейского. Разительный контраст можно проследить на примере Тургенева. В Англии и Франции Тургенев первым из русских писателей стал популярен, потому что его стиль письма напоминал викторианский и отвечал вкусам европейских читателей [May 1994: 22–23]. Однако внимание японских интеллектуалов сперва привлекли именно социальные аспекты романа Тургенева «Отцы и дети»[66]. Социальная ангажированность русской литературы стала чертой японской рецепции, что оказало влияние на пристрастие корейских интеллектуалов к русской литературе, особенно в 1920-е годы.

В Корее вся русская литература описывалась с помощью прилагательного — «Росиа-джок» (яп. «Росиа-тэки»), что озна-

---

[63] Подробнее о рецепции Тургенева в Японии и Корее см. Главу 3.

[64] Подробнее см. Главу 1.

[65] О восприятии Толстого как гуманиста в Японии и Корее см. Глава 1. См.: Ли Санхва. Тогхинсан. [Мысли по прочтении] // Сидэ ильбо [Ежедневный вестник Сидэ]. 1925. 9 нояб.; И. К. П. Ттосытхвепхысыкхи [Достоевский] // Чосон мундан [Литературный мир Кореи]. Т. 3. 1926. № 4. Июнь.

[66] Подробно о знакомстве с Тургеневым в Японии и Корее см. Главу 3.

чает «типично русская», корейские писатели признавали и разделяли значения этого понятия. Эта категория «русского» предшествовала контакту с любыми произведениями русской литературы, повлияв на понимание и интерпретацию отдельных писателей и их произведений в Корее. В самом начале рецепции русской литературы в Западной Европе ее часто характеризовали как грубую и неприятную для читателей с утонченным вкусом [Ibid.: 15, 29]. Но в Японии и Корее этого негативного оттенка никогда не было. Андре Лефевр также упоминает о влиянии образа определенной литературы на читателя:

> В прошлом, как и в настоящем, переписчики создавали образы писателя, произведения, периода, жанра, иногда даже целой литературы. Эти образы существовали бок о бок с реальностью, конкурировали с ней, но всегда привлекали больше людей, чем соответствующая реальность, — несомненно, как и сейчас. Однако создание этих образов и влияние, которое они оказывали, до сих пор не является объектом детального исследования [Lefevere 1992: 5][67].

Устойчивый интерес корейских интеллектуалов к русской литературе обусловили не столько отдельные произведения, сколько *образ* русской литературы и ее авторов как субъектов, поднимающих социальные вопросы в условиях репрессивного режима.

Хотя и не без исключений, знакомство с русскими писателями и их произведениями в Корее в целом происходило под влиянием образов русской литературы, созданных в Японии. При этом в корейской рецепции мы видим еще больший акцент на политике и социальной вовлеченности. В 1920-е годы рецепция русских писателей и литературных произведений в Корее была политизирована до определенной степени, и это верно, даже если

---

[67] Под «переписыванием» Лефевр понимает «перевод, редактирование и составление антологий, компилирование литературных историй и справочников, а также производство критики... в основном под видом биографий и книжных обзоров» [Там же: 4].

исключить явный случай пролетарской литературы. Не только М. Горький за свое участие в пролетарской литературе, но и такие русские писатели XIX века, как Л. Н. Толстой, И. С. Тургенев, А. П. Чехов и Ф. М. Достоевский, считались социалистами (неоднозначный термин в то время) или сопротивляющейся интеллигенцией[68].

Рецепция не всегда шла в Японии и Корее параллельно: иногда это происходило одновременно, а иногда Корея знакомилась с определенными направлениями гораздо позже. В корейском случае процесс рецепции мог быть преломлен политическими обстоятельствами, цензурой и (или) идеологическими разногласиями между переводчиком и русскими и японскими источниками. Русские писатели были представлены как социально активные авторы в 1900–1910-х годах и стали еще более радикальными в Корее в 1920-х. Как уже говорилось ранее, Толстого и Достоевского в одном из эссе даже отнесли к социалистам из-за их интереса к обществу и жизни окружающих людей. Чехов считался писателем, глубоко сочувствующим людям из низших слоев общества и отражающим пессимистическую атмосферу общества конца XIX века, в котором он жил. Романы Тургенева и его герои были с восторгом восприняты первыми пролетарскими писателями. Горький, само собой разумеется, пользовался большой популярностью среди пролетарских писателей в конце 1920-х и особенно в начале и середине 1930-х годов.

В процессе отбора русской литературы и знакомства с ней корейские интеллектуалы создавали образ определенной литературы, что было неотъемлемой частью формирования их собственного представления о себе как о писателях и о месте литературы в обществе. Они отождествляли свою жизнь с жизнью русских писателей, а также с героями их произведений, которых брали за образец для подражания — образец как для корейских авторов, так и для их вымышленных персонажей.

---

[68] Подробнее см. Главу 3.

Это отождествление носило массовый характер. Сложно найти писателя, не следовавшего за Толстым как за великим светилом: Чхве Намсон, Ли Гвансу, Ким Донин и анархо-пацифисты 1920-х. Горький был одним из тех литераторов, чья личная жизнь иногда затмевала созданные ими произведения. Когда реальная жизнь русского писателя была не столь примечательна, корейские авторы отождествляли себя не с ним, а с его персонажами. В случае с Тургеневым личная жизнь писателя не была представлена или известна широкой публике (возможно, из-за его слабого и непостоянного характера и мещанского образа жизни). Вместо этого писатели, такие как Ким Гиджин, отождествляли себя с некоторыми из его персонажей. Герои романов Тургенева увлекали и других писателей, и их имена часто встречаются в корейских литературных произведениях. Чехов и Достоевский были где-то посередине. Их сочувствие к людям из низших слоев общества и эпизоды из личной жизни, их муки и отчаяние были представлены публике как часть гуманистического нарратива. Советская пролетарская литература оказала влияние на все страны Восточной Азии, однако русская литература завоевала в Корее популярность задолго до знакомства страны с пролетарской. Как показано в Главе 3, в колониальной Корее, в частности благодаря лидерам ранней пролетарской литературы, таким как Ким Гиджин и Пак Ёнхви, русские писатели XIX века были представлены как связанные с пролетарской литературой.

Поскольку корейские писатели полагали, что у них нет образцов для подражания в собственной современной литературе из-за ее короткой истории, они воспринимали свою идеальную идентичность через русскую литературу. Процесс присвоения и переписывания русской литературы отражает, как писатели конструировали собственную социальную идентичность и легитимизировали свою литературу в колониальный период. При изучении работы корейских авторов с русской литературой стоит сфокусироваться на переводе как средстве, помогавшем корейским интеллектуалам заново формировать и объяснять окружающий их мир.

Содержание глав

В следующих главах используются как исторические подходы, так и внимательное литературное чтение: с целью анализа приобщения корейских писателей к русской литературе через японское посредничество в процессе становления собственной современной литературы. Корейские интеллектуалы использовали литературный перевод как способ активного участия в социальных и интеллектуальных преобразованиях на раннем этапе колонизации.

Во введении тема рассматривается с нескольких точек зрения, даются теория и контекст; следующая часть посвящена конструированию образцового интеллектуала (писателя) и современной теории литературы, а последние две главы — самим процессам перевода и творчества. Таким образом, Глава 1 рассказывает о создании и развертывании дискурсов о современном интеллектуале (писателе) и современной литературной теории, а не о создании литературных работ. Главы 2 и 3 демонстрируют процесс литературного перевода и присвоения при создании конкретных современных корейских произведений.

Выбранный ряд писателей охватывает русских авторов, наиболее часто переводимых на корейский язык в начале XX века (Л. Н. Толстой, А. П. Чехов, И. С. Тургенев), а также некоторых канонических авторов корейской литературы, включая представителей корейской школы Просвещения, школы национальной литературы и пролетарского литературного движения[69]. Книга завершается кратким эпилогом, в котором рассматриваются три основных вопроса: русская литература в постколониальной Ко-

---

[69] Толстой, Чехов и Тургенев были тремя наиболее часто переводимыми русскими писателями в Японии эпохи Мэйдзи и Тайсё, а также в колониальной Корее. С 1868 по 1926 год в Японии Толстой был переведен 783 раза, Чехов — 232 раза, Тургенев — 167 раз (не считая его стихотворений в прозе), Горький — 160 раз, Достоевский — 114 раз [Кокурицу Коккаи Тосёкан 1959]. С 1909 по 1929 год в Корее Толстой был переведен 52 раза (в том числе восемь рассказов), Чехов — 32 раза, проза Тургенева — 20 раз, Горький — 16 раз (в том числе пять рассказов), Достоевский — 4 раза. Это основано на данных, которые я собрала, добавив и отредактировав исследование в [Ким Пёнчхоль 1998b].

рее, общность восприятия в Восточной Азии, воплощенная во взаимодействии с русской литературой, и возможность написания альтернативной истории литературы с помощью перевода как методологии.

Глава 1, «Манипулирование славой и тревожностью. Конструирование образцового интеллектуала и теория литературы», посвящена созданию корейскими писателями образа Толстого как морального авторитета, возвышающегося над другими, — это делалось для продвижения и легитимации собственных представлений о современной интеллигенции и новой литературе. В этой главе утверждается, что перевод иностранных текстов, служа для ознакомления с исходником, также удовлетворял стремление переводчиков придать силы собственным аргументам. Чхве Намсон, первый корейский интеллектуал, публиковавший стихи и выпускавший литературные журналы в современном стиле, увековечил славу Толстого в Корее и использовал его авторитет для подтверждения собственных идей о необходимости появления нового поколения интеллектуалов.

Ли Гвансу, которого признают автором первого современного романа, частично воспользовался работами Толстого об искусстве, чтобы создать собственную теорию корейской национальной литературы. В процессе он, как колониальный интеллектуал, показал сложное чувство тревожности. Ли часто объявлял себя учеником Толстого и подчеркивал его влияние, но куда менее охотно обсуждал роль японских теоретиков (например, Цубоути Сёё), чьи идеи он использовал по меньшей мере так же часто, как и идеи Толстого. Я утверждаю, что чрезмерный акцент Ли на русских текстах может быть показателем колониальной амбивалентности (или трудного положения): он пытался скрыть колониальность собственной теории литературы и, косвенно, колониальность современной корейской литературы. Таким образом, эта глава пытается показать сложности колонизации, которые с самого начала были заложены в теории современной корейской литературы.

Глава 2, «Переписывая литературу и реальность. Перевод, журналистика и современная литература», исследует адаптации чеховских рассказов Хён Джингона. Эта глава демонстрирует процесс творческого взаимодействия Хёна с произведениями Чехова в середине 1920-х годов и показывает взаимопроникновение переводческого, творческого и журналистского дискурсов того времени. Например, в адаптации Хёна его главная героиня, Суни, будучи ребенком выдана замуж, сжигает дом мужа, чтобы избежать невыносимого брака со взрослым мужчиной. С помощью этого персонажа Хён смог связать женские поджоги с сопротивлением институту раннего брака, который в то время был предметом жарких споров. Я утверждаю, что Хён, изображая Суни как преступницу, вызывающую сочувствие, прокомментировал и в конечном итоге повлиял на журналистский дискурс о ранних браках и ассоциировавшихся с ними случаях женских поджогов в конце 1920-х — начале 1930-х годов. Это показывает, как перевод, журналистика и творчество влияли друг на друга и как перевод был одним из многих способов вмешательства в текущие общественные дискуссии.

Что касается более широкой перспективы, в этой главе анализируются три переложения чеховского текста, выполненные писателями из Японии, Новой Зеландии и Кореи. Эти три текста, переписанные на разных языках, не только выставляют напоказ социальную проблему детского труда, которая является главной темой чеховского рассказа, но и вводят тему, которая не акцентирована в исходном тексте: гендер. У трех писателей оригинальный персонаж Чехова превращается: 1) в мальчика, работающего в бильярдной; 2) няню, чья женственность является главной проблемой сюжета; и 3) молодую невесту, подвергающуюся сексуальному насилию. В диалоге с чеховским сюжетом каждый из трех авторов создал образ, откликающийся на актуальные социальные проблемы своего общества, благодаря чему чеховский персонаж обогатился многогранностью последующей жизни. Путешествия и трансформации этого литературного персонажа позволяют нам пересмотреть мировую литературу; вместо диффузионистской модели, которая отдает предпочтение оригинальным формам у их истоков, мы можем сосредоточиться на процессах литературных отношений, составляющих мировую литературу. Такая перспектива может стать альтернативой исследованиям влияния, часто укрепляющим культурные иерархии, придуманные в современную эпоху.

В Главе 3, «Стремление к новой литературе. Создание пролетарской литературы на основе русских произведений XIX века», исследуется роль Тургенева на ранних этапах развития корейской пролетарской литературы. Аргумент заключается в том, что не советские пролетарские писатели, а именно дореволюционные русские писатели — особенно Тургенев, типичный буржуазный писатель, — оказали значительное влияние на корейскую пролетарскую литературу на ранних этапах ее развития. Это стало возможно благодаря политически направленному процессу присвоения. Чо Мёнхи, один из самых выдающихся пролетарских писателей, перевел «Накануне» Тургенева, а затем написал ставший впоследствии классикой рассказ «Нактонган» («Река Нактонган»), используя схожих персонажей и сюжетную структуру. Присвоение Чо дает нам примечательный пример не только того, как на перевод влияет медиум (средство) публикации — в данном случае газетная серия, — но и того, как писатель (переводчик) творит в процессе перевода.

Этот кейс демонстрирует, что корейская пролетарская литература пыталась установить связь с традицией русской литературы XIX века (а не с советской пролетарской литературой). На его примере я стремлюсь переосмыслить международную коалицию пролетарской литературы и утверждаю, что писатели по-разному воспринимали современность (contemporaneity) и интернациональность, которые были ключевыми чертами пролетарской литературы. Корейские писатели часто ассоциировали термин «пролетариат» с колонизированной Кореей (и ее гражданами), включая в него и колонизированных интеллектуалов. Так можно объяснить преобладание среди корейской пролетарской литературы текстов, написанных интеллигенцией и *о ней*. Это позволяет нам лучше понять как устремления пролетарских писателей, так и литературную кристаллизацию этих устремлений в различных социокультурных контекстах.

Глава 1
Манипулирование славой и тревожностью

Конструирование образцового интеллектуала и теория литературы

Историческая статья Ли Гвансу 1916 года, посвященная литературе и озаглавленная «Мунхак иран хао» («Что такое литература?»), начинается с разграничения современного и традиционного употребления *мунхак* (литература):

> Слово *мунхак* сейчас отличается от того, как его применяли раньше. Сейчас употребление *мунхак* похоже на его использование выходцами с Запада, и мы можем сказать, что *мунхак* — это перевод Literatur или Literature [иностранные языки в оригинале]. Таким образом, *мунхак* — это не традиционная корейская литература, а обозначение *мунхак* в западных языках [Ли Гвансу 1977, 1: 547].

Может показаться необычным, что автор решил заимствовать западное обозначение — Literatur или Literature — для объяснения широко употребляемого в то время корейского слова. Этот парадокс затрагивает самую суть тяжелого положения, в котором оказался Ли: необходимости создать концепт современной литературы и одновременно наполнить его новыми значением и ценностями. В первой половине XX века современная корейская литература формировалась в динамическом взаимодействии с западной, и корейские интеллектуалы использовали термин *мунхак* как перевод западной концепции «литературы», прежде чем появились какие-либо значительные «литературные» произведения на корейском[1].

Ли Гвансу заявлял, что современные корейцы больше не могут использовать слово *мунхак* для обозначения своей собственной литературы, при этом не предлагал заимствования с Запада. Напротив, он призывал к созданию новой корейской литературы с использованием западной как посредника или медиума. «Новая корейская литература», которую продвигал Ли, развивалась как непрерывная практика — в процессе посредничества и трансформации иностранных концептов и литературных произведений. Но для создания современной литературы Корея нуждалась в людях, которые напишут и предоставят на суд читателя первые современные литературные произведения. Усилия Чхве Намсона и Ли Гвансу, направленные на создание образца писателя/интеллектуала и теорию литературы, видны в их переводах и интерпретациях знаменитого русского писателя Льва Толстого (1828–1910) и его работ.

Эта глава посвящена присвоению идей Толстого о жизни и литературе, с помощью которых корейские интеллектуалы,

---

[1] До этого времени корейский концепт *мунхак* испытывал сильное влияние китайского понятия *вэньсюэ* (литература). До эпохи империй Чжоу и Цинь *вэньсюэ* обозначало одновременно и письмо, и образование; не было разграничения между *вэнь* (кор. *мун*, письмо) и *сюэ* (кор. *хак*, изучение). Они были разделены только в период империи Хань, и *вэньсюэ* и *вэньчжан* (кор. *мунджан*) использовались для обозначения научных и эстетических произведений соответственно. Во времена империи Сун *вэньсюэ* формировался под сильным влиянием конфуцианских идей и обозначал письмо, которое бы выражало Путь. Корея эпохи Чосон разделяла подобное понимание литературы, так что концепт *мунхак* доминировал на протяжении этой династии. Тем временем, несмотря на начавшееся в XVII веке распространение романов, они рассматривались лишь как развлечение, пока концепт и восприятие *мунхак* не изменились коренным образом в XIX веке. Именно в этом контексте Ли Гвансу и пытался сформулировать свою идею о *мунхак* как о переводе. Для дальнейшего объяснения того, как концепт литературы развивался и функционировал в Корее, см. [Ким Донсик 1999: 54–60] и [Хван Чонён 1997: 458–459]. По теме концепта *мун* (письмо) в 1900-е, см. [Квон Подырэ 2000: 79–101].

в частности Чхве Намсон (1890–1957) и Ли Гвансу (1892–?), создали образец современного корейского интеллектуала и разработали теорию литературы для Кореи и корейского языка в XX веке. Чхве работал редактором во влиятельных журналах, таких как «Сонён» («Молодежь», 1908–1911), который считается первым литературным журналом Кореи, и «Чхончхун» («Молодость», 1914–1918). Ли написал роман «Муджон» («Бессердечие», 1917), чаще всего именно это произведение называют первым современным корейским романом, и вместе с Чхве работал над журналами, которые тот издавал. Оба заявляли, что Толстой был для них образцом интеллектуала, и использовали его идеи для разработки современной корейской литературы. Толстой стал первым западным писателем, удостоившимся внимания тех, кто стремился создать современную корейскую литературу. Среди русских прозаиков Толстой был наиболее переводимым писателем, и в течение XX века корейские критики писали о нем больше, чем о других авторах[2].

В этой главе на основе анализа работ Чхве и Ли разбираются создание и формирование корейскими авторами образа Толстого как воплощения неоспоримого морального авторитета. При помощи фигуры Толстого Чхве и Ли обосновывают собственные идеи о современных интеллектуалах и новой литературе. Я утверждаю, что, хотя, на первый взгляд, переводы иностранных текстов служили лишь для знакомства с источником, они также удовлетворяли желание переводчиков оправдать собственные идеи. Как показывает кейс Чхве Намсона, он конструировал славу Толстого в Корее, используя авторитет писателя для подкрепления своих идей о необходимости зарождения нового поколения интеллектуалов в современном корейском обществе. Ли Гвансу, в свою очередь, частично воспользовался теорией искусства Толстого для формирования собственных идей о корейской литературе и в то же время — как колониальный интеллектуал — демонстрировал сложное чувство озабоченности. Ли часто объявлял себя последователем Толстого и подчеркивал его

---

[2] Подробнее см. [Ким Пёнчхоль 1998c] и [Ким Пёнчхоль 1998b].

влияние, но куда менее охотно обсуждал роль японских теоретиков, чьи идеи он использовал по меньшей мере так же часто, как и идеи Толстого. Я утверждаю, что чрезмерный акцент Ли на русских текстах может быть показателем колониальной несовместимости и трудного положения: попыток Ли скрыть колониальность собственной теории литературы и — более того — колониальность современной корейской литературы. Я надеюсь, что эта глава предложит лучшее понимание сложностей колонизации, которые укоренились в теориях о современной корейской литературе с самого ее основания.

Непредвиденность и доступность: толстовский бум в Японии

Почему же именно Толстого Чхве и Ли выбрали в качестве образца для самих себя и других корейцев? Чтобы ответить на этот вопрос, необходимо признать роль непредвиденности и доступности в росте популярности Толстого в Корее. Как и положено корейским интеллектуалам того времени, Чхве и Ли отправились учиться в страну, которая зарекомендовала себя как самая современная в Восточной Азии, — Японию. Именно в это время в Японии разразился настоящий толстовский бум. Учись они там в 1880–1890-е годы, когда в моде был Тургенев, рецепция могла бы пойти по другому пути[3]. Несмотря на то что они почти не общались напрямую с людьми, ответственными за импорт русской литературы в Японию, Чхве и Ли познакомили корейцев с Толстым, потому что значительное число японских интеллектуалов почитало его намного больше, чем других западных авторов. Таким образом, непредвиденные обстоятельства и доступность стали решающими факторами при внедрении русской литературы в Корее и одним из факторов, предопределивших ее характер. Прежде чем посмотреть на то, как Чхве и Ли использовали выпавший им шанс с Толстым, необходимо проанализировать контекст их знакомства с русским писателем в Японии.

---

[3] Подробнее о рецепции Тургенева в Японии и Корее см. Главу 3.

Чхве Намсон родился в Сеуле в 1890 году в семье *чунъин*. *Чунъин* были средним классом — между аристократами и простым народом, внесшим значительный вклад в модернизацию Кореи. Отец писателя, Чхве Хонгю, работал в метеорологическом бюро [Хон Ильсик 1981, II: 17][4]. В 12 лет, в 1902 году, Чхве перестал изучать китайские иероглифы и классические китайские тексты — он уже знал достаточно китайских иероглифов, чтобы писать, — и поступил в Кёнсон Хактан (частную школу Кёнсон). Там он три месяца изучал японский язык и оформил подписку на газету «Осака Асахи симбун» («Новости Осаки Асахи») корейского филиала. Газета была одним из наиболее значимых проводников современности — по форме, позиции и языку. Чхве также подписался на такие корейские газеты, как «Чегук синмун» («Новости империи»), «Хвансон синмун» («Новости столицы») и «Тэхан мэиль синбо» («Ежедневные новости Кореи»). И хотя на тот момент ему было всего лишь четырнадцать лет, вероятно, он имел неплохое представление о международной ситуации из корейских и японских газет [Там же: 18].

В октябре 1904 года Чхве вошел в список студентов, отобранных корейским правительством для учебы в Японии. Он посещал специальный класс в Токё Фурицу Даиити Сюгакко (Первая государственная средняя школа Токио) в качестве стипендиата корейского правительства [Там же: 20], но в январе 1905 года вынужден был вернуться в Корею из-за болезни родителей [Ким Юнсик 1999, 1: 151]. Через несколько месяцев после его возвращения, в августе 1905 года, Корея стала протекторатом Японии, — Чхве тяжело воспринял эту новость. Весной 1906 года он снова решил поехать учиться в Японию, уже за свой счет, и в сентябре того же года поступил в Университет Васэда [Сиракава 1982: 138–139], но вскоре снова бросил учебу. Согласно мемуарам Чхве, он и некоторые другие корейские студенты ушли в результате конфронтации с университетом: пародийный студенческий совет принял резолюцию, оскорбляющую корейских учащихся, но университет не принес публичных извинений, несмотря на просьбы пострадавшей стороны [Хон Ильсик 1981, II: 21]. Бросив

---

[4] Более подробно класс *чунъин* обсуждается далее в этой главе.

учебу, Чхве остался в Токио и опубликовал несколько стихотворений в «Тэхан хакхэ вольбо» («Ежемесячный отчет Корейского общества»), бюллетене Общества корейских студентов в Японии. Он вернулся в Корею в июне 1908 года, взяв с собой множество справочных материалов и новейшее печатное оборудование [Там же: 22–23], и выпустил первый номер «Сонён» в ноябре 1908 года, через пять месяцев после возвращения домой.

Ли Гвансу и Чхве Намсон впервые встретились в 1908 году в Японии. Сперва Ли отправился учиться в Японию в августе 1905 года, примерно в то время, когда переговоры с участием Теодора Рузвельта по Портсмутскому договору вели Русско-японскую войну к завершению. После изучения японского языка в школе Токай Гидзюку (Токийская школа) и обучения в средней школе Тайсэй Сюгакко (Средняя школа Тайсэй) в течение года в 1906 году Ли был принят на второй курс Мэйдзи Гакуин *фуцу гакубу* (общеобразовательный курс академии Мэйдзи) в 1907 году и окончил его в марте 1910 года. После выпуска Ли вернулся в Корею и стал преподавать в Осан Хаккё (школа Осан), а также работать редактором в нескольких журналах Сеула и Шанхая. Второй период его обучения в Японии начался в Университете Васэда в сентябре 1916-го — после одного года, проведенного в подготовительной школе (Васэда Дайгаку Кото Ёка). Он оставался в Японии, но после написания в январе 1919 года проекта манифеста для Чосон чхоннён тонниптан (Корейское освободительное молодежное объединение) вынужден был уехать в Шанхай [Сиракава 1982: 142–143].

Когда Чхве Намсон и Ли Гвансу, молодые корейцы, живущие в Японии, впервые познакомились с творчеством Толстого, писатель уже был широко известен — даже до своего знаменитого антивоенного послания во время Русско-японской войны. Знакомство с романами Толстого в Японии началось в конце 1880-х годов, а первый перевод на японский язык — фрагмент из «Войны и мира» — сделал Мори Тай в 1886 году [Янаги 1998: 10–11][5]. После этой работы в японском литературном мире по-

---

[5] Нобори Сёму, "Russian Literature and Japanese Literature" («Русская литература и японская литература») в [Nobori, Akamatsu 1981: 22–23, 34–35].

явилось немало переводов философских и художественных произведений Толстого. Подробное представление личности и творчества Толстого, включавшее характеристику его литературных произведений, философии и биографию, было опубликовано около 1890 года в нескольких периодических изданиях. В 1890-х годах был переведен ряд романов писателя, а также написано множество эссе о нем, включая «Биографию Толстого» Токутоми Роки[6].

Читатели воспринимали Толстого по-разному, но большинство привлекала его гуманистическая и пацифистская социальная философия. Гуманизм и пацифизм нашли отклик у японских анархистов и ранних социалистов во время Русско-японской войны. Именно антивоенная деятельность Толстого оказала наибольшее влияние на его рецепцию в период Мэйдзи (1868–1912). Его антивоенная позиция произвела сильное впечатление не только на интеллигенцию, но и на все японское общество. Антивоенная статья Толстого «Одумайтесь!», опубликованная 27 июня 1904 года в английской газете «Таймс»[7], стала сенсацией и перепечатывалась в западных странах. Вскоре она была переведена на японский язык и 7 августа того же года вышла в «Хэймин синбун» («Газета простого народа») в Японии. Реакция японской интеллигенции была настолько восторженной, что «тираж "Хэймин синбун" в 8000 экземпляров был немедленно распродан»[8]. Статья также вышла отдельно, другие газеты и журналы опубликовали отрывки из нее. Японская интеллигенция признала связь между идеями филантропии и пацифизма Толстого и собственным антивоенным анархизмом, который

---

[6] Это происходило в рамках серии «Двенадцать великих авторов мира» («Сэнкай дзюни бунго»), опубликованной «Минъюся» в 1897 году. Нобори Сёму, «Русская литература и японская литература» в [Ibid.: 35].

[7] Из-за антивоенного содержания статью нельзя было опубликовать в России. Она была напечатана в 1906 и 1911 годах, но оба тиража изъяли. Дэвид Веллс, "The Russo-Japanese War in Russian Literature" («Русско-японская война в русской литературе») в [Wells, Wilson 1999: 123, 132].

[8] Сандра Вилсон, «Русско-японская война и Япония: Политика, национализм и историческая память» в [Wells, Wilson 1999: 174].

проявлялся в отрицании необходимости класса и государства. С этого момента ранняя социалистическая группа «Хэйминся» («Общество простого народа») постоянно публиковала эссе о философии Толстого. В сентябре 1904 года они также отправили Толстому письмо с копиями своих материалов и получили от него ответ, который пришел, правда, уже после закрытия газеты.

Не все японские интеллектуалы, однако, полностью разделяли позицию Толстого: их национализм часто вступал в противоречие с антивоенными взглядами писателя. Признавая, что Толстой был великим человеком и русским пророком, они отмечали, что он не был японцем[9]. В действительности потребность примирить пацифизм и национализм была присуща не только японским интеллектуалам, эта потребность прослеживалась и у самого Толстого. Его чувства в отношении войны носили двойственный характер, он сам мучился из-за патриотизма, хотя и пытался ему противостоять. Узнав о падении Порта-Артура, Толстой записал в своем дневнике: «Сдача Порт-Артура огорчила меня, мне больно. Это патриотизм. Я воспитан в нем и несвободен от него так же, как несвободен от эгоизма личного, от эгоизма семейного, даже аристократического» [Wells, Wilson 1999: 124; Толстой 1985: 189]. В печати, однако, эта двойственность не допускалась. Публично свои идеи о Русско-японской войне он выражал только в антивоенной позиции, представленной в эссе «Одумайтесь!» [Wells, Wilson 1999: 124].

Даже те японские интеллектуалы, которые поддерживали антивоенную позицию Толстого, такие как преданный социалист Котоку Сюсуй, не одобряли толстовский анализ причин войны. Толстой утверждал, что война является следствием отдаления людей от Бога и забвения ими слова Божьего[10]. В своей статье «Комментарии к антивоенным взглядам Толстого» Котоку писал:

---

[9] Подробнее о двойственном отношении японских интеллектуалов к антивоенной позиции Толстого см. [Янаги 1998: 24–26].

[10] Tolstoy L. Bethink Yourselves! // The Times (London). 1904. June 27. Русский перевод см. [Толстой 1936: 100–149].

> Толстой считает причиной войны развращенность людей
> и поэтому хочет исправить ситуацию, научив их каяться.
> Но мы, социалисты, утверждаем, что война возникает
> в результате экономической конкуренции, и поэтому предотвратить войну можно, только прекратив эту конкуренцию.
> Здесь мы не можем согласиться с Толстым[11].

Публикуя свою критику Толстого, Котоку продолжал отделять себя от христиан, которые оказывали глубокое влияние на японское социалистическое движение[12]. В конечном итоге именно обоснование Толстым своей идеологии в религии привело к дестабилизации и распаду социалистической группы, составлявшей ядро «Хэймин синбун» [Янаги 1998: 28–29]. В августе 1905 года журнал «Сёкугэн» («Откровенный разговор») с запозданием опубликовал ответ Толстого, осуждающий социализм за упор на материализм, и христианские социалисты, такие как Накадзато Кайдзан, решили следовать за Толстым[13].

Несмотря на это, философия и этика Толстого продолжали оказывать глубокое влияние на многих японских анархистов и ранних социалистов, начиная с Киноситы Наоэ, чьи романы демонстрировали социально-политические проблемы. По словам литературоведа Сомы Тайдзё, Толстой был впервые представлен в Японии как великий мыслитель, способный направить японских прогрессивных христиан и ранних социалистов в их поисках истины и справедливости [Nobori, Akamatsu 1981: 38–39].

Наибольшее различие между Японией и Кореей в ранней рецепции Толстого заключается вот в чем: в то время как японские

---

[11] Котоку Сюсуй. Торусутой о но хисэнрон о хёсу [Комментарии об антивоенной позиции Толстого] // Хэймин синбун. 1904. 14 авг. Перепечатано в [Хаяси, Нисида 1961: 36].

[12] Сандра Вилсон, «Русско-японская война и Япония: Политика, национализм и историческая память» в [Wells, Wilson 1999: 174].

[13] Ответ Толстого, написанный в октябре 1904 года, появился уже после закрытия «Хэймин синбун»; в итоге он был опубликован на английском и японском языках в социалистическом журнале «Сёкугэн». См.: Торусутои оу то хэндзи [Ответ Толстого] // Сёкугэн. Т. 2. 1905. № 30. Авг. С. 1, 3.

интеллектуалы уже в первом десятилетии 1900-х годов применяли идеи Толстого к анархизму и социализму, Чхве и Ли не проявляли заметного интереса к этой связи. Они сосредоточились на его идеях о труде и гуманистической любви, а также на его теории искусства[14]. Чхве не стремился к ознакомлению с трудами Толстого по общественно-политическим вопросам, и даже Ли Гвансу, представивший более широкий круг идей Толстого, не поддержал радикальные политические идеи писателя. В одной из своих статей Ли все же затрагивает анархистские тенденции в творчестве Толстого, комментируя: «Основная теория Толстого о нациях, обществах и экономике заключается в том, что вы должны следовать своим убеждениям в жизни со свободной волей, не подчиняясь власти» [Ли Гвансу 1977, 10: 489]. Ли утверждал, что, хотя идеи Толстого, казалось бы, имеют нечто общее с анархизмом и социализмом, на самом деле они в корне отличаются от этих идеологий. Для Ли главное отличие заключалось в том, что социализм и анархизм оправдывали необходимость насильственной революции, а Толстой проповедовал ненасилие и любовь [Там же, 9: 464–465].

Влияние Русско-японской войны на культурный дискурс имело поистине широкий охват и не ограничивалось Россией и Японией. Одним из результатов такого влияния (хотя и косвенным) стало формирование будущей программы корейских интеллектуалов: антивоенная теория Толстого всколыхнула интеллектуальный мир Японии и вызвала толстовский бум, продолжавшийся в стране на протяжении 1910-х годов. Именно это создало условия для знакомства Чхве и Ли с Толстым. Но, как показывает их избирательное восприятие японской рецепции Толстого, суть принятия идей Толстого не всегда соответствовала интеллектуальным потребностям Чхве и Ли (об этом позже). Если бы в этот период в Японии наиболее значимым был другой

---

[14] Анархизм в Корее соединился с толстовством не ранее 1920-х годов. Толстовский анархизм назывался «гуманистическим анархизмом», или «пацифистским анархизмом», и был направлен на достижение социальной революции мирными средствами, в противовес разрушению ради разрушения [Ли Хорён 2002: 254–255]; [О Джанхван 1998: 46].

автор, вполне возможно, что они обратились бы к его интеллектуальной традиции и взяли бы из нее то, что им требовалось для своих целей.

Как Чхве Намсон представил Толстого: обзор контекста

Знакомство с Толстым в Корее во многом было предопределено особенностями японской рецепции, но интеллектуалы, взявшиеся за работу по созданию Толстого для корейского контекста, использовали доступные им материалы с конкретными намерениями. Для Чхве и Ли представление Толстого было частью как минимум двух больших проектов: для Чхве — создание образцового публичного интеллектуала и писателя через журнал «Сонён», а для Ли — разработка теории современной литературы, которая стала бы первой серьезной теоретизацией литературы в Корее.

Прежде чем подробно рассказать о том, как Чхве представил Толстого в «Сонён», необходимо понять исторический контекст и влияние «Сонён» на корейское общество. «Сонён» — не только первый современный литературный журнал в Корее, он был связан с ранним националистическим движением. Чхве участвовал в работе «Синминхве» («Новое народное общество») и «Чхоннён Хагухве» («Ассоциации молодежи»), которые были основаны под руководством известного националиста Ан Чханхо. Чхве поддерживал идею Ана о постепенных изменениях (gradualism): за независимость через образование и постепенное возвышение корейского народа, а не революционные действия против Японии. «Сонён» также служил публичной площадкой для ассоциации. Помимо личного участия Чхве, само название журнала «Сонён» — «Молодежь» — также вписывало его в более широкую традицию националистической интеллигенции в колониальных странах. Описывая характеристики зарождающегося колониального национализма, Бенедикт Андерсон утверждает, что «они [зарождающаяся националистическая интеллигенция] почти всегда были молодыми и придавали своей молодости сложную политическую значимость» [Андерсон 2001: 138]. Связь «Сонён» с международной тенденцией становится более очевидной, если сравнить его с другими странами Восточной Азии, находившимися под угрозой колонизации. В Китае Лян Цичао предложил теорию «молодого Китая», а в Японии в 1895 году начал выходить журнал под названием «Сёнэн сэкай» («Мир молодежи») [Квон Подырэ 2000: 179].

После того как в 1905 году Корея оказалась под протекторатом Японии, корейское освободительное движение изменило свою позицию, перейдя от сохранения Кореи как независимой страны к восстановлению ее национальной автономии. Двумя основными течениями освободительного движения были «Армия справедливости» и «Движение за постепенные изменения» (корейское движение Просвещения). «Армия справедливости» стремилась к немедленным военным действиям для восстановления национального суверенитета, независимо от ничтожности их шансов на победу в прямой конфронтации с императорской Японией. Сторонники постепенного обретения независимости утверждали, что корейцы должны признать свое бессилие и сделать упор на развитие и наращивание мощи во всех направлениях, пока не наберут достаточно сил для борьбы с Японией. Программа этого движения состояла в том, чтобы просветить корейский народ и воспитать молодых корейцев как центр освободительного движения внутри страны, в то время как военные силы, базирующиеся за пределами Кореи, будут тренироваться для будущего участия в войне [Син Ёнха 1977а: 31–33]. В лагере сторонников постепенных изменений были две ведущие группы: легальная — «Тэхан Чаганхве» («Общество самоусиления Кореи», 31 марта 1906 — 19 августа 1907) и тайная — «Синминхве» («Новое народное общество», апрель 1907 — сентябрь 1911). Лидером «Синминхве» был Ан Чханхо, а Чхве числился среди участников [Там же: 33].

«Синминхве» подчеркивало важность газет и других изданий, но само ничего не издавало. Вместо этого Общество использовало националистическую газету «Тэхан мэиль синбо» («Корейская ежедневная газета»), которая впервые вышла в июле 1904 года. Ян Китак был главным редактором, а Эрнест Томас Бетелл — директором газеты. Поскольку главой газеты был англичанин,

«Тэхан мэиль синбо» удалось избежать японской цензуры. Ян Китак стал исполнительным директором «Синминхве»; большинство редакторов и сотрудников газеты также были членами группы [Син Ёнха 1977b: 133–134].

В «Синминхве» Чхве отвечал за издательскую работу. В 1908 году он начал выпускать «Сонён» как печатный орган движения за постепенные изменения, однако газета не могла быть публичной, поскольку «Синминхве» являлось тайным обществом. После того как «Синминхве» создало легальную организацию в рамках молодежного движения под названием «Чхоннён Хагухве» («Ассоциация молодежи», сентябрь 1909), «Сонён» стал ее вестником [Там же: 134–137]. В нем был опубликован манифест «Чхоннён Хагухве», а также краткое содержание заседания Комитета по созданию ассоциации в месяц ее основания[15].

Сам Чхве был одним из трех главных организаторов «Чхоннён Хагухве»[16], и поэтому краткое описание целей и особенностей этой организации дает некоторое представление о характере журнала «Сонён». Позднее Чхве вспоминал, что «Чхоннён Хагухве» ставила своей целью восстановление национального суверенитета и создавалась по образцу европейских молодежных политических групп, в том числе «Молодой Италии», способствовавшей объединению страны[17]. Участники «Синминхве» верили, что их движение поможет всему корейскому народу, а жизненной силой станет молодежь — будущее Кореи. Чтобы подчеркнуть это, они организовали молодежное движение как отдельную структуру. С одной стороны, оно сосредоточилось на образовании молодых людей, с другой — на организации молодежных обществ, таких как молодежная ассоциация и «Чхоннён Тонджих-

---

[15] Чхве Намсон. Чхоннён хагухве чхвиджисо [Манифест Молодежной ассоциации] и Чоннён хагухве соллип вивонхве чонгон [Резюме заседания ее учредительного комитета] // Сонён 2. 1909. № 8. Сент.

[16] Двенадцать участников Синминхве участвовали в создании «Чхоннён Хагухве». Чхве Намсон, Чхве Гванок и Ан Чханхо составляли основу [Чхве Гиён 2005: 58].

[17] Чхве Намсон. Чинсиль чонсин [Правдивый разум] // Сэбёк. 1954. Сент.; цит. по: [Чхве Намсон 1974: 247].

ве» («Группа товарищей молодежи»). «Чхоннён Хагухве» была ведущей группой молодежного движения [Там же: 147–148], и концепция постепенных изменений как пути к возрождению нации, которую «Чхоннён Хагухве» воплощала в жизнь, была кратко описана в первом номере «Сонён». На первой странице журнала Чхве выразил мнение, что корейская *сонён* (молодежь) обязана просвещать Корею и вносить вклад в развитие мировой культуры, он заявил, что «Сонён» будет способствовать появлению таких людей в Корее[18].

Согласно воспоминаниям Чхве, «"Сонён" использовался в качестве школьного учебника в провинциях Пёнъан и Хванхэ, и некоторые люди даже запомнили его. <…> Он был очень влиятельным и единственным национальным журналом в то время»[19]. «Сонён» разошелся тиражом в 1000 экземпляров в 1910 году, когда Корея стала колонией. Тираж журнала сократился, поскольку в том же году выпуск был приостановлен на несколько месяцев. С учетом того что газета «Мэиль синбо» («Ежедневные новости») в то время выходила тиражом 2646 экземпляров ежедневно, то тираж «Сонён» считался значительным [Кукса Пёнчхан Вивонхве 1966: 222; Син Ёнха 1977b: 137–138]. Все материалы «Сонён» пользовались уважением и влиянием в корейском интеллектуальном обществе.

Чхве никогда не обсуждал в «Сонён» причины выбора Толстого, он сказал лишь, что «в России есть знаменитый и искренний писатель Толстой, поэтому я скоро напишу о его жизни и творчестве»[20]. Почему Чхве выбрал Толстого в качестве фигуры, которая займет больше страниц в «Сонён», чем любой другой иностранный автор? Можно предположить, что Чхве познакомился с Толстым в японском переводе во время учебы в Японии, но это не объясняет, почему он поставил Толстого на первое

---

[18] Чхве Намсон // Сонён. 1908. № 1. Нояб. Первая полоса.

[19] Чхве Намсон. Хангук мундан-ый чхочханги-рыль малльхам [Воспоминания о появлении литературных кружков в современной Корее] // Хёндэ мунхак. 1955. № 1. Янв. С. 37–38.

[20] Чхве Намсон // Сонён. 1908. № 1. Нояб. С. 56.

место в своем списке выдающихся писателей. Вряд ли выбор Чхве был произвольным, и Толстой стал образцом интеллектуала в Корее, поскольку Чхве намеренно исключил других литературных деятелей, также хорошо известных в Японии в то время.

В эссе 1955 года, в котором он описывает литературные круги тех ранних лет, Чхве вспоминает: «Были как прямые, так и косвенные причины для публикации специального выпуска о Толстом. Но самым важным было то, что мы увлекались Ибсеном, Гюго и Толстым, потому что нам претила современная тенденция японского литературного мира, в котором преобладали популярные романы»[21]. Комментарий Чхве несколько вводит в заблуждение, поскольку писатели, которых он упоминает, были чрезвычайно популярны в Японии[22]. Но мы можем догадаться, что именно он хотел сказать. Объясняя причины выбора определенных писателей и перевода их произведений, Чхве говорит, что намеренно остановился на них, чтобы не допустить уподобления корейского литературного мира японскому, который, по мнению Чхве, был одержим популярными романами. Мы также можем предположить, что выбор Толстого был частью проекта Чхве по поддержанию достоинства института интеллектуального лидерства в рамках современной литературы и утверждению его собственной позиции в качестве образца поведения для корейских читателей.

Чхве перевел и опубликовал в «Сонён» шесть рассказов Толстого, десять статей о нем и длинное стихотворение, посвященное его смерти. Статьи Чхве в основном были посвящены образу жизни Толстого, его принципам и жизненным урокам[23]. Рассказы,

---

[21] Чхве Намсон. Хангук мундан-ый чхочхванги-рыль малльхам [Воспоминания о появлении литературных кружков в современной Корее] // Хёндэ мунхак. 1955. № 1. Янв. С. 38.

[22] О рецепции Ибсена см. [Нихон Киндаи Бунгакукан 1977–1978, 4: 323–324], о рецепции Гюго см. [Там же, 4: 387–388].

[23] Статьи о Толстом, написанные Чхве: «Тхолссытхой сонсэн-ый кёси» («Учение Толстого»), «Уридыр-ый ыйму» («Наша обязанность»), «Сонсэн-ый сун сильхэн» («Практика Толстого»), «Тхолссытхой сонсэн-ый ильгва» («Распорядок дня Толстого») и «Тхолссытхой сонсэн-ый орёсыль ттэ-ый сорым»

которые Чхве решил перевести, были написаны в поздний период жизни Толстого, после того как тот обратился к религии и отказался от прежних произведений, таких как «Война и мир» и «Анна Каренина»[24]. В этот период Толстой писал в основном рассказы назидательного характера и масштабные произведения, в том числе роман «Воскресение», который достиг в Корее популярности, намного превосходящей все остальные шедевры Толстого.

В середине своей статьи «Тхолссытхой сонсэн-ый кёси» («Учение Толстого»), излагающей принципы толстовства, Чхве дает понять, что цитирует принципы писателя не из его собственных произведений, а из книги Накадзато Яносукэ: «Это не [перевод того], что писал сам Толстой, а краткое изложение того, что написал [о Толстом] японец Накадзато Яносуке. Мы также изучали философию Толстого, но объяснить ее систематически все еще трудно»[25]. Чхве не упоминает название книги, которую он использовал, но известно, что это были «Торусутои гэнкороку» («Изречения и поступки Толстого») Накадзато Кайдзана (1885–1944), опубликованные в Японии в ноябре 1906 года [Накадзато 1906]. Кайзан начал писать книгу в 1905 году, в год окончания войны и апогея славы Толстого, вызванного его антивоенной позицией

(«Детские печали Толстого»), см.: Сонён. 1909. № 2: 6. Июль; «Тхолссытхой сонсэн-ый ильсан сэнхваль сипгэ» («Десять принципов Толстого для повседневной жизни»), см.: Там же. 1910. № 3: 3. Март; «Тхолссытхой сонсэн-ыль коккхам» («Оплакивание Толстого»), «Соджон» («Краткая биография Толстого»), «Санмо» («Лик Толстого»), «Ёнбо» («Хронология Толстого»), «Орок» («Изречения Толстого»), см.: Там же. № 3: 9. Дек.

[24] Шесть произведений Толстого, переведенных Чхве: «Саран-ый сынджон» («Победа любви» — английский перевод русского названия «Вражье лепко, а Божье крепко», 1885), см.: Там же. 1909. № 2: 6. Июль; «Чосон самдэ» («Три поколения», «Зерно с куриное яйцо», 1886), см.: Там же. № 2: 7. Авг.; «Орунква ахэ» («Ребенок и взрослый», «Девчонки умнее стариков», 1885), см.: Там же. № 2: 10. Нояб.; а также «Хан сарам-и ольмана ттан и исса хана» («Много ли человеку земли нужно?», 1886), «Но-ый ниут» («Ваш район», рус. «Упустишь огонь — не потушишь», 1885) и «Тагван» («Чайный домик», рус. «Суратская кофейня», 1893), см.: Там же. 1910. № 3: 9. Дек.

[25] Чхве Намсон. Тхолссытхой сонсэн-ый кёси [Учение Толстого] // Сонён 2. 1909. № 6. Июль. С. 10.

[Янаги 1998: 252]. Кайдзан участвовал в издании «Хэймин синбун» и находился под сильным влиянием антивоенных посланий и анархистских идей Толстого [Ibid.: 29]. Таков контекст японской книги, которую Чхве использовал для представления мыслей Толстого. Чхве ссылался на расширенное издание книги Кайдзана, вышедшее в ноябре 1906 года, спустя четыре месяца после первого издания. Из сравнения этих двух текстов становится ясно, что почти все работы Чхве о Толстом взяты из второго издания, а небольшие статьи Чхве об изречениях и поступках Толстого были переводами расширенной части этого издания.

Первое издание книги Кайдзана состояло из семнадцати разделов и приложения. Во второе, расширенное, издание было добавлено семь разделов, в итоге книга включала в себя 251 страницу. Первая часть (с. 1–72) посвящена жизни Толстого, до того как он начал писать «Исповедь», и содержит подробное описание его литературных произведений. Вторая часть (с. 73–131) описывает дальнейшую жизнь писателя — после «Исповеди». Третья группа очерков, часть которой была добавлена ко второму изданию, содержит в основном изречения и описание поступков Толстого, его сочинения на разные темы, истории о нем и описание его отношений с другими интеллектуалами (с. 131–251). Биографическое введение Чхве о Толстом представляет собой краткое изложение первой и второй частей книги Кайдзана, а его небольшие статьи о Толстом в большинстве своем основаны на ее третьей части.

Обожествление иностранного автора: проект самооценки

Исходя из базовой предпосылки, что перевод — это один из способов переписывания текста, Андре Лефевр утверждает, что необходимо исследовать, что происходит в процессе переписывания и почему[26]. Если допустить, что даже кажущийся дослов-

---

[26] Лефевр, "Translation and Canon Formation: Nine Decades of Drama in the United States" («Перевод и формирование канона: девять десятилетий драматургии в Соединенных Штатах») в [Álvarez, Vidal 1996: 138–154].

ным перевод — это способ переписать так называемый оригинал, то более вольную адаптацию определенного текста можно считать гораздо более целенаправленным переписыванием оригинала. Таким образом, то, как Чхве выбирал определенные черты жизни и творчества Толстого и показывал их, может рассказать нам о целях и ожиданиях Чхве при знакомстве корейского общества с Толстым. Характерные особенности конкретного представления Толстого в журнале «Сонён» можно разделить на три категории. Во-первых, Чхве воспринимает Толстого скорее как пророка и наставника, чем как писателя. Во-вторых, он подчеркивает детали повседневной практики и жизненных принципов Толстого. В-третьих, Чхве последовательно исключает критику Толстым современных государств и обществ.

Примечательно, что с самого начала обожествление Толстого Чхве приравнивает его едва ли не к Христу. Этот акцент на «священных» чертах Толстого также помогает Чхве обосновать свой аргумент — люди должны знать о Толстом, его произведениях и следовать некоторым из его жизненных принципов. В начале первой статьи о русском писателе, «Тхолссытхой сонсэн-ый кёси» («Учение Толстого»), Чхве пишет:

> Примерно неделю назад в газете была опубликована поразительная и тревожная весть. Она была не о монстре, прилетевшем на Землю с Марса и способном поглотить любого человека; не о комете Галлея, которая врежется в Землю и та взорвется. Это была весть о том, что здоровье Толстого, величайшего человека среди своих современников и самого святого со времен Христа, находится в тяжелом состоянии.
> Толстой! Это не более чем обычное сочетание согласных и гласных. Если же вы узнаете, кто он, то поймете, сколько он велик и доблестен, и будете тронуты до глубины души, даже когда попытаетесь произнести его имя. Чем это можно объяснить? Я обязан просветить тех, кто о нем не знает[27].

---

[27] Чхве Намсон. Тхолссытхой сонсэн-ый кёси [Учение Толстого] // Сонён 2. 1909. № 6. Июль. С. 5.

Преувеличенное сравнение — Толстой «самый святой после Христа» («*Кырисыдо иху-ый чхведэ инккёк*») — придумал не Чхве. Накадзато Кайдзан, автор японского источника Чхве, использовал это же самое выражение («*китоку ираи но да дзинкаку*») в предисловии к обоим изданиям — и первому, и второму, расширенному. Еще одно выражение о Толстом, которое Кайдзан использовал в предисловии к расширенному изданию, «святой человек, более важный, чем все богатства мира» [Накадзато 1906: предисловие, 1; предисловие ко второму изданию, 1]. Таким образом, Толстой был обожествлен еще до того, как Чхве позаимствовал это выражение, чтобы представить его в Корее. Однако Чхве не ограничился фразой Кайдзана и пошел дальше, доводя статус Толстого до абсурда:

> Увы! У скольких людей в нашей стране нашла бы отклик весть о том, что Толстой — столь великий человек, что потерять его было бы хуже, чем застать уничтожение человечества или разрушение мира, — болен? Я переводил кое-что о Толстом, испытывая жалость к людям, которые не знают о существовании Солнца, даже живя в его лучах. Подумав, что это скромное произведение впервые знакомит Корею с Толстым, я понял, как важна эта миссия. Насколько оно может надеяться ее выполнить?[28]

Почему Чхве до такой степени обожествляет Толстого? Чхве не был христианином, как Кайдзан, и никогда не проявлял интереса к религиозным убеждениям Толстого. Я считаю, что Чхве, несомненно, намеренно доводил сравнение до крайности и что ореол и слава, которые он создал вокруг Толстого, работали на легитимацию идей Чхве в статьях о Толстом.

Сначала Чхве игнорирует тот факт, что Толстой был писателем. Далее в тексте он посвящает вкладу Толстого в литературу всего полстраницы из девяти, объясняя, что «время, когда мир знал Толстого как писателя, прошло. Сейчас его почитают как величайшего с XIX века пророка и учителя, и он передает нам самые

---

[28] Чхве Намсон. Тхолссытхой сонсэн-ый кёси [Учение Толстого] // Сонён 2. 1909. № 6. Июль. С. 12–13.

бесценные учения»²⁹. В подтверждение своих слов он приводит несколько примеров отношения европейцев к Толстому. Чхве утверждает, что его идеи основаны на анкетных данных, опубликованных в одной из немецких газет, но, как было принято в то время, не приводит ссылки. По его словам, в результате анкетирования было установлено, что Толстой — величайший среди всех своих современников, позже подобный результат появился и по итогам анкетирования и во французской газете³⁰.

В конечном итоге обожествление Толстого стало ярким подтверждением жизненных принципов, которые Чхве отстаивал для корейского народа, — особенно значимости труда. Чхве изображает свою работу как простое перечисление деталей жизни Толстого, его величия и уроков, однако то, что он восхваляет Толстого как бесспорно уважаемую фигуру во всем мире, придает огромный авторитет и доверие к ценности уроков, отбираемых Чхве для представления публике. Толстой выступает в качестве безупречной (и для Кореи того времени почти неизвестной) абсолютной величины, легитимизирующей идеи, которые Чхве излагает от его имени. Объяснив изменения в отношении Толстого к религиозной жизни, Чхве знакомит с его учением о труде, согласно которому величайшая добродетель — это работа своими руками. Затем он рассказывает истории о том, как Толстой, несмотря на статус аристократа, сам занимался домашними делами, а не поручал их слугам³¹.

Подзаголовок к основной статье «Тхолссытхой сонсэн-ый кёси» («Учение Толстого»), в которой кратко изложена жизнь Толстого с самого детства, звучит так: «Нодон ёкчаг-ый погым» («Проповедь о труде»). Подобный подзаголовок указывает на то, что Чхве был более всего заинтересован в знакомстве корейского народа с толстовскими идеями о труде. Впервые Чхве использует слово «труд» (*нодон ёкчак*) в середине статьи, когда он вводит контекст перемен в душе Толстого во взрослом возрасте:

---

²⁹ Там же. С. 9.
³⁰ Там же.
³¹ Там же. С. 10–13.

Он снова впал в уныние и решил покончить с собой. Но в этот момент он обратил свое внимание на крестьян, которые следуют указаниям Неба (*чхонмён*) и работают (*нодон ёкчак*) столько, сколько позволяют их физические силы (*кынрёк*). Глядя на них, он осознал, что эти крестьяне — те, кто понимает смысл жизни[32].

Подзаголовок, как и акцент на труде в середине истории, — идея не Кайдзана, а самого Чхве. История, представленная в статье, основана на автобиографическом произведении Толстого «Исповедь». Однако внимание Чхве к важности труда выделяется и при сравнении с текстом самого Толстого.

Акценты в «Исповеди» Толстого несколько отличаются от статьи Чхве. Главный герой, молодой Толстой, стремится к физическим удовольствиям и участвует в жестокой войне как солдат, а позже — как писатель — наслаждается славой и деньгами. Он женится, заводит семью, но постоянно страдает от пустоты и бессмысленности существования в высшем обществе, где есть лишь эпикурейские утехи и нет ничего, что могло бы удержать его. Часто испытывая искушение покончить с собой, он в то же время боится смерти. Он искренне задается вопросами о себе и смысле жизни, но не находит ответов ни в естественной науке, ни в философии. Тем временем он узнает, что есть простой народ и крестьяне, которые верят по-настоящему и знают смысл жизни. В противоположность людям его круга, «где вся жизнь проходит в праздности, утехах и недовольстве жизнью», Толстой видит, «что вся жизнь этих людей [крестьян] проходила в *тяжелом труде* и они были менее недовольны жизнью» (курсив мой) и живут без суеты и страха [Толстой 1983b: 145]. Заметив, что их жизнь основана на религиозной вере, а не на каких-либо знаниях, он пытается разобраться в учениях Православной церкви, но обнаруживает, что она основана на лжи и не следует истинным словам Бога. Вместо этого Толстого привлекает искреннее и честное христианство крестьян, и он приходит к выводу, что Право-

---

[32] Чхве Намсон. Тхолссытхой сонсэн-ый кёси [Учение Толстого] // Сонён 2. 1909. № 6. Июль. С. 8.

славная церковь несовместима с истинным христианством. Так он решает в своей жизни исповедовать истинное христианство [Там же: 106–166].

Хотя ценность труда, несомненно, упоминается в «Исповеди», в центре повествования — открытие Толстым «истинного» христианства из наблюдения за крестьянами, ставшее переломным моментом в его жизни. Для Толстого истинное христианство (а не крестьянский труд) стало завершением его долгих скитаний. Кайдзан в своем предисловии следовал в основном за содержанием книги Толстого, которое он кратко изложил в разделе «Исповедь господина Толстого» (с. 73–88). Для Чхве, однако, важна не вера Толстого в христианство, а то, что Толстой нашел смысл жизни в крестьянской рутине и, следуя крестьянскому образу жизни, сам занимался физическим трудом, несмотря на статус аристократа.

В коротких статьях Чхве, знакомящих с Толстым, четко прослеживаются идеи русского писателя о труде и некоторые из его жизненных принципов. В «Уридыр-ый ыйму» («Наш долг») Чхве рассказывает следующую историю о Толстом[33]:

> Однажды один из посетителей сказал Толстому: «Я надеюсь, что вы хорошо заботитесь о себе, чтобы вы смогли еще долгое время распространять свои убеждения». Но Толстой отвечал так: «Вы говорите о распространении убеждений? Это испытание дьяволом. Наш первый долг — жить истинной жизнью. Учить других людей — не наш долг. Наш долг — *трудиться* самим»[34] (курсив мой).

Вслед за этой статьей Чхве в «Сонсен-ый соон сильхэн» («Практика Толстого») описывает, как Толстой делал все домашние дела сам, не позволяя другим людям делать их за него[35]. Далее в том

---

[33] Чхве перевел статью Кайдзана «Осифуру ва гиму ни арадзю» («Учить — это не долг») в [Накадзато 1906: 211–212].

[34] Чхве Намсон. Уридыр-ый ыйму [Наш долг] // Сонён 2. 1909. № 2. С. 13.

[35] Чхве Намсон. Сонсэн-ый соон сильхэн [Практика Толстого] // Там же. № 6. Июль. С. 13. Чхве перевел статью Кайдзана «О но дзикко» («Практика Толстого») в [Накадзато 1906: 152].

же номере «Сонён» дается представление о распорядке дня Толстого и рассказывается, с каким усердием и тщательностью писатель следовал своим принципам:

> Окончив «Исповедь», Толстой оставил писательскую жизнь и стал фермером. Он составил план на день, уделяя четыре часа в день работе на ферме и четыре часа изготовлению обуви. С апреля по декабрь он работал на ферме в Ясной Поляне, а зимой читал книги и писал в Москве. С возрастом распорядок дня немного менялся в зависимости от состояния его здоровья, но он никогда не переставал следовать плану[36].

Не будет преувеличением сказать, что в Толстом Чхве единственно интересовали его мысли о труде, принципы и практика повседневной жизни. Наиболее актуальным вопросом для Чхве в его представлении мысли Толстого, возможно, было убеждение самого Чхве в том, что корейская молодежь должна полагаться на собственные усилия и усердие, чтобы получить необходимые жизненные блага и самообразование для усовершенствования общества. Акцент на этой теме хорошо перекликается с идеей постепенного развития «Синминхве» и «Чхоннён Хагухве», о которых говорилось ранее.

Принципы «Синминхве» и «Чхоннён Хагухве» были подытожены фразой *мусиль-ёкхэн* (務實力行[37], прилагать усилия на практике, а не на словах)[38]. По мнению Чхве, крайне необходимо, чтобы молодые люди своими действиями воплощали идею освобождения Кореи, а не просто выражали свое горестное возмущение и сожаление о сложившейся ситуации. В своем эссе «Ассоциация молодежи» Чхве пишет: «Была организована Ассоциа-

---

[36] Чхве Намсон. Тхолсытхой сонсэн-ый ильгва [Распорядок дня Толстого] // Сонён 2. 1909. № 6. Июль. Чхве перевел статью Кайдзана «О но никка» («Распорядок дня Толстого») в [Накадзато 1906: 208–209].

[37] Кит.: уши лисин. — *Примеч. ред.*

[38] Чхве Намсон. Чхоннён хагухве чхвиджисо [Манифест Молодежной ассоциации]; Чхоннён хагухве соллип вивонхве чонгон [Резюме заседания ее учредительного комитета] // Сонён 2. 1909. № 8. Сент. С. 14–15.

ция молодежи. Зачем? Чтобы объединить молодых людей, которые строят свою жизнь на принципах *мусиль* и *ёкхэн*. Чтобы создать здравомыслящих людей» [Чхве Намсон 1974: 116]. В другой статье, «Цели Ассоциации молодежи», Чхве разъясняет конкретнее значение слова *мусиль-ёкхэн*:

> Ассоциация молодежи была организована для удовлетворения потребностей просвещенной молодежи. Сейчас молодые люди не считают, что праздное времяпрепровождение — это их призвание, а лень — нравственная добродетель. Они осознали свое положение. Они осознали свой исторический долг и стремления. <...> Мы стоим на распутье: существование или падение, дело или потеха. Мы выбираем путь, который приведет нас к хорошим делам, чтобы выжить и процветать. <...> Поэтому Ассоциация молодежи, где собираются по-настоящему пробудившиеся молодые люди, с гордостью устанавливает знамя *мусиль-ёкхэн* в мире[39].

Чхве считал *мусиль-ёкхэн* незаменимым критерием для корейской молодежи. Лень и праздный образ жизни осуждались, а работа, усердие и действие были важнейшими моральными ценностями. Акцент Чхве на труде и усердии, подкрепленный жизненными принципами Толстого, может быть понят в том же ключе.

Анализируя далее, можно сделать вывод, что истории о Толстом, помимо примера для подражания корейской молодежи, служили критикой *янбан* (корейской аристократии), которая считала физический труд неподходящим для себя и вела, насколько это позволяло материальное положение, праздный образ жизни. Будучи выходцем из *чунъин* (среднего класса), Чхве с двенадцати лет писал статьи в националистические газеты, такие как «Хвансон синмун» и «Тоннип синмун», публично критикуя бессилие корейского правительства [Ким Гёсик 1984: 25]. *Чунъин* обычно отвечали за административную и техническую работу. Их можно соотнести с современными врачами, переводчиками, бухгалтерами, финансовыми менеджерами

---

[39] Чхве Намсон, «Чхоннён Хагухве-ый чуджи» («Цели Ассоциации молодежи») в [Чхве Намсон 1974, 10: 424].

и другими, а их социальный статус находился между *янбан* (аристократы) и *санмин* (простолюдины). Однако название *чунъин* (средний) произошло не от их положения в иерархии, а от того, что они жили посреди старого Сеула. Их знания, навыки, и статус передавались потомкам. Когда Корея открылась для западных стран, класс *чунъин* быстро адаптировался к ситуации и справился с ней, что было гораздо сложнее для представителей класса *янбан*, чье существование было сильнее связано с конфуцианскими идеями. Благодаря практическим знаниям и рационализму класс *чунъин* сыграл важнейшую роль в модернизации Кореи [Квон Чонхва 1990: 3–5]. Корейские интеллектуалы из этого класса считали разложение аристократии, занятой лишь собой, одной из главных причин трагической потери суверенитета Кореи под японским протекторатом в 1905 году. Изображение Толстого как аристократа, который стремился к познанию реалий жизни, может быть истолковано как критика корейской аристократии.

Отбор и исключение: опосредованные и цензурированные

Делая акцент на произведениях Толстого и эпизодах, связанных с трудом, Чхве сознательно исключает критику Толстым современных обществ и поддержку революционных политических движений. Толстой отвергал авторитет Церкви, поскольку она узаконивала государство и санкционировала насилие над народом. Он осуждал любую форму принуждения, и поэтому его идеи можно считать анархистскими [Simmons 1946: 584–586]. Прежде чем Чхве разъяснил уроки Толстого о труде, он написал: «Я не буду знакомить вас с критикой Толстым современной цивилизации, современных обществ и государств, потому что пока не считаю эти вопросы необходимыми для нашей молодежи. Вместо этого я отберу только его великие произведения о ценности труда и представлю их всем»[40].

---

[40] Чхве Намсон. Тхолссытхой сонсэн-ый кёси [Учение Толстого] // Сонён 2. 1909. № 6. Июль. С. 10.

Сравнение перевода Чхве с японским источником показывает, что именно Чхве хотел донести до читателя, когда представлял Толстого. Статья «Тхолссытхой сонсэн-ый кёси» («Учение Толстого») — это перевод Чхве принципов Толстого в отношении труда. Как было сказано ранее, он упоминал, что перевел их из книги Накадзато Яносукэ (Накадзато Кайдзан). В расширенном издании книги Кайдзана (ноябрь 1906 года) часть, которую перевел Чхве, озаглавлена «Торусутоидзуму корё» («Принципы толстовства»). «Принципы толстовства» Кайдзана включают в себя восемь коротких разделов, из которых Чхве перевел только пять. Три раздела, опущенные Чхве, называются: «Ложная цивилизация», «Истинное значение революции» и «Покайтесь!» — все три представляют радикальные идеи о цивилизации и государстве. Например, в «Ложной цивилизации» Толстой утверждает, что «нынешняя цивилизация ложна, поскольку большинство голодает и умирает насильственной смертью ради удовольствия и тщеславия немногих. <…> Государство заставляет людей убивать других людей, а если они не выполняют приказ, их наказывают» [Накадзато 1906: 241]. В пяти разделах, которые перевел Чхве, его перевод очень точно следует за Кайдзаном, за исключением одного предложения в седьмом разделе, которое он решил опустить. В этом предложении критикуется «государство, которое поддерживает эксплуататоров большого количества рабочих» [Там же: 245].

В «Учении Толстого» Чхве продолжает акцентировать внимание на труде, и здесь это заметно даже больше, чем в других статьях. Половина «Принципов толстовства» Кайдзана — четыре из восьми разделов — посвящены труду (労働, яп. *родо*), и Чхве перевел их слово в слово, то есть перевод имеет тот же порядок слов и те же китайские иероглифы. Он близок к дословному переводу. Но есть одно исключение, и это слово «труд» (*родо*). Корейское произношение китайских иероглифов японского слова *родо* — *нодон*. Но Чхве заменил слово *родо*, которое могло подразумевать японское социалистическое движение, на *нодон ёкчак* (勞動力作), которое обозначает напряженные физические усилия по производству/созданию чего-либо. Одно из предложений

Кайдзан подчеркивает с помощью знаков препинания — «без труда (*родо*), без жизни (*дзинсэй*)» в пятом разделе. Чхве же подчеркивает еще три фразы: «*Нодон ёкчак* — лучшая и первая добродетель» в пятом разделе, «[*Нодон ёкчак* относится к] тяжелой работе (*норёк*) двух рук и двух ног» в шестом разделе и «Пусть каждый занимается *нодон ёкчак*» в восьмом разделе[41]. Заинтересованность Чхве в продвижении своих идей с помощью перевода очевидна в свете того, что, несмотря на якобы дословную передачу текста Кайдзана, Чхве специально выбрал разделы о труде и заменил слово «труд» на придуманный им самим термин, а также добавил пометки, чтобы подчеркнуть эти фразы.

Однако может быть и другая причина, по которой Чхве убрал анархические идеи Толстого о государстве: возможно, он опасался японской цензуры и поэтому опустил политически радикальное содержание как акт упреждающей самоцензуры. Япония обнародовала закон о газетах 24 июля 1907 года, но карательные меры по приостановке выпуска корейских газет применялись с 13 августа 1904 года, когда было временно прекращено издание газеты «Тэдон синбо» («Новости Тэдон») [Чон Гынсик 2003: 36]. Япония усилила цензуру 23 февраля 1909 года, приняв *чхульпхан поп* (Закон о публикациях), который ввел систему предварительной цензуры публикаций. Количество корейских журналов увеличилось с двух в 1907 году до четырнадцати в 1908 году, но два политических журнала были вынуждены прекратить выпуск в 1909 году [Там же: 37][42]. Полное представление Толстого было опубликовано в «Сонён» 1 июля 1909 года, примерно через четыре месяца после вступления в силу Закона о публикациях.

В связи с обсуждением цензуры стоит обратить внимание на необычные ремарки Чхве о его переводе книги Накадзато Кайдзана. Он не только назвал свой японский источник по имени,

---

[41] Чхве Намсон. Тхолссытхой сонсэн-ый кёси [Учение Толстого] // Сонён 2. 1909. № 6. Июль. С. 11–12.

[42] О последних дискуссиях о цензуре в колониальной Корее два сборника, изданных в Корее, см. [Комёль ёнгухве 2011; Тонгук тэхаккё 2010; Choi Kyeong-Hee]. О связи перевода и цензуры см. [Thornber 2009a] и [Cho Heekyoung 2016].

но и отметил тот факт, что намеренно опустил кое-что из него, и указал опущенные разделы, написав: «[Разделы] I, II, III убраны», прежде чем приступить к разделу IV. Примечательно, что он упомянул исходный текст и обозначил следы пропусков. Чхве также перевел и сделал краткую выжимку книги Кайдзана для других статей и разделов, но не упоминал об этом. К моменту представления Чхве Толстого прошло пять лет с первой приостановки выпуска корейской газеты. Он, конечно, знал, чего следует избегать, чтобы его журнал не постигла та же участь. В любом случае тот факт, что в эссе Чхве остались следы удаленного текста и термин «труд» был заменен на другой, не связанный с японскими социалистами, свидетельствует о том, что работы Чхве могли подвергнуться либо официальной цензуре, либо самоцензуре. Принимая во внимание положение Чхве как интеллигента в условиях цензуры, нельзя не заметить его настойчивого интереса к пропаганде труда через Толстого.

Кайдзан предваряет свое представление Толстого кратким заявлением: «Я сделал все возможное, чтобы выкристаллизовать толстовство, и читатели поймут его, прочтя мое краткое изложение» [Накадзато 1906: 241]. По его словам, он не переводил Толстого дословно, а сосредоточился на квинтэссенции толстовской мысли. Неизвестно, согласился ли Чхве с тем, как Кайдзан излагал мысли Толстого, но он решил, что нет необходимости переводить первые три части для корейской молодежи. В результате представления, выполненного Чхве, эти мысли и практики составили ядро толстовства в Корее того времени.

Метонимический перенос: смерть Толстого и потеря Кореей суверенитета

Деятельность «Сонён» была приостановлена после аннексии Кореи Японией. Августовский номер «Сонён» за 1910 год был конфискован, а выпуск журнала прекращен на срок четыре месяца. В декабре 1910 года Чхве разрешили продолжить издание, но номер за январь 1911 года был вновь конфискован. Еще один, последний выпуск вышел в мае 1911 года. Через четыре месяца после первой приостановки, 15 декабря 1910 года, Чхве опубликовал специальный выпуск, посвященный Толстому, умершему в ноябре того же года. Озаглавив материал «Тхолссытхой сонсэн хасе кинём» («Вспоминая Толстого»), Чхве объясняет причину создания спецвыпуска: «Преодолев темную долину последних четырех месяцев, я снова беру в руки перо и смиренно публикую этот номер, потому что чувствую, что должен выразить наши соболезнования, как это сделали другие страны»[43]. Очевидно, что выражение «темная долина последних четырех месяцев» имеет двойной смысл: это и период приостановки публикации, и время, прошедшее с момента аннексии Кореи Японией.

Наиболее очевидным поводом для специального выпуска, посвященного Толстому, была смерть писателя. Но я утверждаю, что Чхве использовал смерть Толстого метонимически — так он выражал агонию и печаль колонизированного интеллектуала[44]. Внутренняя цензура Чхве, несомненно, была связана с его опытом приостановки публикаций по приказу японских властей в 1910 году. В своих воспоминаниях о влиянии Толстого на Корею Чхве Мёник пишет:

> Несмотря на то что смерть [Толстого] вызвала шок и печаль у всех, кто его знал, в Корее дело обстояло иначе. В то время корейцы переживали собственную ужасную трагедию, чтобы оплакивать Толстого: за несколько месяцев до его смерти мы потеряли свою страну, а около сорока представителей правой интеллигенции, такие как Хван Хён и Чхве Усун, покончили с собой сразу после аннексии [Чхве Мёник 1958: 156].

Учитывая эти обстоятельства, внимание Чхве Намсона к смерти Толстого становится понятным только в контексте совпадения его траура по кончине корейского суверенитета и смерти Толстого.

---

[43] Чхве Намсон. Тхолссытхой сонсэн хасе кинём [Вспоминая Толстого] // Сонён 3. 1910. № 9. Дек. С. 1.

[44] В условиях колонизации этот вид метонимического переноса использовали и такие авторы, как Чхэ Мансик, чьи сатирические художественные произведения, вместо того чтобы напрямую критиковать японские власти, нападали на разлагающуюся корейскую элиту, сотрудничавшую с японцами.

В специальном выпуске журнала «Сонён» Чхве выражает свои чувства и мысли о жизни и смерти Толстого в длинном стихотворении под названием «Тхолссытхой сонсэн-ыль кокхам» («Оплакивание Толстого»)⁴⁵. Оно состоит из семидесяти двух четверостиший. Первые четыре выражают скорбь рассказчика по поводу смерти Толстого. Следующие десять строф повествуют о конфликте биографического Толстого между эгоистическим и альтруистическим «Я», на который обречен любой человек, каким бы великим он ни был. Описание страданий Толстого, вызванных его внутренним конфликтом, продолжается до тридцать восьмой строфы. Следующие десять строф восхваляют его силу воли и добродетель, благодаря которой он преодолел искушение погони за успехом, богатством и славой, хотя мог бы их получить, если бы захотел.

До сорок восьмой строфы рассказчик повествует о жизни Толстого, скрывая себя, но в сорок девятой строфе он выходит на первый план, чтобы описать величие писателя. В последней части стихотворения рассказчик накладывает свое состояние на состояние Толстого, меняя дистанцию между главным героем и собой. Местоимение, которое использует рассказчик для обозначения главного героя, меняется с «он» (Толстой) на «я» (предположительно Чхве) и снова на «он» — рассказчика. Строфа шестьдесят девятая: «Когда обычный человек [предположительно Чхве] в огромном мире, / придавленный скалой, / ослабел и был сломлен, / как утешило его существование Толстого!»⁴⁶ Читатель может предположить, что если «обычный человек» — это колонизированный интеллигент, то «скала» — это японский империализм или колонизация. Тема этого стихотворения меняется от смерти Толстого к угнетению страны. В следующей строфе становится ясно, что стихотворение — это плач по нынешнему положению Чхве: «Как вдова рыдает, / что бы она ни увидела, / [я] плачу / не из-за Толстого. / Думая о том, что станет

---

⁴⁵ Чхве Насмон. Тхолсытхой сонсэн-ыль кокхам [Оплакивание Толстого] // Сонён 3. 1910. № 9. Дек. С. 1–5.

⁴⁶ Там же. С. 5.

со мной в будущем, / я не могу не плакать»⁴⁷. Интересно, что в этой строфе три пары метонимического переноса: вдова оплакивает потерю мужа, Чхве скорбит по Толстому, а житель колонии горюет по своей стране. Жанр поэзии позволяет Чхве свободно изменять позицию рассказчика, поэтому он может выразить не только скорбь по уходу Толстого, но и собственные муки интеллигента в колонизированной стране.

Толстой был не просто объектом познания, иностранным писателем для представления публике, но, что более важно, символом — гибким и полупустым, который корейские писатели могли наполнить своими идеями и ожиданиями. Это помогло им справиться с собственным нестабильным социальным положением в быстро меняющейся и вскоре колонизированной стране. Пример с Толстым показывает, что уплощение и абсолютизация чужой фигуры (чужих ценностей) могут быть усилены, если это служит интересам колонизируемых. В этом процессе японское знакомство с русской литературой и ее интерпретация — на которую также повлияло ее западное восприятие и понимание (особенно написанное на английском языке), — действительно предопределили те особенности русской литературы, которые были понятны корейским интеллектуалам. Как мы увидим на примере Ли Гвансу, когда русская литература пришла в Корею, уровень непредсказуемости способов ее использования был разный, а уровень присвоения — высокий, и вновь имели место процесс и практика отбора, но уже другого.

Толстой Ли Гвансу и гуманизм в Японии 1910-х годов

Хотя Чхве Намсон и Ли Гвансу познакомились с произведениями Толстого, живя в Японии в начале 1900-х годов, их фундаментальный интерес к идеям и творчеству писателя развивался в двух разных направлениях. Чхве сделал основной акцент на идее и практике труда, в то время как Ли при построении своей

---

⁴⁷ Чхве Насмон. Тхолсытхой сонсэн-ыль кокхам [Оплакивание Толстого] // Сонён 3. 1910. № 9. Дек. С. 1–5.

собственной теории корейской литературы находился под влиянием гуманизма и теории искусства Толстого.

Ли познакомился с Толстым благодаря своему японскому школьному товарищу Ямадзаки Тосио, когда учился в Академии Мэйдзи (в конце первого пребывания в Японии) в 1909 году:

> Кажется, мне было восемнадцать, когда я впервые прочитал Толстого. Когда я учился на четвертом курсе [школы Мэйдзи в 1909 году], у меня был друг, Ямадзаки Тосио, который был очень верующим пуританином. Однажды он дал мне книгу «Вага сюкё» («Моя религия»), японский перевод Толстого, из кабинета своего старшего брата. После прочтения я был по-настоящему тронут и подумал, что идея, заложенная в этой книге, действительно верна, что мы сможем создать мирный мир, если будем следовать тому, о чем в ней говорится, и что Толстой был настоящим учителем и я буду жить в соответствии с его принципами [Ли Гвансу 1977, 10: 594–595].

Ямадзаки Тосио был верующим христианином и часто подвергался издевательствам со стороны одноклассников за антивоенные речи [Ким Юнсик 1999, 1: 224]. С этого момента гуманизм стал влиять на все аспекты жизни Ли и его идеи, и это влияние, возможно, было закреплено огромной популярностью гуманизма Толстого среди японской интеллигенции во время его второго пребывания в Японии.

Как уже говорилось ранее, проживание Ли в Японии пришлось на волну популярности Толстого: впервые Ли побывал в Японии в 1905 году, а в 1910 году окончил Академию Мэйдзи в Токио. Он вернулся в Корею в 1910 году и преподавал в школе Осана. Затем в 1915 году уехал в Японию и пробыл там до 1919 года. Ли был двадцатилетним юношей, когда в Японии разразился толстовский бум. Возможно, поэтому он и стал толстовцем. Его глубоко тронул гуманизм писателя, что наложило отпечаток на его отношение к литературе в целом. Ли считал гуманизм конечной целью, к которой должно стремиться искусство, и высоко оценил «Воскресение» Толстого за человеколюбие, трогательный сюжет и дидактическое воздействие [Ли Гвансу 1977, 10: 430]. Хотя трудно дать определение гуманистическому искусству, которым занимался Ли Гвансу, одной из главных его тем является альтруистическая любовь [Там же: 456].

В 1910-х годах, во время второго пребывания Ли в Японии, Толстой стал символом гуманизма в японском интеллектуальном сообществе. Об этом свидетельствует знакомство с Толстым творческого объединения «Сиракаба» («Белая береза») и посвященный писателю и его творчеству журнал «Торусутой кэнкю» («Изучение Толстого»). Гуманизм повлиял и на восприятие других русских писателей в это время. Гуманизм, тесно связанный в Японии с Толстым и толстовством, стал характерной чертой японского литературного мира начала XX века.

Значение термина «гуманизм» слишком широко, чтобы определить его в нескольких словах, и меняется в зависимости от времени, места и конкретной области исследований. В Японии слово «гуманизм» переводится примерно тремя терминами: *дзиндосюги* (гуманизм, ориентированный на этику), *дзинбунсюги* (знание, ориентированное на гуманитарные науки) и *дзинпонсюги* (системы ценностей, ориентированные на человека) [Хонда Сюго 1954: 137]. Гуманизм, популярный в период Тайсё (1912–1926), лучше всего отражает термин *дзиндосюги* — гуманитаризм, или «этический гуманизм» [Там же: 138]. По словам историка литературы Хонды Сюго, объединение «Сиракаба» существовало в эпицентре подъема гуманизма в период Тайсё, и популярность Толстого была частью этого явления. Японское слово *дзиндосюги*, этический гуманизм, было тесно связано с интеграцией идей Толстого и их безусловным принятием группой «Сиракаба» [Там же: 142]. В Корее гуманизм, ассоциируемый с Толстым, также был переведен как *индоджуый* (этический гуманизм) непосредственно с японского.

В апреле 1910 года группа молодых японцев, выпускников школы Гакусюин (школа Пэров), основала журнал «Сиракаба». Членами одноименной группы были Сига Наоя, Арисима Такэо, Сатоми Тон и Нагаё Ёсиро и другие молодые писатели. Мусянокодзи Санэацу был настолько тронут Толстым, что подражал его образу жизни, и одноклассники часто называли его «Толстой» [Keene 1998: 447]. В 1918 году он, чтобы воплотить философию Толстого, даже основал деревню, стремясь построить там утопическую общину [Nobori, Akamatsu 1981: 40].

Группу «Сиракаба» объединял не единый стиль письма, которого у них не было, но неприязнь к натурализму и восхищение Толстым и западным искусством [Keene 1998: 441–442]. Их привлекал его гуманизм, и можно заметить, какое глубокое влияние оказала философия Толстого на творчество этой группы [Nobori, Akamatsu 1981: 40]. Это ясно видно в одном из эссе Нагаё Ёсиро. В 1917 году он писал: «Никто в современном обществе не может относиться к гуманизму свысока. Его необходимо уважать. Он потеряет свое значение только тогда, когда справедливость (*сэйги*) станет гораздо большей силой в этом мире. Гуманизм ставит своей целью справедливость» [Хонда Сюго 1954: 139]. Эта позиция привлекала многих писателей в 1910-х годах, когда группа находилась на пике своего влияния.

Всплеск популярности гуманизма и его характерная связь с Толстым в Японии в 1910-х годах также отражены в ежемесячном журнале «Торусутой кэнкю» («Изучение Толстого»). Журнал выходил ежемесячно с сентября 1916 по январь 1919 года без перерывов. Каждый из двадцати девяти выпусков содержит около семидесяти двух страниц. Издательская компания «Синтёся», выпускавшая «Изучение Толстого», также руководила клубом «Торусутой каи» («Толстовский клуб»), который издавал «Изучение Толстого», публиковал «Торусутой гёсё» (произведения Толстого) и организовывал лекции о Толстом [Янаги 1998: 87].

Комментарии редакторов в первом номере «Изучения Толстого» определяют цель журнала и степень их восхищения писателем:

> Имя Толстого предполагает нечто такое, что не может вместить этот небольшой журнал. Толстой — это космос. Половина духовного мира одержима этим именем. Некоторые люди думают, что [из-за самого названия] «Изучение Толстого» ограничивается узкой областью, но имя Толсто-

го — это то, что включает в себя все. Этот журнал не ставит своей целью изучение только Толстого. Мы стремимся исследовать гуманизм в широком смысле слова[48].

Согласно редакторской статье во втором номере, популярность журнала превзошла все ожидания: «Журнал был распродан на следующий день после выхода. Они напечатали дополнительный тираж, но и он был распродан за три-четыре дня». Похоже, что интерес читателей к Толстому удивил и редакторов журнала[49]. Издание вызвало сильный интерес к Толстому и среди постоянных читателей. Вероятно, благодаря журналу «все газеты и журналы с энтузиазмом взялись за Толстого, а один журнал выпустил специальный номер, посвященный Толстому. Кроме того, по всей Японии создавались группы по изучению Толстого»[50]. Преклонение группы «Сиракаба» перед Толстым на протяжении 1910-х годов и публикация «Изучения Толстого» в 1916–1919 годах свидетельствуют о глубокой погруженности японских писателей в гуманизм Толстого. Это также показывает, по словам редакторов, что имя Толстого было связано не только с самим великим писателем, но и символизировало то, к чему стремилась японская интеллигенция.

Несоответствия и противоречия в теории литературы Ли Гвансу

Ли Гвансу был вдохновлен не только гуманизмом Толстого, но и его идеей искусства, основанного на человеколюбии, поэтому его теория литературы имеет общие черты с работой Толстого «Что такое искусство?»[51]. В своей статье «Толстой и я» Ли вспоминает, что «с того времени [около 1910 года] именно Толстой

---

[48] Торусутой кэнкю [Изучение Толстого]. 1916. № 1. Сент., цит. по: [Торусутой кэнкю 1985: 71].

[49] Там же. Окт. С. 70.

[50] Там же. Дек. С. 71.

[51] Эссе «Что такое искусство?» наиболее ясно излагает теорию искусства Толстого периода его позднего творчества.

оказывал наибольшее влияние на мои мысли об искусстве» [Ли Гвансу 1977, 10: 595]. Как в литературе, так и в жизни в целом Толстой на протяжении 1910-х годов был маяком для Ли Гвансу. В статье «Идеи Толстого о жизни — его религия и искусство» он восхваляет Толстого в выражениях, напоминающих нам представление Толстого Чхве Намсоном в журнале «Сонён». Ли пишет: «Толстой — один из величайших людей, родившихся на этой Земле. Возможно, он самый значительный после Иисуса Христа. В чем же заключается его величие? В его великой любви к человечеству, которую он разделяет с Буддой и Христом» [Там же: 487]. Связь Ли с Толстым в конечном итоге привела к его отлучению от Корейской церкви [Ким Юнсик 1999: 335–338], поскольку толстовство содержало в себе еретические догматы, такие как отрицание грехопадения Адама, Троицы и правил искупления, и утверждало, что истина существует только в словах Иисуса Христа [Simmons 1946: 330]. Обожествляя Толстого, Ли Гвансу представлял его как свет, ведущий самого Ли и корейский народ сквозь тьму колониального времени.

Не только в заметках о русском писателе, но и в статьях, и в художественных произведениях Ли прослеживается сходство с идеями Толстого о религии и литературе. Далее я не только сравниваю обоих писателей, но и исследую, как Ли трансформировал идеи Толстого и манипулировал ими, а также как он создавал новую теорию литературы, выходящую за рамки теорий, разделяемых другими корейскими интеллектуалами того времени. Я утверждаю, что Ли творчески соединил литературную теорию, принятую и распространяемую среди корейской интеллигенции, с теорией искусства Толстого, создав тем самым собственную, которая считается первой современной теорией литературы в целом и корейской национальной литературы в частности.

Однако, хотя Ли и подчеркивал исключительность влияния Толстого на свою теорию, значительная часть его трудов о литературе сильно перекликается с японскими литературными теориями рубежа веков, особенно когда речь идет о взглядах Ли на национальную литературу. Теория литературы Ли довольно запутанна, порой трудно найти в ней систему, но мы можем выделить несколько характерных моментов, которые сформировали его воззрения — через их взаимосвязь с различными идеями, доступными ему в те времена. Изучение этих сложных взаимосвязей и подходов Ли поможет нам понять некоторые затруднения, с которыми столкнулась теоретизация новой литературы в колониальной Корее. Что означали понятия «литература» и «писатель» для запоздалой современности (belated modernity) и как представлялось их функционирование в колонизированной стране? Какие сложности могли возникнуть при интеграции эстетических теорий метрополии в колонию? Как колония компенсировала отсутствие политического суверенитета (отсутствие государства) при создании национальной литературы?

Чтобы ответить на эти вопросы, нам необходимо сосредоточиться на нескольких элементах, связанных с построением теории литературы Ли:

- Идеи, общие для Ли и Толстого, а также особенности теорий Ли, несовместимые с Толстым;
- Теории, которые Ли разделял с современными корейскими интеллектуалами;
- Труды японских теоретиков и историков литературы, с которыми Ли, вероятно, познакомился во время своего второго пребывания в Японии в 1910-х годах;
- Процесс, в ходе которого Ли трансформировал эти элементы, а также результат и последствия этой трансформации.

Впервые теория искусства Толстого была представлена в Японии выпускником Сэйкё Сингакко (Православной духовной семинарии) в Токио Сайкайси Сидзукой, который в 1898 году в журнале «Тэйкоку бунгаку» («Императорская литература») кратко изложил суть эссе Толстого «Что такое искусство?» [Янаги 1998: 44]. Более подробное представление появилось в эссе Хасэгавы Тэнкэя в школьном бюллетене Васэда в 1902 году [Там же], а в книге эта работа была впервые опубликована в 1906 году [Толстой 1906]. Теория искусства Толстого была хорошо известна уже в период Мэйдзи, и японские писатели выражали на ее счет и расположение, и недовольство. Недовольство могло быть вызвано религиозными представлениями, лежащими в основе предпосылки теории [Янаги 1998: 49]. Например, в своем эссе «Искусство в кандалах» Симамура Хогэцу критикует теорию искусства Толстого за то, что она привязана к религии, в частности к христианству, и превращается в проповедь религиозных доктрин[52].

В Корее никто не выражал недовольство теорией искусства Толстого открыто, но не все корейские писатели принимали его идеи. Двойственность отношения Ли Гвансу, который был первым, кто задействовал толстовские идеи об искусстве, проявляется в том, что — сознательно или нет — он сильно смягчает религиозные аспекты толстовской теории об искусстве. При этом Ли был учеником Толстого и христианином. В частности, на роль основной ценности, которой должна служить литература, Ли вместо универсального христианства Толстого предложил корейскую нацию. Нельзя сказать, что Ли не понимал сути толстовской теории искусства; судя по его эссе, он ясно осознавал ее религиозную основу: «Толстой — писатель, но для того чтобы понять суть его мыслей об искусстве, необходимо разобраться в его религиозной философии. Все потому, что для Толстого жизнь — это религия, а искусство — выражение ее» [Ли Гвансу 1977, 10: 595]. Тем не менее, сведя к минимуму религиозный аспект трудов Толстого об искусстве при обсуждении собственной теории литературы, Ли смог избежать явного конфликта между христианским универсализмом Толстого и собственным патриотизмом.

Хотя сам Ли твердо заявлял о влиянии Толстого на него, мы можем найти ряд принципиальных различий. Для начала мы можем сравнить мысли двух писателей о литературе, обратившись к наиболее значимым статьям Ли: «Мунхак-ый качхи» («Ценность литературы») 1910 года и «Мунхак иран хао» («Что такое литература?») 1916 года, которые, возможно, заложили первую теоретическую основу современной литературы и корейской национальной литературы в XX веке. Для более глубокого

---

[52] Симамура Хогэцу. Тораварэтару бунгэй [Искусство в кандалах] // Вэсада бунгаку. Т. 2. 1906. Янв. С. 1–45.

анализа стоит изучить работы Ли о личности Толстого и его творчестве, опубликованные в 1920–1930-х годах.

Наиболее важный и основной принцип, общий для Ли и Толстого, заключается в том, что литература как один из видов искусства основана на способности человека переживать эмоции другого человека. Цель литературы — передать эти эмоции, тем самым объединяя людей. По мнению Ли, «литература возникает тогда, когда, пережив нечто, независимо от того, возникает ли оно внутри или вне сознания, человек пытается изобразить и передать это другим в письменной форме и вызвать у них эмоции» [Там же: 378]. И Ли, и Толстой считали передачу эмоций главным смыслом существования литературы. Эта идея более четко выражена Толстым, провозгласившим, что «деятельность искусства основана на том, что человек, воспринимая слухом или зрением выражения чувства другого человека, способен испытывать то же самое чувство, которое испытал человек, выражающий свое чувство» [Толстой 1983а: 78]. Таким образом, произведение искусства можно считать состоявшимся, если выраженные автором эмоции передаются другим людям и вызывают в них отклик. Это становится условием единения людей.

Эмоции, конечно же, являются одним из ключевых элементов романтизма. Хван Чонъён, выдающийся исследователь современной корейской литературы, в своей статье 1997 года отмечает, что литература и идеи Ли в 1910-е годы близки к романтизму — это усложняет общепринятое мнение о принадлежности Ли в 1910-е годы к школе корейского Просвещения. Хван объясняет, что «идея Ли Гвансу, подчеркивающая эмоции (*чуджонджуый*), относится к романтизму в том смысле, в каком Ли рассматривает новый контакт с внутренней природой человека как более насущный, чем любое другое рациональное знание или моральное требование, и подчеркивает особое жизненное удовлетворение, которое приносит такой контакт с внутренней природой» [Хван Чонён 1997: 475–476]. Хван не описывает конкретной связи между мыслями Ли об эмоциях и западным романтизмом, но обсуждение чувств в современной корейской литературе, как и в большинстве других современных литератур, пересекалось с идеями, порожденными романтизмом. Несомненно, представления Толстого и японской интеллигенции об эмоциях, которые впитал Ли, также соответствовали романтизму или дискурсивной среде, в которой он развивался и процветал[53].

Ли поддерживает и идею Толстого о том, что искусство функционирует так же, как слова передают знания и опыт: слова передают знания, а искусство — эмоции. В одной из своих статей о литературе Ли представляет эту идею Толстого и выражает абсолютное согласие с ней. Объяснение Ли эссе Толстого «Что такое искусство?» — один из редких случаев, когда Ли подробно

---

[53] То, что Толстой подчеркивает способность человека перенимать чужие чувства с помощью искусства, перекликается с объяснением симпатии Дэвида Юма, которое было частью европейского дискурса о чувствах XVIII века, повлиявшего на романтизм, хотя Толстой и не упоминает Юма. Юм объясняет, что ни одно из качеств человеческой природы не замечательно так, как «присущая нам склонность симпатизировать другим людям и воспринимать посредством сообщения их наклонности и чувства» [Юм 1996: 367]. И Юм, и Толстой были заинтересованы в объяснении «социально конституированных чувств — не частных внутренних чувств индивидуалистического характера, а тех, которые возникают благодаря интерсубъективности (любовь, дружба, уважение, почтение и так далее)» [Wertz 1998: 77].
Идеи Юма о чувствах (эмоциях) находились в рамках меняющегося понимания эмоций в европейской философии XVIII века. В своей книге, посвященной эпистемологии эмоций, Адела Пинч описывает этот аспект европейской философии XVIII века следующим образом: «В произведениях XVIII века чувства, как правило, живут своей собственной жизнью. Они не всегда находятся в рамках частной, внутренней жизни отдельных людей, а скорее циркулируют между ними как некие автономные субстанции. Они часто кажутся безличными и заразными, словно вирусы, проникающие в души мужчин и женщин так же, как болезни проникают в тело» [Pinch 1996: 1]. Она объясняет, что революция восемнадцатого века в эпистемологии оказала интересное влияние на то, как философы представляли отношения между людьми и их чувствами. Их представления о них часто противоречат друг другу, показывая, что, с одной стороны, чувства являются личными и частными, а с другой — чьи-то чувства могут быть чужими, безличными и транссубъективными. Эти два различных взгляда сосуществуют и неотделимы друг от друга в творчестве Юма. (Подробное обсуждение идей Юма о чувствах см. [Pinch 1996: 17–50].) Как показывает Пинч в главах, посвященных романтической литературе, рассуждения о чувстве, появившиеся в философских трудах XVIII века, стали тем контекстом, с которым взаимодействовала западная романтическая литература.

излагает теорию литературы Толстого, полностью принимая ее. По словам Ли, «в своей теории искусства Толстой сказал: "Искусство — это своего рода язык, и поэтому оно функционирует как средство передачи чувств человека его народу (*тонпхо*)"»[54]. И далее: «Меня интересует идея о том, что искусство — это своего рода язык. Мы передаем свои мысли людям с помощью слов. Если сформулировать сложнее, это означает, что мы передаем наши идеи, которые являются продуктом интеллектуальной деятельности, с помощью слов, но мы передаем эмоции, впечатления и чувства с помощью специальных слов, известных как искусство» [Ли Гвансу 1977, 10: 472]. Объяснение Ли перекликается с конкретным абзацем Толстого:

> Как слово, передающее мысли и опыты людей, служит средством единения людей, так точно действует и искусство. Особенность же этого средства общения, отличающая его от общения посредством слова, состоит в том, что словом один человек передает другому свои мысли, искусством же люди передают друг другу свои чувства [Толстой 1983а: 78].

Ли также разделяет идею Толстого о том, что передача эмоций может быть классифицирована по разным направлениям. Толстой утверждает, что существует широкий спектр эмоций, передаваемых художественной деятельностью, это «Чувства, самые разнообразные, очень сильные и очень слабые, очень значительные и очень ничтожные, очень дурные и очень хорошие, если только они заражают читателя, зрителя, слушателя, составляют предмет искусства» [Там же: 79]. Ли также предлагает три категории передачи эмоций: «...сила и слабость, глубина и поверхностность, благородство и пошлость. Вопрос благородства и пошлости связан с личностью писателя» [Ли Гвансу 1977, 10: 454]. Лексика, используемая здесь обоими авторами, практически идентична. Разница между ними, однако, заключается в важном

---

[54] Дословно *тонпхо* переводится как «соотечественники». Проблема «народа», отличающая теорию Ли от Толстого, обсуждается далее.

для Ли факте: личность писателя определяет качество передаваемых эмоций. Эта идея связана с утверждением Ли о том, что писатель должен быть «мыслителем, лидером и реформатором общества: и образцом для молодых людей, и писателем» [Там же: 355]. Акцент на роли писателя обсуждается далее в связи с колониальной реальностью Кореи.

Оба автора также разделяют идеи о том, как возникает и функционирует литература. Но у идей Ли есть и черты, противоположные Толстому и, таким образом, противоречащие тем аспектам, которые Ли заимствует у него. Толстой критикует любое искусство, разъединяющее людей, в том числе «все искусство патриотическое» [Толстой 1983а: 173], в то время как религиозная вера Ли в универсальное христианство смешивается с его националистической лояльностью[55]. Внимание Ли к корейской нации и его вера в универсальное христианство сосуществовали, несмотря на противоречия. Внимание Ли к нации с самого начала присутствует в его теории литературы, и он нигде не говорит, что литература должна служить только универсальному христианству, несмотря на собственные религиозные убеждения.

Ли также неоднозначно относился к гуманизму. Он изображает Толстого как наиболее гуманистически настроенного интеллигента, а его литературу — как воплощение этого [Ли Гвансу 1977, 10: 456; 9: 464]. В то же время Ли выражает гуманизм только применительно к своей собственной нации, результатом чего становится своего рода социально-дарвинистская перспектива. Таким образом, гуманизм Ли отличается от толстовского, который, по словам русского писателя, не может быть использован в интересах секты или нации [Там же, 10: 430]. Термины «народ» (*сарам*), «человечество» (*иллю*) и «соотечественники» (*тонпхо*) для Ли взаимозаменяемы. Но *тонпхо* явно отсылает к нации, потому что Ли использует его чаще, говоря о корейском народе. Если сформулировать более прямолинейно, то можно

---

[55] О разительном отличии между Ли и Толстым в их подходах к понятию «нация» говорится и в статье Майкла Шина «Внутренние пейзажи» в [Shin Gi-Wook, Robinson 1999: 258].

сказать, что в работах Ли позднего периода отчетливо проявляется антигуманизм, хотя он не имеет прямого отношения к предложенной им литературной теории. Рассуждая о том, как должен вести себя писатель во время войны, Ли утверждает, что «…война — это зло. Но человек, который имеет мужество противостоять войне, добродетелен. Народ проигрывает войну, когда его мораль разлагается» [Там же: 490]. Если не принимать во внимание позднее, довольно противоречивое и ироничное развитие гуманистических идей, очевидно, что Ли колеблется между гуманизмом, который касается каждого человека, и патриотизмом, обнажая эту двойственность в своих рассуждениях о колониальной ситуации в Корее. Неудивительно, что его интерпретация социально-политической среды и отношение к ней нашли отражение в его теории литературы, которая стала для Ли символом культурной и политической цивилизации.

Вера Ли в универсальное христианство в сочетании с его националистической лояльностью ведет к основному противоречию, которое пронизывает многие его концепции, включая литературу, служащую миру универсального христианства, но при этом и конкретному народу; его поддержку гуманизма и акцент на моральной иерархии, основанной на власти; наконец, несоответствие между литературой как моралью и как наслаждением.

По мнению Толстого, искусство должно быть универсальным, объединяющим людей так же, как люди объединяются с Богом — именно с христианским Богом. Затем он подвергает резкой критике любое искусство, разъединяющее людей, и ассоциирует его с нехристианским. Для него «искусство нехристианское, соединяя некоторых людей между собою, этим самым соединением отделяет их от других людей, так что это частное соединение зачастую служит источником не только разъединения, но враждебности по отношению к другим людям». Затем Толстой приводит примеры: «Таково все искусство патриотическое, со своими гимнами, поэмами, памятниками; таково все искусство церковное, т. е. искусство известных культов со своими иконами, статуями, шествиями, службами, храмами» [Толстой 1983а: 173].

Внимание Ли к корейской нации и его вера в универсальное христианство не были последовательными, но сосуществовали, несмотря на амбивалентность. С точки зрения Толстого, Ли может быть именно тем человеком, который неверно применяет толстовскую концепцию искусства. Предостерегая от неправильного понимания принципа объединения людей, Толстой пишет[56]:

> Выражение: *единение людей с Богом и между собой*, может показаться неясным людям, привыкшим слышать столь частое злоупотребление этими словами, а между тем слова эти имеют очень ясное значение. Слова эти означают то, что христианское единение людей, в противоположность частичного, исключительного единения только некоторых людей, есть то, которое соединяет всех людей без исключения [Там же].

Рассказывая о романе Толстого «Воскресение», Ли высоко оценивает гуманистическую литературу Толстого, в которой воплотились его благородство, любовь к человечеству и призвание литературы просвещать людей и трогать их сердца [Ли Гвансу 1977, 10: 456]. Ли считает гуманизм Толстого вершиной его достижений, утверждая, что перед гуманизмом писателя даже его творчество отходит на второй план [Там же: 464]. Когда же, однако, христианский гуманизм Толстого сталкивается с идеями Ли, они часто превращаются в патриотический идеализм. Объясняя этот новый идеализм в отношении искусства, Ли утверждает:

> Любая деятельность в нашей жизни должна служить жизни, и эта идея применима и к искусству — другими словами, искусство должно наполнять жизнь энергией, чтобы жить. Чтобы дать более полное объяснение, искусство должно быть тем, что делает жизнь сильнее, красивее и доброде-

---

[56] Идея Толстого о том, что все человечество может объединиться в христианстве, сама по себе нереальна и противоречива, потому что «христианское» не может быть приравнено к «вселенскому». Но он учитывает всех людей, независимо от национальности и религии, по крайней мере на теоретическом уровне, что отличает его от Ли.

тельнее, а также тем, что заставляет людей больше любить друг друга и становиться менее эгоистичными, чтобы они могли жертвовать собой ради *народа* [соотечественников]. Из подобного хода мыслей проистекает гуманизм искусства и возникает новый идеализм [Там же: 430] (курсив мой).

В более поздних работах, где Ли развивает идею патриотического идеализма, который, по его мнению, служит пробуждению патриотизма корейского народа, Ли утверждает, что сила масс основана на нравственности. Неудивительно, что в конце процитированной ранее статьи 1936 года о литературе военного времени Ли утверждает: «Когда я смотрю на нынешнюю ситуацию в Корее, я чувствую, что нам нужна такая литература, которая берет в качестве темы священнодейственность и героизм войны. Жизнь — это война. <...> Война — зло, но победа возможна только для человека истины» [Там же: 492].

Другой динамической составляющей литературной теории Ли является несоответствие между литературой как моралью и литературой как наслаждением. Ли строит свою теорию на идее освобождения литературы от моралистического догматизма, но тем не менее продолжает считать литературу проводником моральных ценностей. Ли обвиняет корейскую традицию в том, что она требует от литературы моральных тем, и утверждает, что из-за этого литература в Корее не могла процветать [Там же, 1: 549]. Он открыто заявляет, что литература должна быть направлена на удовлетворение эмоциональных потребностей и что именно такое удовлетворение делает литературу привлекательной [Там же: 548]. В то же время он отвергает идею о литературе как наслаждении и пишет, что «литература настоящего отличается от литературы прошлого, которая служила только для наслаждения. <...> Прискорбно, что большинство наших соотечественников считают, что литература современности — всего лишь забава». По мнению Ли, поэзия и художественные нарративы «открывают и развивают истину жизни и Вселенной, исследуют жизнь и стремятся представить человеческую психологию и процесс ее изменения» [Там же: 546]. Он идет дальше, утверждая, что «этика и искусство едины — если искусство не морально, то это не настоящее искусство, а также если этика не художественна, то это не настоящая этика» [Там же, 10: 360]. Его акцент на этике литературы перекликается с идеями Толстого: «...[искусство] не есть наслаждение, а есть необходимое для жизни и для движения к благу отдельного человека и человечества средство общения людей, соединяющее их в одних и тех же чувствах» [Толстой 1983а: 80].

Одновременное подчеркивание и наслаждения, и морали противоречит самому себе, тем не менее оно важно, поскольку отражает два насущных желания Ли в отношении будущего направления корейской литературы. По мнению Ли, современная корейская литература должна отойти от литературы нравоучений. Это сопровождается его критикой тех корейских интеллектуалов, которые считали, что литература должна быть не более чем средством нравственного воспитания. В то же время Ли требовал, чтобы литература не потворствовала вульгарным интересам. Убежденность Ли в том, что корейская литература должна компенсировать свое запоздалое развитие, возможно, обусловила настойчивость его порой противоречивых предложений о правильном направлении развития национальной литературы.

Однако этот парадокс проявляется не только в корейских теоризациях литературы. Процесс эстетизации искусства на Западе, наделивший его автономным пространством, отделенным от политической и религиозной сфер, повлек за собой и противоречивое требование выполнения искусством социальных функций. Искусство, таким образом, «стремилось как к эстетической автономии, так и к социальным последствиям» [Jusdanis 1991: 102–103]. В теории искусства Толстого этот парадокс отсутствует, поскольку ему не нужно было доказывать, что литература — это вид искусства и что искусство обладает самостоятельностью, а значит, он мог сосредоточиться на функции и воздействии литературы, которые служили бы высоким целям. Ли, напротив, должен был создать новую концепцию литературы как искусства, независимого от политических и других культурных сфер, к примеру, автономного от моральных дисциплин и дидактики премодерна. Одновременно он хотел доказать социальную значимость литературы, что для Ли, возможно, было важнее ее автономной эстетики. Это парадоксальное сосуществование эстетической автономии и социальной значимости искусства кажется особенно заметным: Ли стремился создать дискурс о новой литературе, смешивая эстетическую автономию и социальную значимость (связь между которыми долгое время была слабее в национальных литературах других стран, включая Россию) буквально на нескольких страницах создаваемой им теории литературы.

Чтобы понять, как еще Ли использовал Толстого для формирования собственных идей о литературе, стоит изучить, как он объединил концепции Толстого с текущими дискурсами о литературе в Корее (те, в свою очередь, демонстрировали тесную связь с литературными теориями, создаваемыми и распространяемыми в Японии) и как он адаптировал эти идеи к насущным проблемам становления корейской литературы. Наиболее яркими чертами, разделяемыми корейскими интеллектуалами, были акцент на корейском языке (*чосон маль, чосон мун, хангыль, куго* и *кунмун*) и дискурс эмоций (*чон*). Эти особенности отражали концепции японских интеллектуалов в отношении литературы Японии, но в них присутствовало существенное отличие: корейская литературная теория должна стать другой стороной декалькомании дискурса метрополии. Я утверждаю, что произошел парадигматический трансфер — как в лингвистическом, так и в переносном смысле, — в результате которого японский язык был заменен корейским, а японская нация — корейской, хотя в другом контексте это привело к отличному, если не сказать подрывному, социальному смыслу.

Дискурсы о корейском языке и эмоциях

Статья Ли «Что такое литература?», написанная в 1916 году, посвящена общим литературным вопросам, но при этом затрагивает проблемы корейской словесности. В эссе показано, как основополагающие элементы литературы конкретизируются в корейском письменном языке, формируя эмоциональное восприятие нации. В своей первой статье о литературе, написанной в 1910 году, Ли определяет литературу как «письменный текст, такой как поэзия и художественное повествование, который обладает элементом эмоций» [Ли Гвансу 1977, 1: 545–546]. Позже, в 1916 году, он дает более подробное определение литературы: «Литература — это то, что выражает мысли и эмоции людей в определенных формах» [Там же: 547]. Под «определенными формами» он подразумевает письменный язык, с одной стороны, и литературные жанры, такие как поэзия, роман, драматургия и критика, с другой [Там же: 547–548]. Это внимание к «письменному языку» и «эмоциям» разделяли и его современники, заинтересованные в определении сути корейского языка и литературы, а также в их развитии.

Например, обеспокоенность судьбой родного языка прослеживается в статье Чу Сигёна «Куго-ва кунмун-ый пхирё» («Необходимость национального языка и национальной письменности»), написанной в 1907 году. В то время, когда суверенитет Кореи находился под угрозой, акцент на корейском языке среди интеллигенции стал выражением национальных чувств, поскольку именно язык был основополагающим для определения идентичности народа. По словам Чу, «наличие в той или иной стране своего особого языка и письменности является признаком того, что эта страна от природы является самостоятельной страной в этом мире, а употребление каким-либо народом этого языка и письменности — первый признак того, что этот народ принадлежит к данной стране и образует единый коллектив» [Чу Сигён 2014: 139–140]. Таким образом, корейский язык служил символом духовной независимости, которая могла бы компенсировать потерю политического суверенитета. Чу не возражал против того, что корейский язык уступает другим, но при этом утверждал, что люди должны «любить и использовать» его, поскольку игнорирование или пренебрежение корейским языком равносильно потере независимости [Там же: 140].

Ли выказывал схожее с Чу беспокойство. Он считал язык квинтэссенцией корейского характера, гарантирующей защиту от посягательств колонизации. После формальной аннексии Кореи Японией корейская литература казалась ему еще более важной для осознания корейского народа, потому что именно через национальную художественную литературу люди могли бы изучать «корейский язык, который в последнее время почти не встречается в учебных программах колониального образования» [Ли Гвансу 1977, 10: 428].

Акцент на корейском языке также предполагал критику китайского, который, по мнению корейских интеллектуалов, препятствовал развитию уникального корейского языка. Ли Гвансу следует этой тенденции в своих рассуждениях о ценности корейского, нападая на корейских интеллектуалов, которые почитали китайский язык. Далее он выступает за ограничение понятия «корейская литература» только теми произведениями, которые написаны на корейском языке. Любой другой способ отличить оригинальную корейскую литературную традицию от китайской был бы слишком сложным. Подчеркивание корейского национального самосознания с помощью корейского языка подразумевало критику китайского и превращение его в «Другого», на контрасте с которым и с помощью которого можно было бы конструировать корейскую идентичность. Ли утверждает:

> письменный язык — это вместилище для содержимого, называемого литературой. Корейцы долгое время считали, что литературный китайский — единственный письменный язык, и именно по этой причине литература не могла развиваться в Корее. <...> Эта тенденция сохраняется и сейчас, поскольку некоторые люди все еще пытаются использовать стиль литературного китайского языка [Там же, 1: 552–553].

Усилия Ли по отделению китайской литературы от корейской позволили ему утверждать, что «корейская литература включает в себя только то, что написано на корейском языке». По его словам, «это не вопрос того, кто и что пишет» [Там же, 10: 469] на языке. Этот аргумент с точки зрения сегодняшнего дня кажется спорным, но важно понимать, что именно обусловило в то время это переопределение. Утвердив в качестве основы корейской литературы язык, на котором она была написана, Ли дал новую версию истории о происхождении корейской литературы, датируя ее созданием корейской письменности королем Седжоном в середине XV века. В результате была отброшена в сторону вся литература, существовавшая до этого времени, за исключением написанной на *иду* — системе транскрипции эпохи Трех корейских государств.

Но если бы Ли исключил все литературные китайские произведения в премодерной Корее, то не осталось бы устойчивой традиции, поэтому Ли предложил переводную литературу, написанную на корейском языке. Граница корейской литературы, проведенная Ли, затрагивает вопрос о принадлежности переводов к корейской литературе. Ли считал корейские переводы китайских литературных произведений принадлежащими к корейской литературе и утверждал, что для корейского народа перевод китайского текста на корейский язык имеет бо́льшую ценность, чем его оригинал. Так, он не считал «Сон в заоблачных высях» («Куунмон»), один из шедевров корейской литературы, написанный Ким Манджуном на литературном китайском языке, примером настоящей корейской литературы. Он утверждал, что анонимный перевод этого произведения на корейский язык оказал гораздо более сильное влияние на развитие корейской литературы [Там же]. Ли считал, что вклад переводчиков в процветание национальной литературы, независимо от того, осознавали они это или нет, невозможно переоценить [Там же, 1: 555]. Включение китайских произведений, переведенных на корейский, и исключение работ корейских авторов, написанных на китайском, отражает стремление Ли подчеркнуть ценность корейского письменного языка и чуждость китайского[57]. Эта позиция также возвысила его собственное положение — человека, знакомящего Корею с иностранными произведениями.

---

[57] Ким Тхэджун, выдающийся корейский историк литературы в колониальный период, также включил корейские переводы китайских произведений в свое обсуждение корейской литературы, хотя, в отличие от Ли, он не делал четкого заявления о том, что корейские переводы являются «корейской литературой» [Ким Тхэджун 1990].

Таким образом, дискурс об уникальности и независимости корейского языка в сочетании с концепцией эмоций подтверждают тезис о том, что литература народа воплощает его национальную принадлежность.

Корейские интеллектуалы 1910-х годов считали концепцию эмоций одним из основополагающих элементов литературы. Для Ли эмоции были не только неотъемлемой составляющей литературы, но и необходимым условием ее формирования. Дискурс об эмоциях применительно к теории литературы начался с определения Ли литературы как «произведений с элементом эмоций» в статье «Ценность литературы» 1910 года.

Для концепции эмоций Ли оказалась полезна теория романа Цубоути Сёё. После того как Сёё написал «Сёсэцу синдзуй» («Сущность романа», 1885–1886), историческую книгу о концепции *сёсэцу* (художественной литературы), эмоции стали считаться в Японии обязательным условием *сёсэцу*[58]. Ли указывал на Сёё как на одного из трех японских писателей, повлиявших на него[59]. В разделе «Сёсэцу но сюган» («Главный предмет художественной литературы») Сёё подчеркивает, что «главный предмет художественной литературы — *ниндзё* (эмоции, человеческие чувства). Социально-исторические обстоятельства (*сэтай*) и обычаи (*фудзоку*) следуют за ним» [Цубоути Сёё 1969: 16]. Слово *ниндзё* (кор. *инджон*) представляет собой соединение слов «человек» (*нин*) и «эмоции, чувства или привязанность» (*дзё*); *дзё* — тот же китайский иероглиф, *чон* (эмоция), который Ли использовал для своей концепции литературы. Далее Сёё подчеркивает, что «имитация», или «миметическое изображение» (*мося*, или *моги*), «человеческих чувств» (*ниндзё*) — это ключ к тому, чтобы сделать роман «самой передовой формой литературного искусства» [Судзуки 1996: 21]. В книге «Сёсэцу синдзуй» он использует термин *ниндзё* для обозначения человеческих чувств и психологии в широком смысле, включая как негативные, так и позитив-

---

[58] То, как понятие *сёсэцу* в период Мэйдзи включило в себя концепцию эмоций или человеческих чувств, хорошо объясняется в [Судзуки 1996: 19–26].

[59] Другие два — Мори Огай и Нацумэ Сосэки [Ли Гвансу 1977, 10: 355].

ные аспекты [Там же]. Сёё включил художественную литературу в сферу искусства (*бидзюцу* в терминологии Сёё) [Цубуоти Сёё 1969: 4] и освободил ее от роли проводника политических идеалов и морали, или *кандзэн сёаку* (поощрение добродетели и порицание порока, кор. *квонсон чинъак*) [Там же].

Ли Гвансу воспринял идею Сёё не только в отношении художественной литературы, но и применительно к литературе в целом. Он утверждал, что «[писатели] не должны использовать литературу для *квонсон чинъак*, а должны представлять перед читателем реальные мысли, эмоции и жизнь без моральных оценок» [Ли Гвансу 1977, 1: 549][60]. Но важно отметить, что отдельно от этой концепции эмоций как объекта описания идея Ли *о читательских эмоциях как объектах художественного заражения* и их способности заражаться чувствами других людей во многом опирается на теорию Толстого.

Ли развивал концепцию эмоций и в середине 1910-х годов вместе с такими интеллектуалами, как Чхве Дусон и Ан Хвак. В своей статье, опубликованной в 1914 году, Чхве Дусон утверждает: «…несмотря на то что нечто может дать нам знания, иметь форму поэзии или романа, быть связанным с воображением, мы не можем называть эти вещи литературой. То, что позволяет вещи стать литературой, — это фактор жизненной силы, иными словами, элементы *чон-ый* (эмоции и воля)»[61]. Развивая концепцию эмоций, Ан Хвак дает более подробное определение литературы. Для него «литература — это то, что выражает впечатление от красоты в письменной форме». Сравнивая литературу с политикой, он объясняет, что «политика — это то, что управляет внешним миром людей, а литература — их внутренними эмоциями»[62].

---

[60] О связи корейских писателей, в частности Ли Гвансу и Ким Донина, с «Сёсэцу синдзуй» Сёё см. [Хван Чонён 2005: 268–273].

[61] Чхве Дусон. Мунхаг-ый ыйый-э кванхая [Значение литературы] // Хакчигван. 1914. № 3. Дек. С. 26–28.

[62] Ан Хвак. Чосон-ый мунхак [Литература Кореи] // Там же. 1915. № 6. Июль. С. 64.

Рассуждения об эмоциях применительно к определению литературы полностью раскрываются в знаменитой статье Ли «Что такое литература?» 1916 года. Для Ли эмоции служат средством выражения индивидуальности, а значит, они могут быть и источником формирования современной литературы. Ли утверждает:

> Литература основывается на эмоциях, и поэтому вопрос о значении литературы зависит от того, насколько серьезно мы рассматриваем отношения между эмоциями и человеком. В прошлом все свысока относились к эмоциям и уважали только разум и знания, потому что не осознавали индивидуальность [Там же: 548].

Он утверждает, что эмоции позволяют человеку действовать независимо от социальных ограничений и совершать поступки, не изменяя себе [Там же: 526].

Ли использует категоризацию, которая делит человеческий разум на три сферы: *чи* (интеллект), *чон* (эмоции) и *ый* (воля), — чтобы подчеркнуть независимое положение эмоций и то, что их ценность эквивалентна ценности двух других сфер.

> Недавно люди узнали, что человеческий разум основан на трех элементах: интеллекте, эмоциях и воле, и что все эти три элемента существуют в нашем разуме в равной степени, без иерархических отношений. Таким образом, статус эмоций был повышен. Эмоции, которые раньше были лишь рабами интеллекта и воли, теперь обрели силу, равную им, и ищут своего удовлетворения в литературе, музыке, изобразительном искусстве и т. д. так же, как интеллект во всех областях науки. Учитывая, что древние времена знали подобное искусство, эмоции не игнорировались полностью. И все же оно не было полностью направлено на удовлетворение эмоций; они всегда сочетались с интеллектуальным, моральным и религиозным значением и существовали в качестве дополнения и украшения к морали и религии вплоть до социальных потрясений эпохи Возрождения около пятисот лет назад. После этого эмоции окончательно обрели независимый статус и стали рассматриваться наравне с интеллектом и волей [Там же].

Для Ли успех литературы обусловлен пониманием того, что эмоции — один из трех фундаментальных элементов, обеспечивающих функционирование человеческой психологии. Это возвышение эмоций до уровня интеллекта и воли также позволяет пересмотреть роль литературы.

Дискурс интеллекта, эмоций и воли, который Ли использовал для построения теории новой литературы в Корее, не был уникальным — он был распространен в японских литературных и социальных дискурсах. Согласно «Синри хакува» («История психологии»), написанной в 1912 году специалистом по детскому воспитанию Такасима Хэйдзабуро, различие интеллекта, эмоций и воли было общепринятым, так что «на вопрос о различии *психических явлений* (*сэйсин гэнсё*) любой теперь без колебаний ответит *чи*, *дзё* и *и* (интеллект, эмоции и воля)» [Такасима Хэйдзабуро 1912: 9; Чон Бёнхо 2004: 282].

Подобное описание человеческого разума в терминах интеллекта, эмоций и воли можно найти и в теории литературы Нацумэ Сосэки, опубликованной в 1907 году. Объясняя, что техника и точное описание объекта не обязательно означают правильное выражение идеалов, он пишет: «Если определить это в более понятных терминах, то при изображении объекта, даже когда мы создаем нечто очень похожее на реальную вещь, результат порой не выражает работу нашего интеллекта, эмоций и воли» [Natsume Sōseki 2009: 206–207]. В эссе Сосэки не разъясняется, что означают эти три элемента применительно к функции человеческого разума и литературы. Но именно отсутствие подробностей указывает на то, что данное различие и способ объяснения человеческого разума с помощью этих элементов были общепринятыми и понятными. Конкретное использование этих трех элементов в связи с объяснением литературных произведений можно найти в более ранних эссе, опубликованных интеллектуалами, связанными с Университетом Васэда и его журналами в 1890–1900-х годах, а именно: группой ученых и писателей, которые занимались *бидзигаку* (изучение риторики) [Чон Бёнхо 2004: 284–285].

Манипуляция теорией искусства Толстого: литература как хранительница национальности

Концепция эмоций Ли имеет общие черты с представлениями его корейских современников о том, что литература должна содержать эмоции. Однако Ли также возвышает эмоции, считая их средством проявления индивидуальности и носителем национальной сущности. Ли пошел дальше других писателей 1910-х годов, которые уделяли внимание отношениям между эмоциями и литературой, и дальше простого утверждения о том, что литература включает в себя эмоции. Он дал подробное разъяснение, как литература работает для пробуждения эмоций. Я хотела бы отметить, что Ли разработал свою теорию литературы, объединив литературное теоретизирование Кореи и Японии с мыслями Толстого о задачах искусства. В нее не вошли утверждения Толстого о фундаментальной христианской цели искусства; Ли сознательно выбрал только те фрагменты теории, которые отвечали его установкам. Такое сочетание позволило Ли показать, как литература может служить средством сплочения народа и передачи его национальности или национального характера (*минджоксон*). Но не стоит забывать, что формулировка этой теории также является проблемным заимствованием теорий метрополии, несмотря на отсутствие конкретного подтверждения этого факта со стороны писателя.

Ли проводит связь между литературой и национальностью, утверждая, что именно литература народа может наиболее эффективно передать «духовную цивилизацию этого народа, и это является источником его национальности» [Ли Гвансу 1977, 1: 550]. По мнению Ли, Корея потеряла свое ценное культурное наследие, потому что лишилась литературы. Критикуя интеграцию китайского языка и системы мышления как препятствие для самореализации Кореи, он утверждал, что Корея должна создать новую литературу, следуя новой западной концепции культуры, чтобы передать оригинальные корейские мысли и эмоции последующим поколениям [Там же: 550–551]. То, что Ли подчеркивает важность новой корейской литературы, в которой на первый план выходит корейский язык, касается не только литературы. По его логике, отсутствие литературы у народа свидетельствует о слабости его национальности и духовной цивилизации, а величие нации зависит от его литературы.

Ли был не единственным, кто подчеркивал связь между литературой народа и его национальным сознанием. Ан Хвак, корейский историк литературы, также утверждал, что «так называемая конкуренция между расами и народами кажется политическим явлением, но на самом деле это соревнование сил национальностей. Могущественные страны стараются распространять свои национальные идеи и ассимилировать другие народы», поэтому «тот или та, кто занимается литературой, должны приложить все усилия, чтобы новая корейская литература достигла большого успеха»[63]. Однако аргументация Ана связи литературы с национальностью на этом останавливается и не описывает, как именно литература работает для нации.

Ли не говорит прямо о роли литературы в сохранении государственности, но то, как раскрываются его аргументы в статье «Что такое литература?», дает достаточно убедительную картину. Литература народа вызывает эмоции, которые являются сутью его национальности. Литература передает эти эмоции народу и объединяет его. Если литература — это средство, передающее «духовную цивилизацию нации как источник национальности народа» [Там же: 550], то можно сказать, что эмоции — это то, что питает источник национальности. Ли, возможно, не до конца осознавал сложности, следующие из его утверждения, тем не менее он считал, что эмоции можно рассматривать как основу общения между людьми из разных времен и мест, а также как средство передачи национального характера народа. Его мысль также предполагает, что литература — это то, что содержит эмоции и тем самым служит сохранению национальности. Эмоции, таким образом, возвышаются над проявлением индивидуальности, становясь сущностью и источником национальности.

---

[63] Ан Хвак. Чосон-ый мунхак [Литература Кореи] // Хакчигван. 1915. № 6. Июль. С. 73.

Центральная идея о том, что литература народа может «выражать и передавать» эмоции, была заимствована у Толстого. Но здесь Ли успешно манипулирует идеей Толстого, чтобы поддержать собственную теорию национальной литературы (понятно, что подобную концепцию русский писатель не одобрил бы). Толстой утверждал, что «благодаря способности человека заражаться посредством искусства чувствами других людей, ему делается доступно в области чувства все то, что пережило до него человечество, делаются доступны чувства, испытываемые современниками, чувства, пережитые другими людьми тысячи лет тому назад, и делается возможной передача своих чувств другим людям» [Толстой 1983а: 80]. Ли разделяет мысль Толстого о том, что способность литературы передавать эмоции другим позволяет народу понять свое прошлое и настоящее и передать это понимание следующему поколению. Но Ли преломляет эту идею через потребности корейской литературы, утверждая, что корейская литература сохраняет и передает «духовную цивилизацию» корейского народа как основу его «национальности»[64].

От *кокубунгаку* до *чосон мунхак*: колониальность в современной корейской литературе

Концепция эмоционального «заражения» Толстого является основным элементом теории литературы Ли Гвансу, при этом явно проглядывается и сходство идей Ли с японскими литературными дискурсами, в особенности это касается рассуждений

---

[64] Ли развивает свою идею о функции литературы при описании процесса создания текста и пользы литературы. По словам Ли, «когда человек переживает что-то и пытается *передать* это другим людям, когда человек пытается *вызвать эмоции у людей* с помощью определенного выражения... появляется литература» [курсив мой] [Ли Гвансу 1977, 10: 388]. Более подробно эта функция литературы описана в статье Ли о пользе литературы: «Литература позволяет людям получать знания о духовных аспектах жизни: обычный человек может узнать мысли и чувства благородного человека, богатый — жизнь бедняка, злодей — чувства добродетельного человека, и человек может по-настоящему понять даже иностранца и предка через литературу» [Ли Гвансу 1977, 1: 550].

о национальной литературе. Ли дает объяснение двух материальных форм, определяющих литературу:

> Литература — это то, что выражает человеческие мысли и эмоции в особых формах. Под «особыми формами» я понимаю две вещи. Во-первых, это письменные тексты. Поэтому устные народные сказки не являются литературой и могут считаться литературой только после того, как они будут зафиксированы письменно. Во-вторых, литература охватывает различные литературные формы, такие как поэзия, проза, драма и эссе. Если у чего-то нет конкретной формы, даже если оно написано, это трудно назвать литературой [Ли Гвансу 1977, 1: 547–548].

Дав общую концепцию новой литературы, Ли определяет национальную литературу как «то, что может наиболее эффективно передать духовную цивилизацию нации» [Там же: 551], а корейскую литературу — как «литературу, написанную на корейском языке корейским народом» [Там же: 554], о чем говорилось ранее. Он утверждает, что нет ничего, что можно было бы назвать корейской литературой, начиная с династии Корё и до изобретения королем Седжоном корейской письменности, за исключением небольшого количества сочинений, написанных на *иду*, корейском варианте классического китайского языка [Там же].

Определение литературы, особенно национальной, данное Ли, перекликается с трудами группы японских литературоведов, получивших образование в области японской литературы и истории в Токийском университете в 1880-х годах. Встревоженный тем, что факультет японской и китайской литературы (Вакан бунгаку-ка) в университете приходил в упадок после его основания в 1877 году, вероятно из-за тяги японских интеллектуалов к западной культуре, ректор университета Като Хироюки в 1879 году обратился в Министерство образования с просьбой разрешить создание программы классического обучения (Котэн косю-ка) для формального изучения японской литературы и истории в рамках Колледжа словесности (Бунгаку-бу). После разрешения ряда сложностей программа в 1882 году была создана, но закрылась в 1888-м — через три года после того, как факультет японской и китайской литературы был разделен на две обособленные единицы. Просуществовавшая недолго программа классического обучения и факультет японской литературы выпустили группу ученых, оказавших значительное влияние на литературоведение 1890-х годов [Brownstein 1987: 436–38]. Среди этих японских историков литературы были Миками Сандзи (1865–1939) и Хага Яити (1867–1927), чьи работы больше всего подходили для теории корейской литературы, сформулированной Ли примерно 20–30 лет спустя.

В 1890 году Миками Сандзи и Такасу Кувасабуо написали «Нихон бунгакуси» («История японской литературы») — двухтомное новаторское исследование, ставшее образцом для последующих монографий. На сорока страницах введения Миками и Такасу определяют национальную литературу как «то, через что народ страны (*кокумин*) выражает уникальные мысли (*сисо*), эмоции (*кандзё*) и воображение (*содзо*) в письменной форме своего национального языка (*кокуго*)» [Миками, Такасу 1890: 29]. Авторы также заявляют в предисловии, что они будут работать (за редким исключением) с текстами, написанными только на японском: «Согласно определению, приведенному во введении, мы не имеем дело с сочинениями, написанными на классическом китайском языке (*канбун*). И все же мы уточним те части, которые связаны с японской национальной литературой (*кокубунгаку*)» [Там же: 11–12].

Подобные объяснения можно найти и в других монографиях по японской литературе. В книге «Кокубунгакуси дзикко» («Десять лекций по истории национальной литературы»), опубликованной в 1899 году (через девять лет после выхода «Истории японской литературы» Миками и Такасу), Хага Яити также подчеркивает, что литература — это выражение мыслей и эмоций нации: «В истории литературы интересно то, что дух (*кифу*), мысли (*сисо*) и эмоции (*кандзё*) нации (*кокумин*) естественным образом выражаются в литературе» [Хага Яити 1899: 7]. Помимо объяснения предмета, который описывает и содержит литература, Хага в конце книги кратко высказывает свое мнение о переводе — это напоминает нам о том, что Ли считал перевод частью национальной литературы Кореи:

> Сегодня писатели и художники с огромным желанием воспринимают новые элементы западной культуры. Одновременно они изучают литературу и искусство своей собственной традиции. Эпоха незрелых переводов (*ётина хонъяку дзидай*) уже прошла, и мы в какой-то мере вступили в эпоху адаптации (*хонъан*). Но это не значит, что перевод (*хонъяку*) нашей эпохи осуществляется без проблем. Великий перевод — это великая национальная литература (*кокубунгаку*) [Там же: 265–266].

Ли в своей теории литературы разделял как подход Хаги к переводу, так и особенности других литературных теорий японских авторов. Во-первых, Ли соглашался с акцентированием внимания на родном (в его случае — корейском) языке нации, при этом был сторонником «письменного» языка и исключал все устные литературные традиции. Во-вторых, он применил абсолютный принцип языка при определении национальной литературы и поэтому исключил всю литературу корейского народа, написанную на классическом китайском (как Миками и Такасу предлагали для японской литературы). В-третьих, он включил корейские переводы в корейскую литературу (как Хага включил великие японские переводы). Эти три элемента, отличающие теорию Ли не только от современных литературных теорий, но и от концепций его корейских современников, легко понять, если обратиться к трудам японских историков литературы, о которых шла речь ранее. Однако теория Ли была менее гибкой, чем определения японской национальной литературы, данные японскими историками. Ли полностью отказался от устной традиции и китайских сочинений и включил все корейские переводы, в то время как Миками и Такасу были готовы рассматривать китайские сочинения в случае необходимости, а Хага в качестве японской национальной литературы рассматривал только великие переводы (определения слову «великий» в этом контексте он не дал).

Несмотря на эти едва различимые, но при этом радикальные шаги Ли в создании своей теории литературы, его механизм определения и объяснения корейской национальной литературы демонстрирует парадигматическое переключение между Японией и Кореей в рамках одной и той же синтаксической парадигмы. Иными словами, в теории Ли «японские» язык, нация и литература меняются на «корейские» в рамках одной и той же объяснительной лингвистической композиции. Таким образом, когда Ли вводил «литературу» в качестве переводного термина и подчеркивал уникальность и аутентичность корейской литературы, он делал это, «переводя» дискурсивную структуру метрополии, чтобы создать ее новое значение и функцию в корейском языке и его культурном контексте.

Однако в процессе перевода возник ряд терминов, которые Ли не смог напрямую перевести с японского, а именно: *кунмун* (яп. *кокубун*, национальный язык), *кунмин* (*кокумин*, народ нации) и *кунмунхак* (*кокубунгаку*, национальная литература). В Корее эти термины превратились в *чосонмун* (корейский язык), *чосонин* (корейский народ) и *чосон мунхак* (корейская литература) через 20–30 лет после того, как в 1890-х годах в Японии термин «национальная литература» (яп. *кокубунгаку*) был ассимилирован и начал широко использоваться для обозначения японской национальной литературы[65]. Когда Ли говорит о национальной литературе в целом, он использует термин *минджок мунхак*, который, в отличие от *кунмунхак*, не передает значения литературы национального государства.

Я утверждаю, что корейские термины *чосонмун* и *чосон мунхак* уже подразумевают колониальность корейской литературы, поскольку указывают на язык и литературу Кореи как колонии по отношению к *кунмун* как языку имперской Японии. Иными словами, термины *чосонмун* и *чосон мунхак* имплицитно отсылали к словам *кунмун* и *кунмунхак* (непереводимым на корейский

---

[65] Определение корейской национальной литературы, данное Ли, звучит следующим образом: «Корейская литература (*чосон мунхак*) — это литература корейского народа (*чосонин*), написанная на корейском языке (*чосонмун*)» [Ли Гвансу 1977, 1: 554].

язык и не применимым к корейской литературе) как к имперскому «Другому» в отношениях конфигурации взаимной идентичности. Поэтому современные корейский язык и литература с самого начала были наделены ярлыком «колониальный» одновременно с ярлыком «национальный». В действительности Ли несколько раз в своем эссе использует понятие *кунмун*, но только в связи с тем, что его создал король Седжон. Ли обозначает этим термином группу историй, созданных на народном корейском языке, в отличие от китайского письменного языка [Там же: 554–555]. Интересно, что Ли никогда не использует термины *кунмун* и *кунмунхак*, когда дает определение корейской литературе или говорит о корейской национальной литературе в целом. Скорее (и это симптоматично) он использует *кунмунхак* (или *кунмин мунхак*, национальная литература) и *кунмун хакча* (писатель (исследователь) национальной литературы) для обозначения «японской» литературы и «японских» писателей в той же статье [Там же]. Возможно, Ли уже принял идею о том, что национальный язык Кореи — это язык колонизаторов (Японии), а корейский — это просто местный язык. Различие литератур метрополии и колоний, а также интернализация этого различия колониальной интеллигенцией нашли свое воплощение уже в первых попытках создания теории корейской литературы.

В Японии истории японской литературы, в том числе написанные Миками, Такасу и Хага, издавались последовательно начиная с 1890-х годов в качестве пособий для обучения будущих японских лидеров и были призваны служить средством формирования культурной идентичности Японии как национального государства [Судзуки Садами 1998: 221]. Стоит отметить, что японские исследователи приступили к составлению и публикации национальной истории литературы «в месяцы между обнародованием Конституции Мэйдзи в феврале 1889 года и публикацией Рескрипта об образовании в октябре 1890 года, то есть в период оформления имперской системы государства Мэйдзи» [Brownstein 1987: 457]. В Японии стремление к созданию национальной литературы выкристаллизовалось в форме университетского образования и академической области *кокубунгаку*, но в колониальной Корее национальная литература была лишь концепцией, а института для ее продвижения не было. Единственным видимым физическим проявлением только что созданной корейской литературы была корейская письменность. Таким образом, сила привязанности колониальных корейских интеллектуалов к корейской письменности отличалась от чувств японских интеллектуалов к письменному японскому языку.

Одержимость Ли «корейским» и «письменным языком» привела к тому, что он исключил из своей концепции корейской литературы все не записанные корейские устные традиции и корейские народные тексты на классическом китайском, что иронично подчеркивает его глубокую обеспокоенность идентичностью литературы колонизированной нации. Без институционального продвижения национальной литературы Ли, возможно, чувствовал себя вынужденным создавать идентичность корейской литературы исключительно с помощью неоспоримого критерия корейской письменности — настолько самобытного письменного языка, что никто не смог бы оспорить ни его онтологическую составляющую, ни визуальную границу, которую он хотел выстроить между корейской и другими литературами.

Быть *мунса* в Корее: трудности колониального положения и самоутверждающаяся агентность

Наряду с корейской письменностью другим важным элементом, который Ли неоднократно подчеркивал в новой корейской литературе, была роль *мунса* (литератора, писателя). Ли обсуждает общую квалификацию и социальную ответственность, связанную с работой *мунса*. Он использует расплывчатое выражение «искусство ради жизни», которое корейские писатели в то время обычно относили к русской литературе — для описания того типа литературы, которым должны были заниматься корейские писатели[66].

---

[66] Более подробное объяснение понятия «искусство ради жизни» и описание корейскими интеллектуалами русской литературы см. во введении к этой книге.

В своей статье «Мунса-ва суян» («Писатель и самосовершенствование»), опубликованной в 1921 году, Ли Гваньсу утверждает: «Если что-либо не способствует жизни и, более того, приносит вред, то это зло. Даже в случае с литературой, если она вредит кому-то, особенно нашей нации, мы точно должны уничтожить ее. Искусства [sic] ради жизни [в оригинале англ. "Arts for life's sake"] — вот девиз, который мы должны взять для нашей литературы» [Ли Гвансу 1977, 10: 353]. В этой же статье Ли использует это расплывчатое выражение (об ожиданиях в отношении писателя в Корее) в более развернутой форме:

> [Если мы только посмотрим на примеры других стран,] мы легко поймем, насколько важно самосовершенствование для писателя (*мунса*). Если так, то нет нужды и говорить, насколько это важно для писателей нашей страны, на которых лежит большая ответственность за то, чтобы играть различные роли в своем обществе в качестве мыслителя, общественного лидера, реформатора общества и образца для молодежи, а также [ответственность быть] писателем. Люди, которые хотят стать писателями в нашей стране, должны быть трудолюбивыми и прилагать много усилий, чтобы хорошо учиться и развивать себя [Там же: 355].

Не объясняется, почему писатели в Корее обязаны играть все эти социальные роли или почему ситуация в Корее отличается от ситуации в других странах, которые упоминает Ли (Англия, Германия, Россия и Япония). Разница подразумевается в его доводе: самосовершенствование особенно важно для корейских писателей. Однако для Ли *мунса* явно призваны компенсировать отсутствие политического суверенитета Кореи, а также поддерживать другие символические элементы культуры, такие как сам корейский язык и печатные издания, выпущенные на нем.

Если концепция писателя Ли не утверждала столь явно мысль о том, что писатели должны быть активным социальным агентом в колонии, то частные корейские газеты провозглашали себя коллективным органом, который должен был играть роль псевдоправительства колонизированной Кореи в тандеме с другими видами печатных изданий, которые появились после Движения за независимость 1 марта 1919 года:

> У корейского народа до сих пор нет организации, которая контролировала бы политику своей страны, и нет средств, чтобы приструнить правительство. [Горстка] печатных изданий (*оллон кигван*) является единственным, хотя и недостаточным, средством массовой информации, которое выражает мнения людей (*миный*). Поэтому средства массовой информации в современной Корее, в отличие от других обществ, представляют собой разновидность законодательного (*иппоп кигван*) и контролирующего института (*камдок кигван*)[67].

Газеты признавали, что их антиколониальная функция в конфронтации с японским колониальным правительством не представляла корейский народ и, следовательно, не имела моральной поддержки с его стороны. Это признание узаконило представление газет о себе как об альтернативе или заместителе отсутствующего корейского правительства в колониальной Корее[68]. Данный контекст помогает нам понять, почему Ли подчеркивал роль писателей в обществе и квалификацию, которой они должны обладать. Это, пожалуй, наиболее сильно отличает его концепцию писателя по сравнению с таковой в японских литературных теориях, на которые он ссылался.

Учитывая, что почти все корейские литераторы, включая самого Ли Гвансу, работали журналистами или иным образом сотрудничали с газетами, отношения между газетами и писателями не были простыми[69]. В газетах печатались произведения, напи-

---

[67] Тонъа ильбо [Ежедневный вестник Тонъа]. 1922. 14 авг.; цит. по: [Пак Хонхо 2005: 216].

[68] Подробное объяснение роли газет в колониальной Корее см. [Пак Хонхо 2005: 216].

[69] Подробное объяснение сложных взаимоотношений и подвижных границ между литературой, публицистикой, социальным дискурсом и переводом в колониальной Корее см. Главу 2.

санные этими авторами, а сами авторы занимались журналистикой. Более того, корейские газеты и писатели — как альтернативная общественная организация — разделяли чувство долга перед утраченным суверенитетом колониальной Кореи. Чхве Намсон и Ли Гвансу, которые были писателями в узком смысле и активными общественными лидерами, расширили возможную роль писателя/интеллектуала в колонии, а их упор на агентность писателей/интеллектуалов был связан с самопровозглашенным авторитетом газет, стремившихся заменить утраченный политический суверенитет Кореи.

Ацуко Уэда, японская исследовательница литературы, утверждает, что в Японии «утверждение эмоций, обычаев и манер в качестве основной темы *сёсэцу* [романа] неразрывно связано с дефокализацией "политического" дискурса. В середине 1880-х годов эмоции, обычаи и манеры оказались в прямой оппозиции к определенному габитусу, который составлял "политическое" в том конкретном историческом стечении обстоятельств» [Ueda 2007: 5]. Она еще больше усложняет ситуацию, утверждая, что такое подавление политического не означает аполитичность, но, напротив, в этом самом сокрытии политики проявляет другую политичность [Ibid.: 6].

Однако становление литературы в Корее демонстрирует иное развертывание дискурса о литературном и политическом, хотя японский литературный дискурс, основанный на «эмоциях, обычаях и манерах», повлиял на корейский нарратив о литературе. В Корее теоретизированию концепции новой литературы предшествовала колонизация. Поскольку Корея потеряла свой политический суверенитет еще до того, как колониальные корейские интеллектуалы начали пытаться концептуализировать и понять новую литературу современной Кореи, литература возродилась как современный медиум, содержащий в себе и проявляющий и искусство как эстетику (которое должно быть независимым от политики и религии), и искусство как политику (которое выражает политику трудноуловимыми и косвенными способами). Другими словами, я утверждаю, что современная литература в колониальной Корее создавалась одновременно путем *уточнения* ее особой эстетики и *расширения* ее социально-политической функции. Стремления к расширению социальной функции литературы выкристаллизовались в концепции *мунса* в Корее.

Работа Ли «Что такое литература?», которую считают первой значимой современной литературной концепцией в Корее, имеет сложную, неровную текстуру в тех местах, где ее разнообразные и противоречивые идеи сталкиваются друг с другом и обнажают парадоксальное сосуществование эстетической автономии и социальной значимости искусства. В теории Ли универсализм Толстого, противопоставленный любой патриотической и национальной литературе, используется для легитимации и продвижения необходимости корейской национальной литературы. Между тем Ли объясняет уникальность и независимость корейской национальной литературы, переводя дискурсивную структуру и механизм колонизаторов, чтобы создать свою собственную концепцию[70]. Ли публично подчеркивал влияние Толстого на свою теорию и на все аспекты своей жизни, но одновременно преуменьшал очевидное колониальное влияние (то есть непосредственную связь его теории с японским дискурсом). Это парадоксальным образом обнажает его обеспокоенность как колониального интеллектуала, вольно и невольно ставшего частью колониальной системы, и демонстрирует проблемы и трудности, которые влекло за собой производство колониального знания[71].

---

[70] Эта ирония, конечно же, не редкость в процессе формирования современных национальных государств. Подчеркивание особенного — это действительно международный феномен, в том смысле, что каждое государство-нация продвигает свою уникальность в процессе государственного строительства.

[71] Тревожность Чхве и Ли также могла быть вызвана их личной историей и опытом. Ни один из них не принадлежал к аристократическому классу: Чхве был из среднего класса, а Ли — сиротой, и писать эссе и художественные произведения они начали, еще будучи подростками. Так что их социальный статус не был установлен естественным образом в начале их карьеры.

Заключение

Модернизация корейской литературы происходила в условиях колониализма, и одной из сфер, которая несет в себе сложность этого пересечения современности, колониализма и национализма, является процесс рецепции иностранной литературы. Иностранные литературы появились в Корее в рамках проекта модернизации национальной литературы. Однако, как подробно объясняется во введении, это происходило в основном через Японию, а случай с русской литературой более проблематичен, чем с другими иностранными литературами, потому что корейцев, владеющих русским, было очень мало. Чхве Намсон и Ли Гвансу, которые с энтузиазмом знакомили Корею с Толстым, не знали русского языка, поэтому им приходилось читать и переводить тексты Толстого, отфильтрованные через интересы японских интеллектуалов. Для Чхве и Ли «оригиналы» Толстого были на японском языке, и то, как японцы перенимали русскую литературу, стало предпосылкой для корейского перевода.

Тем не менее Чхве и Ли использовали мысли и убеждения Толстого в своих целях, тем самым еще больше изменив представление о Толстом в Корее. Репрезентация Толстого в текстах Чхве и Ли отражает не только русского писателя, но и их собственное отношение к нему. Они восхваляют и обожествляют Толстого не столько для демонстрации своего уважения к нему, сколько для манипулирования его неприступной славой, превращая ее в источник легитимации, который может послужить основой для их собственных аргументов. Эссе Чхве и Ли раскрывают собственные интересы, идеи, амбивалентность, надежды и восприятие реальности. Будучи ведущими интеллектуалами в период становления современной корейской литературы, Чхве и Ли ощущали, сознательно и бессознательно, важность своей роли в современном и колонизированном корейском обществе. Их проект модернизации корейской литературы не мог обойтись без внедрения западных литератур, но этот процесс не включал в себя представления о западной литературе *какой она была*. Благодаря Чхве, Ли и другим авторам произведения западной литературы постоянно подвергались переводу и трансформации.

То, что Чхве и Ли решили позаимствовать из идей Толстого, многое говорит нам о насущных проблемах колониальной Кореи. Чхве изображал Толстого как образцового интеллектуала, чей образ жизни мог бы послужить воспитательной моделью для корейской молодежи, а не как религиозного пацифиста или радикального идеалиста, чьи идеи могли бы привести к радикальным социальным изменениям. Ли обратил внимание на теорию искусства Толстого, которую преобразовал для своих нужд, объединив ее с текущими дискуссиями о литературе в Корее и Японии. Исключение радикальной мысли в обоих случаях полностью соответствовало представлениям Чхве и Ли о социально-политических изменениях в колониальной Корее, которые были связаны с постепенным изменением или национальным просвещением, подчеркивая долгосрочный план расширения возможностей корейцев через образование. Можно также сделать вывод, что, поскольку японцы установили в Корее жесткое правление вплоть до Движения за независимость 1 марта 1919 года, условия в колонизированной Корее ограничивали некоторые формы идеологического импорта. Литература, к примеру, произведения Толстого, не оказывает автоматически влияния на общество только потому, что она доступна. Она готова функционировать в новой среде только тогда, когда агент видит, как литература соотносится с его идеями и целями и подтверждает их.

Однако современная корейская литература создавалась — в широком смысле — и под японским колониальным влиянием. В частности, новая концепция литературы и теория корейской национальной литературы были созданы корейскими интеллектуалами, которые учились в японских школах и читали японскую теорию литературы и искусства или, по крайней мере, были подвержены влиянию этих дискурсов (что становится еще более сложным, если учесть, что японская теория литературы сама была создана под угрозой западного империализма и влияния его дискурса). Таким образом, случаи Чхве и Ли демонстрируют два взаимосвязанных направления непростого культурного присвоения. Во-первых, репрезентация величия Толстого в конечном итоге послужила средством продвижения своих идей и обеспечила поддержку неустойчивого социального статуса новых молодых интеллектуалов (писателей); во-вторых, в этом процессе Чхве и Ли, обожествляя Толстого и минимально показывая японское вмешательство, перенаправили свою обеспокоенность. Этот процесс является своего рода шаблоном и показывает, что произошло в корейских косвенных переводах русских текстов с японского, в результате чего появились корейские переводы, в которых русский является исходным текстом на концептуальном уровне, но японский — языком оригинала в реальности, а влияние и посредничество японского языка и культуры часто не учитывается. Колониальность (политическая и экономическая колонизация и связанные с ней разнообразные социокультурные последствия), как я утверждаю, была в широком смысле конституирующей силой, глубоко вовлеченной в создание современной корейской литературы — и особенно повлиявшей на ее концептуализацию и объяснительную структуру, — а не внешним социальным условием, которое существовало параллельно или вмешивалось в отдельно сконструированную сущность современной корейской литературы.

Глава 2
Переписывая литературу и реальность

Перевод, журналистика и современная литература

Как было показано в первой главе, русская литература начала появляться в Корее в конце 1900-х, первым был Толстой, а динамичного пика переводы на корейский достигли к 1920-м годам. Одним из наиболее выдающихся русских писателей, представленных в Корее в 1920-х годах, был Антон Павлович Чехов (1860–1904). Произведения Чехова имеют особое значение для истории перевода в создании современной корейской литературы, поскольку на них ориентировались авторы коротких рассказов и современное театральное движение. Хён Джингён (1900–1943) был одним из тех, на ком лежала ответственность за создание репутации Чехова в Корее. Хён также внес весомый вклад в создание современного жанра рассказа в стране. Один из его современников отмечал: «Господин Хён Джингён настолько известен как автор коротких рассказов, что его считают чосонским Чеховым (*Чосон-ый Чхехов*)»[1]. Это говорит о том, что стиль и статус Хёна как автора рассказов в корейской литературе соот-

---

[1] Аноним. Инджэ сулле (1) [Паломничество для талантливых людей] // Самчолли. 1930. № 4. Янв. С. 30.

ветствовали стилю и статусу Чехова в русской. Несмотря на то что Хён редко открыто признавал этот факт, но наиболее значимые рассказы были созданы им на основе «производящего присвоения» (productive appropriation) работ Чехова[2].

Знакомство Хёна с Чеховым пришлось на переходный период не только в творчестве самого Хёна, но и в корейской литературной, интеллектуальной и политической атмосфере в целом. Первый рассказ Хёна «Хисэнхва» («Жертвенный цветок»), опубликованный в 1920 году, — трагичная история любви. За ним последовала серия интроспективных автобиографических работ, изображающих сомнения и неуверенность интеллектуала. Но к середине 1920-х годов темы его произведений стали затрагивать более широкие социальные проблемы — жизнь бедных и бесправных людей. Этот сдвиг в творчестве самого Хёна совпадает с более масштабными изменениями в колониальной Корее. Декадентская литература и «искусство ради искусства» вошли в моду в начале 1920-х годов — отчасти из-за провала Движения за независимость 1 марта 1919 года, а отчасти в ответ на литературу, связанную с национализмом и корейским Просвещением. Однако к середине 1920-х годов в Корее начала развиваться пролетарская литература, первопроходцами которой стали такие авторы, как Ким Гиджин и Пак Ёнхи. Хён держался в стороне от собственно пролетарского литературного движения, но его ра-

---

[2] Термин «производящий» здесь используется в значении, предложенном Полем Рикером. Рикер определяет художественную литературу как «производящую референцию» с точки зрения отношений между репрезентацией и референтом: «Художественная литература не отсылает "воспроизводящим" образом к реальности как уже данной», но скорее «отсылает "производящим" образом к реальности, подразумеваемой литературой». По мнению Рикера, художественная литература изменяет реальность в том смысле, что она «изобретает» и «открывает» ее [Ricoeur 1991: 121]. На основании сказанного термин «производящее присвоение», используемый здесь, отсылает к переводу как к деятельности, которая не воспроизводит «оригинальный» текст, но производит новый, чьи отношения с его собственным настоящим можно определить как производящие. Перевод — это деятельность, благодаря которой переводчик или переводчица может выработать новые способы восприятия и изменения своей реальности.

стущий интерес к изображению тяжелой жизни простых людей был очевиден[3].

Именно в процессе обсуждения этого изменения, в поисках языка для описания своих тревог, Хён наиболее ярко использовал стиль и мотивы Чехова. Рассказ Хёна «Ккамакчапки» («Жмурки», 1924) был написан по мотивам чеховского «Поцелуя» (1887). «Удачный день» («Унсу чоын наль», 1924) и «Огонь» («Пуль», 1925), которые, как считается, представляют новое направление Хёна, имеют заметное сходство с чеховскими рассказами «Тоска» (1886) и, соответственно, «Спать хочется» (1888)[4]. Данная глава посвящена рассказу Хёна «Огонь», опубликованному в 1925 году.

«Огонь» — яркий пример перевода как проводника между двумя разными областями. Во-первых, как уже говорилось, чеховский рассказ дал Хёну новый язык — в тот момент, когда тот создавал актуальную форму народной социально ориентированной литературы. В частности, в «Огне» Хён использовал элементы чеховского «Спать хочется», чтобы создать новый тип женского персонажа — молодую женщину, бунтующую против своего социального положения: она, будучи выданной замуж насильно, сжигает дом мужа. Через эту героиню Хён смог драматизировать социально-сексуальную проблему, с которой сталкивались невесты, а также прокомментировать тему ранних браков — одну из самых обсуждаемых социальных проблем того времени. Я утверждаю, что Суни, поджигательница в рассказе «Огонь», была беспрецедентной фигурой в истории современной

---

[3] Например, Хён высоко оценил рассказ «Пакдор-ый чугым» («Смерть Пакдола») Чхве Сохэ, представителя пролетарской литературы. Он отметил, что его содержание и художественная композиция отличаются от «плоского описания» других (пролетарских) литературных произведений [Хён Джингон 2004, 6: 111]. Другие комментарии, касающиеся пролетарской литературы, см. [Там же: 141–144]. О критике Хёном «искусства ради искусства» см. [Там же: 27–33].

[4] В конце «Жмурок» Хён признал, что вдохновлялся Чеховым. По рассказам «Удачный день» и «Огонь» мы можем сделать вывод о взаимосвязи на основании значительного сходства сюжетов и характеров персонажей; Хён Джингон. Ккамакчапги [Жмурки] // Кэбёк. 1924. № 43. Янв. С. 222.

корейской литературы, и именно перевод как акт «производящего присвоения» дал Хёну новый способ обращения к реальности, в которой он жил, через современную литературную форму.

Во-вторых, «Огонь» свидетельствует о том, насколько условным был барьер между современной художественной и нехудожественной литературой на тот момент в Корее. Литература не только *заимствовала* темы из газетного дискурса, но и иногда *привносила* в журналистику словарь характеров и нарративов, тем самым влияя на изложение действительности в газетах. Рассказ Хёна создал образ преступницы, вызывающей сочувствие, — преступницы как жертвы — образ, который впоследствии появился в газетных сообщениях о реальных поджогах женщинами. Хотя доказать причинно-следственную связь сложно, «Огонь» остается текстом, в котором мы можем увидеть пересечение двух разных аспектов перевода: это пересечение русской и корейской литературы, а также художественной и нехудожественной. Внимательное изучение данного явления наглядно показывает, каким образом перевод как производящее присвоение создает новые возможности для писателей в области художественной и нехудожественной литературы. Возможно, он даже создавал *реальные* возможности для молодых женщин, живущих в Корее в то время.

Наряду с изучением сложных отношений между социальным дискурсом, журналистикой, переводом и творческим письмом в Корее 1920-х годов, мы можем исследовать, как рассказ Чехова «Спать хочется» был переписан на три других языка (английский, японский и корейский). Это позволит нам увидеть, как перемещение чеховского рассказа в другие культуры влияет на текст. Выйдя за пределы национальных границ, чтобы обсудить разнонаправленные перемещения вымышленного персонажа из России в Новую Зеландию, Японию и Корею, мы сможем взглянуть на мировую литературу не как на единое целое, состоящее из литературных произведений, а как на процесс, подчеркивающий движение и взаимоотношения, — процесс, постоянно меняющийся благодаря новым произведениям и вновь открывающимся связям. Такое переосмысление текстуальных связей позволит нам взглянуть на мировую литературу с точки зрения, альтернативной исследованиям влияния и диффузионистскими теориями, и подчеркнет как конкретный исторический и литературный контекст движения, так и динамические связи глобального текстового производства.

Цель данной главы — не оценить влияние Чехова на корейскую литературу, а показать, что рецепция — это разнонаправленный и вовлеченный процесс, который проявляется в формировании художественных (не только в Корее, но и в Японии и Новой Зеландии) и журналистских нарративов, правовых и социальных обычаев, а также реальной жизни людей. Множество определяющих факторов и их сложное взаимодействие были вовлечены в создание нового типа персонажа в истории корейской литературы, и перевод в данном случае предоставил корейскому писателю новый способ восприятия реальности, в которой он живет, и предложил ему способ вмешаться (или попытаться вмешаться) в эту реальность в новой специфической форме.

Идея о том, что история корейской литературы может быть смоделирована как простое равновесие между националистической агентностью и иностранным влиянием, была широко распространена в области современного корейского литературоведения. Сравнительные исследования западной и корейской литературы, как правило, представляют собой исследования влияния, которые подчеркивают воздействие западных литератур на корейскую. С другой стороны, существует ряд работ, в которых не учитывается процесс взаимодействия корейской литературы с иностранной, а вместо этого делается акцент на авторской агентности или национальных родословных, которые таким образом обозначаются как националистические.

Изучение сюжета «Огня» должно показать, что в самих исторических процессах нет такой бинарной или дихотомической структуры. Как уже говорилось во введении, то, что стало называться национальной литературой, было столь сильно пронизано переводом (более того, оно стало возможным в первую очередь благодаря переводу), что просто не существует такого понятия, как национально локализуемая агентность. Аналогичным образом, отслеживание того, как иностранный литературный персонаж взаимодействовал с различными аспектами местной культуры, показывает, что нет простой направленности влияния: персонаж не только трансформировался по отношению к контексту корейской литературы 1920-х годов, но и распространялся через медиа, дискурсы и социальные практики, продолжая меняться. Необходимо тщательно обсудить корейские социокультурные факторы, чтобы показать сложность случая (сложность, которая определяет его значимость) и тем самым продемонстрировать многогранность и запутанность отношений между конструктивными силами современной корейской литературы.

Чехов в Японии и Корее

Как понимали и представляли Чехова корейские интеллектуалы? Что послужило источниками для такого представления? Какое влияние оказал японский импорт и описание Чехова на знакомство корейцев с его творчеством? Что значат перевод и адаптация, когда корейские интеллектуалы переводили русские произведения с японского, а не с оригинального русского?

И как автор рассказов, и как драматург, Чехов, безусловно, является одним из самых значимых русских писателей. Он родился в Таганроге, на юге России, портовом городе на Азовском море, в 1860 году — за год до отмены крепостного права. В 1879 году он поступил на медицинский факультет Московского университета и начал печататься в различных низкопробных изданиях, чтобы зарабатывать на жизнь. При поддержке Дмитрия Григоровича, состоявшегося романиста, и Алексея Суворина, редактора «Нового времени», крупнейшей ежедневной газеты того времени, Чехов смог начать развивать «стиль, который и есть Чеховский стиль» [Мирский 2005: 604]. Литературную карьеру Чехова можно условно разделить на два периода, переломным моментом между которыми стал 1888 год — тогда он написал повесть «Степь», длинное и почти бессюжетное описание путешествия мальчика. Ранний период творчества Чехова характеризуется сатирическими и юмористическими произведениями, в то время как поздний отличается мрачностью и меланхолией.

Бросается в глаза отсутствие среди тем героических персонажей и сенсационных событий. В центре повествования — сцены повседневной жизни; персонажи Чехова представляют широкий круг обычных русских людей: помещики, государственные служащие всех уровней, представители интеллигенции, купцы, духовенство, крестьяне, обездоленные[5]. В его рассказах позднего периода часто исследуются настроения, чувства и сама психология, а не важнейшие события или взросление, так что его герои становятся частью общего меланхолического пейзажа. В своих работах он не выражает идеологической позиции, вместо этого представляя реальность в плоском, импрессионистическом стиле. Это отличает его от других великих русских писателей, таких как Толстой и Достоевский, романы которых содержат проповедь. В историях Чехова сложно обнаружить сюжет, а когда он все же находится, то обрывается внезапно и в неожиданном месте. Во многих рассказах Чехова вообще нет формальной развязки, что стало одной из особенностей жанра современного рассказа. Его больше интересовало разоблачение лицемерия своих персонажей, изображение человеческого бессилия и недостатка общения между людьми.

Чехов — один из трех наиболее переводимых русских писателей в Японии эпохи Мэйдзи и Тайсё, а также в колониальной Корее; двумя другими были Толстой и Тургенев. Чехов был популярным писателем на протяжении эпох Мэйдзи и Тайсё: в общей сложности за этот период на японском языке вышло 232 перевода его рассказов. Это частично объясняет широкое распространение Чехова в Корее 1920-х годов[6]. Но вместо того

---

[5] Более подробное описание типов персонажей Чехова см. у Кеннет А. Лантц, "Chekhov's Case of Characters" («Случай персонажей Чехова») в [Clyman 1985: 71–75].

[6] Эта цифра включает в себя повторные публикации тех же рассказов. Список переводов см. [Кокурицу Коккаи Тосёкан 1959: 252–275]. Первыми японскими переводами рассказов Чехова стали «Цуки то хито» («Луна и люди», 1903; рус. «Дачники») и «Сясинтё» («Альбом», 1903). Их перевели совместными усилиями Сэнума Каё и Одзаки Коё. Сэнума Каё (1875–1915) была выпускницей Николаевского православного женского училища и ученицей Одзаки Коё. Она изучала русский язык у отца Николая (Ивана Дмитриевича Касат-

чтобы рассматривать, как конкретные художественные произведения переводились на каждый из языков, я сосредоточусь на эссе и критических работах о Чехове, таким образом покажу, как конструировалась литературная, историческая и интеллектуальная значимость этого автора и его творчества. Таков контекст знакомства Хёна с произведениями Чехова, и он может помочь нам понять важность его производящего присвоения рассказа «Спать хочется» в середине 1920-х годов.

Как и многие корейские интеллектуалы, Хён Джингон получил среднее образование в Японии. С 1916 по 1918 год, то есть с 16 до 18 лет, он учился в Сэйсоку Йоби Гакко и Сэйдзё Тюгакко в Токио. Хён начал публиковать свои рассказы и переводы в 1920 году, возможно, что он уже интересовался литературой, когда был в Японии, хотя сведений, когда он впервые прочитал Чехова, нет. Первое знакомство Хёна с творчеством Чехова могло произойти либо в Японии, либо по возвращении в Корею.

Начальный период знакомства японской интеллектуальной среды с Чеховым отмечен большой популярностью интерпретаций Чехова и его творчества анархо-коммунистом П. А. Кропоткиным. Рассказы Чехова в конце 1880-х годов утвердили его как крупного писателя, но вызвали немало споров среди русских критиков. Во многом это было связано с аморальностью, скрытой

кина, 1836–1912), основателя школы, и начала переводить рассказы и романы русских авторов. Помимо переводов отдельных произведений, значительную роль в становлении Чехова как литературного деятеля в Японии сыграли антологии его рассказов. Наиболее значимые из них, опубликованные в 1910-е годы, — «Техофу кессаку сю» («Шедевры Чехова») Сэнумы Каё, «Танпэн дзиссю Техофу сю» («Десять рассказов Чехова», 1913) Маэда Акиры и «Сэппун хока хатихэн» Хироцу Кадзуо («Поцелуй» и восемь других рассказов, 1916). Полное собрание переведенных произведений Чехова было подготовлено Акита Тосихико и другими сотрудниками издательства «Синтёся» в 1919 году, а к 1928 году были опубликованы все десять томов. В Корее «Альбом» Чехова был первым произведением, переведенным в 1916 году Чин Хакмуном (псевдоним Сунсон) под названием «Саджинчоп» («Альбом») в журнале «Хакчикван» (1916. № 10, сент.). Первая корейская антология чеховских рассказов опубликована в июне 1924 года как Антон Чехов: «Чехоп танпхёнджип» («Рассказы Чехова»), пер. Квон Посана (Сеул: Чосон тосо чусик хэса, 1924).

в рассказах Чехова. Некоторые критиковали его работы за отсутствие идеалов и демонстрацию морального безразличия. В. Г. Короленко, современник Чехова, видел переломный момент в жизни Чехова в 1888 году в переходе от юношеского оптимизма к пессимизму. Д. С. Мережковский рассматривал послание Чехова как обвинение русской интеллигенции и ее прогрессивистской идеологии. Лев Шестов осуждал Чехова как ненормального человека и поэта безнадежности. Однако Кропоткин, читая Чехова, находил возможность искупления в произведениях русского писателя. Кропоткин писал:

> [Чехова] никоим образом нельзя причислить к пессимистам в истинном значении этого слова. Если бы он дошел до отчаяния, он рассматривал бы банкротство интеллигенции как нечто фатально неизбежное. <...> ...он твердо верил в возможность лучшего существования, верил, что оно придет [Кропоткин 2016: 343].

Популярность этого образа сохранялась в Японии на протяжении эпох Мэйдзи и Тайсё. Книга Кропоткина «Лекции по истории русской литературы» (оригинал на английском — "Russian Literature", 1905; другой перевод названия — «Идеалы и действительность в русской литературе»), содержащая размышления о Чехове, была популярна среди японской интеллигенции и вошла в частные коллекции известных японских писателей — Нацумэ Сосэки и Акутагава Рюноскэ. Книга была переведена на японский язык в 1920 году и к 1922 году выдержала пять переизданий[7]. Однако эссе Кропоткина о Чехове были переведены по отдельности еще до выхода всего тома на японском: Сомой Гёфу в «Техофу рон» («Исследование о Чехове»), опубликовано в 1909 году[8],

---

[7] Янаги Томико, «Техофу-Мейдзи Тайсё но сёкай хонъяку во тюсин ни» («Знакомство с Чеховым и его переводы в Японии эпохи Мэйдзи и Тайсё») в [Фукуда и др. 1976, 3: 84–136].

[8] Книга Сома Гёфу, «Техофу рон» («Исследование о Чехове») публиковалась в журнале «Токио нироку синбун» с 23 сентября по 1 октября 1909 года [Накадзима Митимаса 2004: 87].

и Маэдой Акирой в «Техофу сёдэн» («Краткая биография Чехова»), написано в 1913 году [Маэда 1913][9]. Таким образом, кропоткинский взгляд на Чехова как на позитивного автора, допускающего возможность искупления, стал основой для первого знакомства Хёна с творчеством Чехова (независимо от того, произошло ли это в конце 1910-х годов в Японии или в начале 1920-х в Корее, как упоминалось ранее).

Двумя наиболее важными текстами, знакомящими Корею с Чеховым в начале 1920-х годов, были книга Чу Ёсопа «Носоа-ый тэ мунхо Чхекхопы» («Великий русский писатель Чехов»), вышедшая в 1920 году, и книга «Чхехопхы хигог-э натханан носоа хванмёльги-ый котхон» («Муки эпохи разочарования России, описанные в драмах Чехова») Пак Ёнхи, опубликованная в 1924 году. Первая из них, за авторством корейского писателя рассказов Чу Ёсопа, включает в себя анализ произведений Чехова и краткую биографию. Чу отмечает в самом начале, что «некоторое время назад корейский литературный мир познакомился с Шекспиром и Толстым. Но сейчас я хотел бы представить биографию великого русского писателя Антона Павловича Чехова, а также его рассказы»[10]. Он описывает перемены в творчестве Чехова как два основных периода: ранний юмористический стиль и поздний, более пессимистичный. Чу также подчеркивает оригинальность и чуткость Чехова — он улавливает и описывает едва заметные мелочи повседневной жизни[11].

Во введении Чу Ёсоп сравнивает Чехова с Ги де Мопассаном:

> Из всех писателей мира Чехов более всего схож с Мопассаном. Их отношение к жизни объективно и искренне, а труды лаконичны и ясны. Оба любят писать истории на обыденные темы и пытаются через них передать всю жизнь.

---

[9] Менее подробная версия статьи Маэды была опубликована анонимно в 1908 году. После переиздания 1913 года она была вновь перепечатана в книге Маэды и Симамуры «Осю киндай сёэцука кэнкю» в 1915 году.

[10] Чу Ёсоп. Носоа-ый тэ мунхо Чхекхопы [Великий русский писатель Чехов] // Согван. 1920. № 6. Июль. С. 88.

[11] Там же. С. 90–91.

> Но когда мы сравниваем рассказы этих двух писателей, мы видим, что они совершенно по-разному воспринимаются. Иными словами, рассказы Мопассана *художественны и чувственны*, а рассказы Чехова — *человеческой-жизни-посвященные и психологические*. У Чехова они похожи на ясную осеннюю погоду, а у Мопассана обладают чем-то вроде энергии, исходящей от созревания природы на весеннем холме. Мопассан пишет густыми красочными мазками, а Чехов — только легкими штрихами. Чехов прост и обычен, а Мопассан роскошен. Мопассан — это сверкание яркого дня, а Чехов — тусклость сумерек и рассвета. Чехов призывает людей к медитации, а Мопассан заставляет их петь пьяную песню. В конечном счете Мопассану присущ *французский стиль*, а чеховский цвет — *русский во всех отношениях*[12] (курсив мой).

Чу утверждает, что Мопассан и Чехов похожи, но затем переходит к объяснению всех различий между ними. Его чувственная и импрессионистическая оценка восхищает, но самое важное здесь — это доведение различия между их индивидуальными стилями до национальных характеристик, что указывает на некий устойчивый набор ассоциаций, который русская и французская литература, должно быть, уже приобрели к тому времени, когда Чу обратился к ним.

Национальные особенности, о которых говорит Чу, взяты из эссе Маэды Акиры «Техофу сёден» («Краткая биография Чехова»), написанного в 1913 году и познакомившего Японию с Чеховым [Там же]. Эссе Чу — это, по сути, перевод эссе Маэды, дополненный несколькими предложениями в начале. Чу не только перевел содержание эссе Маэды на корейский язык, но и заимствовал у него множество специфических терминов, таких как «человеческой-жизни-посвященный» (人生的), «психологический» (心理的), «художественный» (芸術的) и «чувственный» (官能的). Текст Маэды, в свою очередь, в значительной степени опирался на интерпретацию Чехова Кропоткиным, о чем говорилось ранее. Идеи Кропоткина о Чехове впервые прозвучали в цикле лекций

---

[12] Там же. С. 94.

о русской литературе XIX века, прочитанных им в институте Лоуэлла в Бостоне в марте 1901 года. Они были собраны и опубликованы в сборнике «Лекции по истории русской литературы» в Лондоне в 1905 году [Кропоткин 2016: 336–346]. Кропоткин писал:

> В этом отношении восьмидесятые годы были, может быть, самым мрачным периодом, какой пришлось пережить России за последние сто лет. <…> Чехов начал писать именно в это мрачное время и, будучи истинным поэтом, который чувствует и отзывается на все настроения момента, он сделался выразителем этого поражения интеллигенции, которое, как кошмар, нависло тогда над культурной частью русского общества. Будучи великим поэтом, он изображал всепроникающую филистерскую пошлость в таких чертах, что его изображения, помимо высокой художественности, имеют громадную историческую ценность. <…> Несмотря на все вышеуказанное… он твердо верил в возможность лучшего существования, верил, что оно придет [Там же: 343].

Социальным и интеллектуальным фоном для суждений Кропоткина стали 1880-е годы, которые принято считать застойным и одним из самых мрачных периодов столетия. Несмотря на это, утверждал Кропоткин, Чехов твердо верил, что русское общество может воплотить в жизнь лучшее будущее. Хотя Маэда и Чу в целом приняли эту положительную точку зрения, они не вполне разделяли взгляд Кропоткина на вопрос о национальном характере и его связи с творчеством Чехова и Мопассана, который Кропоткин выразил следующим образом:

> Ближайшим его подобием в других литературах является Ги де Мопассан, но сходство между ними существует лишь в немногих рассказах. Манера Чехова и в особенности настроение всех его очерков, коротких повестей и драм имеют совершенно индивидуальный, присущий лишь ему одному характер. Кроме того, в произведениях обоих писателей наблюдается та же разница, какая существует между совре-

менной Францией и Россией в тот специальный период развития, который мы пережили за последние двадцать или тридцать лет [Там же: 336–337].

Главный аргумент Кропоткина заключается в том, что, несмотря на определенное сходство с Мопассаном, Чехов уникален. Более того, Кропоткин, объясняя разницу между двумя писателями, подчеркивает несоответствия в социально-экономической ситуации, в которой оказались Франция и Россия в определенные моменты своей истории. Маэда же (и, следовательно, Чу) переписывает эту разницу, превращая ее в отличия между устойчивыми национальными характерами, а расхождения в произведениях двух авторов воспринимаются как проявление этих отличий.

Второе крупное эссе о Чехове, опубликованное в 1924 году, принадлежало перу писателя пролетарской литературы Пак Ёнхи, который отмечал:

> Начиная с XIX века русская литература находится в поистине тесной связи с жизнью и показывает нам новый мир бытия и мысли внутри нашей собственной человеческой жизни. Бóльшая часть русской литературы — это исповедь России, воплотившая в себе реальные и важные уроки для человеческой жизни. Русская литература настолько близка к жизни, что можно сказать: если французская литература роскошна и красива, то русская — мрачна, и если французская — это «мысль» (*сасан*), то русская — «жизнь» (*сэнхваль*). Если первое — «правда» этого мира, то второе — призыв к «революции жизни» и «реконструкции жизни». Про это говорил Тургенев, к этому взывал Чехов, об этом заявлял Достоевский, этого жаждал Толстой[13].

Хотя это перекликается с Кропоткиным, Маэдой и Чу, мы видим, что определение «человеческой-жизни-посвященный» (яп. *дзинсэй-тэки*; кор. *инсэн-джок*), которое использовали Маэ-

---

[13] Пак Ёнхи. Чхехопхы хигог-э натханан носоа хванмёльги-ый котхон [Муки эпохи разочарования России, описанные в драмах Чехова] // Кэбёк. [Созидание]. 1924. № 44. Фев. С. 56.

да и Чу, приобретает оттенок пролетарской литературной перспективы в термине Пака «революция жизни» (*сэнмён-ый хёнмён*). «Революцию жизни» следует воспринимать как нечто вроде «улучшения будущего», поскольку в контексте его статьи она не обозначает реальную революцию. Скорее, Пак утверждает «призыв к «революции жизни» в качестве определяющей характеристики русской литературы в целом, а затем классифицирует четырех наиболее известных русских писателей в зависимости от того, как они к нему относятся. Таким образом, в то время как различия между отдельными писателями ослабляются, их общие черты подчеркиваются. Для Пака Чехов не мрачен или пессимистичен, но выступает за «революцию» и «реконструкцию» будущей жизни, как и другие русские писатели XIX века. Здесь определяется область социально ангажированной литературы, которая неразрывно связана с Россией. Можно сказать, что кропоткинское понимание Чехова было более оптимистичным, чем у других, при этом мы видим, что Пак в этом отношении пошел еще дальше.

Таким образом, тексты и дискурсы о Чехове, доступные в Японии, стали одним из определяющих факторов для восприятия его произведений в Корее. При этом предпочтение отдавалось кропоткинскому прочтению Чехова, в котором мрачная и дефляционная, приземляющая техника Чехова прочитывалась как критика, сохраняющая возможность искупления. В ответ на свое собственное интеллектуальное окружение корейские писатели, особенно Пак Ёнхи, также расширили возможность искупления у Чехова до революционных устремлений, которые вступали в диалог с движением ранней пролетарской литературы. К этому следует добавить, что репутация Чехова в Корее оставалась положительной на протяжении 1920-х годов, в то время как в Японии большее влияние приобрела негативная оценка Льва Шестова[14]. Неустанно критикуя Чехова, Шестов называл его «певцом безнадежности»: «Упорно, уныло, однообразно в течение всей

---

[14] Эссе Шестова о Чехове было переведено впервые в 1920 году и четыре раза в 1930-е годы [Шестов 1996: 184–213].

своей почти 25-летней литературной деятельности Чехов только одно и делал: теми или иными способами убивал человеческие надежды» [Шестов 1996: 184]. В то время как этот взгляд на Чехова получил распространение в Японии, он так и не утвердился в Корее[15]. В качестве предположения, почему так произошло, можно сказать, что в Корею на тот момент попадало не много отрицательных отзывов о западной литературе. Корея была колонизирована Японией, а не западной державой, поэтому вполне понятно, что обретение бо́льших возможностей и свободы, связанное с западной литературой, было воспринято в основном положительно.

В целом образ Чехова как литературной фигуры был довольно схож в Японии и Корее до середины 1920-х годов, что послужило интеллектуальным фоном для производящего присвоения Хёном чеховского «Спать хочется». Приведенное далее подробное рассмотрение «Огня», адаптации Хёна рассказа «Спать хочется», демонстрирует творческое взаимодействие одного корейского писателя с иностранным текстом и реальностью его собственной жизни. В следующих двух разделах исследуется не имеющая прецедентов героиня «Огня», а затем анализируется роль перевода как творческого импульса, благодаря которому и появилась возможность детально проработать персонаж.

Место Суни в истории современной корейской литературы

Произведение Хён Джингона «Огонь» было опубликовано в журнале «Кэбёк» («Созидание») в январе 1925 года. История рассказывает о жизни пятнадцатилетней девушки Суни, которая

---

[15] В конце 1920-х и в 1930-х годах Хам Тэхун и Ким Он, члены Хэве Мунхак-пха (Школы иностранной литературы), сыграли важную роль в продолжении импорта и внедрения Чехова. Они стали уделять больше внимания эстетическому анализу литературных произведений и все чаще отдавали предпочтение пьесам. О том, как группа восприняла Чехова, см. [Ан Сукхён 2003: 92–165].

на момент начала повествования уже месяц как замужем. Днем она страдает от непосильной работы, которую ей дает свекровь, а ночи с мужем приносят ей только страх и боль. Однажды ночью она решает избавиться от причины этих страданий и поджигает дом, пока муж и свекровь спят. По ее логике, если не будет дома, то ей не придется оставаться с мужем на ночь, и этот поступок приносит ей счастье.

Уникальность Суни среди женских персонажей Хёна была отмечена многими современными исследователями. Квон Ёнмин считает Суни особенной, потому что она — активный женский персонаж, совсем не похожий на пассивных героинь ранних рассказов Хёна [Квон Ёнмин 2002, 1: 218]. Ку Инхван и Со Хёнджу описывают действия Суни как «сопротивление» социуму и мужскому деспотизму и отличают ее от пассивных безропотных жен в других рассказах Хёна [Ку Инхван 1981, II: 13; Со Хёнджу 2003: 45–48]. Юн Пёнро идет дальше, утверждая, что Суни демонстрирует сильную субъективность [Юн Пёнро 1986: 109]. Однако, как отмечает Чхве Вонсик, у Суни есть свои ограничения: она не осознаёт фундаментальных причин своего трудного положения и ее действия не решают никаких социальных проблем [Чхве Вонсик 1984: 200]. Все сходятся в том, что Суни — уникальная героиня для литературных произведений Хёна.

Суни также была беспрецедентным женским персонажем для корейской литературы в целом в 1925 году. Если подвести итог, то в современной корейской литературе, от ее общепризнанного начала — публикации романа Ли Гвансу «Муджон» («Бессердечие») в 1917 году — и до «Огня» Хёна в 1925 году, нет ни одной героини, которая решала бы проблемы, устраняя причину своих страданий, или мстила за себя. В рассказах писателей-мужчин данного периода женщины выбирают смерть. В романах Ли Гвансу «Муджон» (1917) и «Чэсэн» («Воскресение», 1924), а также в романе На Дохяна «Хванхи» («Радость», 1923) героини совершают самоубийство (или пытаются это сделать) после изнасилования или в результате несчастливого брака. Большинство женских персонажей в рассказах Ким Донина 1920-х годов также убивают себя или погибают от рук мужчин[16].

В то время как произведения писателей предлагали довольно простые и ограниченные решения для женских персонажей, произведения писательниц демонстрировали большее разнообразие и описывали сложную психологию своих героинь. К 1925 году в Корее было три активных писательницы: Ким Мёнсун, На Хесок и Ким Вонджу. Большинство их произведений посвящено принудительному браку, несчастной любви и страданиям в замужестве. Судя по тому, как часто описываются подобные обстоятельства, они представляли наиболее острые проблемы, с которыми в то время сталкивались женщины. Героини рассказов «Оны сонё-ый чугым» («Смерть девушки», 1920) и «Ысим-ый сонё» («Подозрительная девушка», 1917) Ким Воджу кончают жизнь самоубийством из-за нежеланного, но неизбежного брака. Одна из героинь рассказа Ким Мёнсун «Торада поль ттэ» («Оглядываясь назад», 1924) смиряется с вынужденным браком. Некоторые решают сбежать из дома, как в произведениях На Хесок «Кёнхи» («Кёнхи», 1918) и Ким Мёнсун «Чхонё-ый канын киль» («Дорога, по которой идет девушка», 1920). «Хевон» («Хевон», 1921) Ким Вонджу заканчивается решением главной героини начать самостоятельную жизнь, после того как ее бросил возлюбленный. Поскольку эти истории о беглянках заканчиваются на том моменте, когда протагонист покидает дом, трудно сказать, какая жизнь могла бы у них сложиться после. Однако уже само решение — это одна из форм репрезентации сопротивления обычаям социума. Но главная героиня Хёна, Суни, не совершает самоубийства и не убегает от ситуации. Она уникальна тем, что сталкивается напрямую с причиной своих страданий и уничтожает ее. Как и в каком контексте появился этот уникальный женский персонаж? В следующих двух разделах анализируется присвоение Хёном чеховского рассказа и взаимодействие его с местной средой.

---

[16] Исследование женских персонажей в рассказах Ким Донина и корейской литературе 1920-х годов см. в [Ю Намок 1993].

«Огонь» Хёна и «Спать хочется» Чехова

Хён Джингон — писатель, который не рассказывал о том, как его творчество связано с произведениями других литераторов. В интервью 1939 года он даже отказался отвечать на прямой вопрос, какие авторы оказали на него влияние, при этом дал совет молодым корейским писателям «учиться у Дюма и Гюго, а не пытаться подражать Мопассану и Чехову» [Хён Джингон 2004, 6: 307–308]. Он добавил: «Я сам поступил бы так же» [Там же: 306]. То, что он отдает предпочтение Дюма и Гюго, возможно, отражает смену жанров Хёном в 1930-е годы: он переходит от рассказа к историческому роману. Из интервью следует, что подражание иностранным авторам считалось важным шагом для молодых писателей, и Хён также запоздало признает, что сам был учеником Мопассана и Чехова.

Несмотря на скрытность Хёна, современники признавали сходство между его рассказами и чеховскими. В марте 1925 года один из главных литературных журналов «Чосон мундан» («Корейский литературный мир») организовал круглый стол для обсуждения новинок литературы. Хотя «Огонь» появился в январе 1925 года, участники дискуссии обсудили рассказ Хёна, опубликованный совсем недавно, в феврале, «Б сагам-ква лобылето» («Любовные письма смотрительницы общежития г-жи Б»). На Дохян, однако, открыл дискуссию комментарием о рассказе «Огонь»:

> Если вы посмотрите на работы Пинхо [Хёна], то заметите сходство с рассказами Чехова. Например, его «Огонь», опубликованный в январе, напоминает один из рассказов Чехова, где девушка целый день занимается тяжелой работой и убивает ребенка [Там же: 68].

На не уточнил название рассказа Чехова, но его комментарий дает достаточное количество подсказок. Рассказ Чехова — это «Спать хочется», опубликованный в 1888 году.

Впервые это произведение было переведено на японский язык в 1905 году Осанаи Каору и называлось «Инэмури» («Дремать»; «Ситинин», май 1905 года). Рассказ переводился неоднократно:

«Суима» («Дремота»; переводчик Нисимура Сёдзан, «Тайё», сентябрь 1905 года), «Нэмуи» («Сонливая»; переводчик Курэно Тёон, «Кокоро но хана», май 1912 года) и «Нэбо» («Проспать»; переводчик Маэда Акира, в «Танпэн дзиссю те-хофу сю», Хакубункан, 1913 год). Хироцу Кадзуо перевел рассказ как «Нэмутай атама» («Соня», дословно «Сонная голова»; «Кисэки», январь 1913 года) и включил в антологию рассказов Чехова «Сэппун хока хатихэн» («"Поцелуй" и восемь других рассказов») в 1916 году. Ким Пёнчхоль пишет, что корейский перевод «Спать хочется» был опубликован в 1924 году под названием «Чоллин мори» («Соня»; переводчик Ким Соксон, «Синёсон» 2:2, февраль 1924 года), но обнаружить этот текст не удалось [Ким Пёнчхоль 1998b: 441]. Поскольку дословный перевод корейского названия — «Сонная голова», возможно, что «Чоллин мори» — это транслитерация японского названия перевода Хироцу. Но независимо от того, был ли доступен корейский перевод 1924 года, Хён, должно быть, читал рассказы Чехова на японском языке до появления такого перевода, вероятно, в антологии Хироцу 1916 года, куда вошли «Соня» и «Поцелуй». Оба рассказа Хён переработал.

Варька, героиня чеховского «Спать хочется», — тринадцатилетняя нянька, которая с утра до ночи должна заниматься домашними делами и бегать по поручениям, а потом не спать, присматривая за младенцем. Она страдает от постоянного недосыпания, а кульминацией истории становится убийство ею ребенка. Даже это краткое содержание демонстрирует общую близость двух историй.

Помимо основных сюжетных линий рассказы обладают схожими персонажами, обстановкой и временно́й структурой. Две героини постоянно чувствуют себя усталыми и угнетенными, а их ночи еще более ужасны, чем дни. Для чеховской Варьки день переносится легче, потому что все вокруг движется, она активно занимается делами, поэтому ей меньше хочется спать. Но ночью все спят, кроме Варьки и плачущего ребенка. Для Суни Хёна в «Огне» сексуальные домогательства мужа по ночам — самый страшный и невыносимый аспект ее существования, и это мешает ей спать. В начале обоих рассказов читатель получает основную информацию о главном герое и обстановке в каждой из историй. «Спать хочется» начинается так:

> Ночь. Нянька Варька, девочка лет тринадцати, качает колыбель, в которой лежит ребенок, и чуть слышно мурлычет:
>
> Баю-баюшки-баю,
> А я песенку спою...
>
> Перед образом горит зеленая лампадка; через всю комнату от угла до угла тянется веревка, на которой висят пеленки и большие черные панталоны. От лампадки ложится на потолок большое зеленое пятно, а пеленки и панталоны бросают длинные тени на печку, колыбель, на Варьку... Когда лампадка начинает мигать, пятно и тени оживают и приходят в движение, как от ветра. Душно. Пахнет щами и сапожным товаром.
> Ребенок плачет. Он давно уже осип и изнемог от плача, но всё еще кричит, и неизвестно, когда он уймется. А Варьке хочется спать. Глаза ее слипаются, голову тянет вниз, шея болит. Она не может шевельнуть ни веками, ни губами, и ей кажется, что лицо ее высохло и одеревенело, что голова стала маленькой, как булавочная головка.
> — Баю-баюшки-баю, — мурлычет она, — тебе кашки наварю... [Чехов 1977: 7].

Начало «Огня»:

> Девочка, Суни, которой исполнилось только пятнадцать, была замужем около месяца и чувствовала, что ей становится трудно дышать даже во сне. Казалось, будто огромный камень придавливает ее. Будь это камень, то, по крайней мере, он был бы прохладным; но то, что давило на ее слабую грудь, было сырым, влажным и удушливым, как сезон дождей, и очень тяжелым. Он дышал, как пес в летнюю жару. А потом ее тело прожгло болью, ее охватила дрожь, как будто спину и бедра рассекли, раздробили на части, оторвали и покрошили на кусочки...
> — Я могу умереть. Я могу умереть, если это продолжится! Нужно проснуться, проснуться, — твердила себе Суни, но не могла открыть глаза — те слиплись, будто склеенные. Она не могла прогнать мутный сон [Хён Джингон 2004, 1: 145].

Обе истории начинаются с описания ночных страданий молодой девушки и разворачиваются, по мере того как ночь сменяется днем, а рассказчики описывают работу, которой героини были заняты в дневные часы. Вновь наступает ночь. На вторую ночь они совершают свои преступления, и на этом обе истории заканчиваются.

Структурные параллели заметны, но самое поразительное сходство проявляется в конце рассказов. Чехов «Спать хочется»:

> А ребенок кричит и изнемогает от крика. Варька видит опять грязное шоссе, людей с котомками, Пелагею, отца Ефима. Она всё понимает, всех узнает, но сквозь полусон она не может только никак понять той силы, которая сковывает ее по рукам и по ногам, давит ее и мешает ей жить. Она оглядывается, ищет эту силу, чтобы избавиться от нее, но не находит. Наконец, измучившись, она напрягает все свои силы и зрение, глядит вверх на мигающее зеленое пятно и, прислушавшись к крику, находит врага, мешающего ей жить.
> Этот враг — ребенок.
> Она смеется. Ей удивительно: как это раньше она не могла понять такого пустяка? Зеленое пятно, тени и сверчок тоже, кажется, смеются и удивляются.
> Ложное представление овладевает Варькой. Она встает с табурета и, широко улыбаясь, не мигая глазами, прохаживается по комнате. Ей приятно и щекотно от мысли, что она сейчас избавится от ребенка, сковывающего ее по рукам и ногам... Убить ребенка, а потом спать, спать, спать...
> Смеясь, подмигивая и грозя зеленому пятну пальцами, Варька подкрадывается к колыбели и наклоняется к ребенку. Задушив его, она быстро ложится на пол, смеется от радости, что ей можно спать, и через минуту спит уже крепко, как мертвая... [Чехов 1977: 12].

Хён «Огонь»:

> Ей вновь стало страшно при виде мужа. Камень, придавивший ее к земле, железный прут, разбивший ее на кусочки. <...> Она перестала рыдать и принялась ломать голову над тем, как же ей избежать изнурительной ночи. Но нет, ночь

здесь ни при чем. Это все «комната врага». Если бы не стало ее, он бы ушел, ничего мне больше не сделав, лишь утерев мои слезы. Не будь здесь этой «комнаты врага», то не было бы и места для него причинять мне такую боль. Комната врага! Можно ли избавиться от нее? До сих пор ей не удавалось сбежать оттуда, так что теперь она начала думать, как вместо этого убрать саму комнату.

Рис кипел и пузырился. Когда она встала, чтобы поднять крышку горшка, ее взгляд привлекла спичка на кухонной плите. Дикая мысль промелькнула в голове. Она схватила спичку. Рука, держащая ее, дрожала. Она быстро спрятала ее в куртку.

— Почему я только сейчас поняла это? — улыбнулась она.

В ту ночь с карниза одной из комнат внезапно начался пожар. Благодаря ветру огонь в одно мгновение охватил всю крышу и взлетел вверх. Суни, стоявшая у стены соседского дома, была так взволнована и счастлива, что прыгала вокруг с яркой улыбкой — улыбкой, которой на ее лице не было уже давно [Хён Джингон 2004, 1: 151–152].

В конце можно видеть схожее развитие мыслей и поступков героинь. Варька понимает, что причина всех ее страданий — это «ребенок», а для Суни это «комната врага». После осознания этого «ложное представление овладевает Варькой» и «дикая мысль мелькает» в голове у Суни. В итоге Варька душит ребенка, а Суни поджигает комнату. Но самое главное — это сходство между чувствами героинь в момент совершения преступлений. Варька «широко улыбается», перед тем как убить ребенка, и от самой мысли об убийстве ей «приятно и щекотно». Задушив младенца, она смеется от радости. В рассказе «Огонь» Суни прыгает вокруг «с яркой улыбкой» после поджога дома. Финалы рассказов показывают простоту мотивов преступлений и отсутствие у девушек чувства вины — только освобождение и ликование. В то же время в основе их угнетенного положения лежат комплексные проблемы класса, гендера, возраста, труда и пола. Концовки историй сбивают читателя с толку и одновременно заставляют его осознать невиновность персонажей перед лицом этих сил.

Из этого анализа двух рассказов становится ясно, что Хён взял за образец чеховскую Варьку, когда ввел в корейский рассказ такую беспрецедентную героиню, как Суни. Я утверждаю, что перевод (присвоение) дали Хёну возможность и силу для создания нового типа женского персонажа. Однако местный исторический контекст Хёна также был неотъемлемым фактором в этом акте присвоения. Обсуждение несчастных браков и даже поджогов было частью журналистских материалов в Корее во времена «Огня» Хёна, правда, в литературе эти вопросы еще не получили широкого распространения. Таким образом, соприкосновение с иностранным текстом позволило писателю найти форму для героини, которая выражала бы современную ему социальную ситуацию.

Дискурс о ранних браках и женской преступности

В одном из своих поздних эссе Хён Джингон перечисляет некоторые из своих рассказов, которые были написаны на основе «подсказок» внешнего мира:

> Я случайно получал откуда-нибудь подсказки для некоторых своих рассказов — таких как «Чосон-ый ольгуль», «Таракча», «Чисэ-нын ангэ», «Пхиано» и «Пуль» [«Огонь»] — и создавал историю, развивая основную тему. Однако подсказки были крайне незначительными, и я дополнял их литературными элементами, так что в итоге это плоды моего воображения [Там же, 6: 213].

Суть высказывания Хёна в том, что, хотя он и находил сюжеты в историях из реальной жизни, между настоящими людьми и конкретными деталями его рассказов не было существенной связи. Но здесь важны «крайне незначительные» подсказки к «Огню», которые упоминает Хён.

Какие подсказки могли побудить Хёна присвоить чеховский рассказ «Спать хочется» и в итоге привести к истории, которую он излагает в «Огне»? Если учитывать содержание «Огня», то подсказки, вероятно, были связаны с обсуждением ранних браков или преступлений, совершенных молодыми женщинами. В то время, когда Хён написал «Огонь», в обществе уже шли дискуссии о феномене преступности среди молодых женщин. Обратимся к истории обычая раннего брака и более широким дискурсам[17].

В своем исследовании о происхождении ранних браков в Корее Ким Духон перечисляет четыре основные причины распространенности ранних браков при династиях Корё (918–1392) и Чосон (1392–1910). Во-первых, во времена династии Корё корейские семьи выдавали замуж своих юных дочерей, чтобы их не забрали монголы в качестве дани. Во-вторых, во времена династии Чосон, когда член королевской семьи решал жениться и начинались поиски супруги, всем в стране, будь то аристократ или простолюдин, запрещалось вступать в брак на время поисков. Если такой поиск происходил, когда юноша или девушка достигали брачного возраста, это могло поставить под угрозу их шансы когда-либо жениться или выйти замуж, поэтому люди спешили устроить брак своих детей при любой возможности. В-третьих, люди считали, что ранний брак с большей вероятностью обеспечит семью потомками. В-четвертых, поскольку в эпоху Чосон не разрешалось жениться в периоды траура и проч., семьи иногда заставляли детей вступать в брак при первой же возможности, даже в юном возрасте. Благодаря этой практике ранние браки закрепились в качестве обычая в корейском обществе [Ким Духон 1935: 46–86].

Ранние браки начали всерьез обсуждаться в период корейского Просвещения (примерно 1890–1900-е годы). Некоторые корейские интеллектуалы считали их худшим из корейских брачных обычаев и выступали за их отмену[18]. Основания для ранних браков теперь отличались от причин более раннего периода: например, в условиях ухудшения экономики ранние браки могли использоваться для того, чтобы скрыть факт продажи дочери в семью

---

[17] Эти дискуссии, конечно же, часть проекта модернизации корейского общества и его гендерной политики. Больше об этой теме см. [Yoo 2008; Choi Hyaeweol 2009; Jeong 2011; Lee 2015].

[18] Хонирон [О браке] // Тоннип синмун [Независимый]. 1899. 20 янв.; 20 июля.

жениха[19]. Помимо обсуждения в газетах вопроса об отмене ранних браков были изменены правила о минимальном брачном возрасте. В 1894 году было сформировано правительство группы Просвещения, которое провело реформу Кабо, установившую минимальный возраст в 20 лет для мужчин и 16 для женщин. Но ограничения не соблюдались, и в 1907 году король Сунджон издал новое постановление, согласно которому минимальный возраст составлял 17 лет для мужчин и 15 для женщин[20]. Ранние браки оставались распространенной практикой, и в газетах постоянно появлялись материалы, осуждающие этот обычай[21].

Критики перечисляли многочисленные недостатки этой практики. Уделяя внимание проблемам социальной гигиены, образованию детей и новой семейной этике, они утверждали, что ранние браки приводят к слабости семей, а это — семена слабой нации. Они также говорили, что при ранних браках люди не смогут уделять внимание своему физическому и умственному воспитанию, а значит, не будут знать, как растить детей. Дети физически незрелых родителей будут слабыми, что приведет к сокращению численности населения. В условиях раннего брака мужчинам было бы трудно заниматься важными делами. Ранние браки приводили к проблемам в семейной жизни, поскольку люди не могли выбрать себе подходящего человека, а последующие раздоры оказывали влияние и на общество. Почти все критические замечания сводились к тому, что ранние браки препятствуют развитию нации[22].

---

[19] Чегук синмун [Имперские новости]. 1900. 11 мая; 1901. 25 марта; Сарам мэмэ [Торговля людьми] // Тэхан мэиль синбо [Ежедневные новости Кореи]. 1907. 11 дек.

[20] Хонинджёчхик [Королевский указ о браке] // Тэхан мэиль синбо [Ежедневные новости Кореи]. 1907. 17 авг.

[21] Ронсёль [Редакторская колонка] // Там же. 11 дек.; Ханджунманпхён [Бессвязная критика] // Хвансон синмун [Новости столицы]. 1907. 23 авг.; Чохон-ый пхехэ-рыль тхоннон [Искреннее мнение о пагубных последствиях ранних браков] // Там же. 1909. 3–4 сент.

[22] Чохон-ый пхехэ-рыль тхоннон [Искреннее мнение о пагубных последствиях ранних браков] // Хвансон синмун [Новости столицы]. 1909. 3–4 сент.

Как утверждает Чон Мигён, аргументы корейских интеллектуалов в пользу отмены ранних браков в это время были связаны с их проектом по внедрению современной семейной этики. Новая этика делала акцент на женихе и невесте, а не родителях, и отношениям жены и мужа придавалось по меньшей мере такое же значение, как и отношениям родителей и детей. Также появилась новая этика воспитания детей, утверждающая, что дети не принадлежат только родителям, но представляют интерес для общества в целом. Этот аргумент был связан с дискурсом, который подчеркивал долг родителей по отношению к образованию своих детей. Дети стали наделяться «детством», которое включало в себя право на заботу со стороны родителей до тех пор, пока они не станут взрослыми [Чон Мигён 2001: 195–202]. Ранние браки также обсуждались в связи с проблемами молодых вдов, ростом числа разводов, проблемами со здоровьем, вызванными ранними сексуальными отношениями, и, что наиболее важно для данной истории, преступлениями, спровоцированными ранними браками[23].

Как же обстояли дела с ранними браками в 1920-е годы, когда был написан «Огонь»? Какие варианты были у молодых женщин, столкнувшихся с этим? В 1915 году генерал-губернатор запретил регистрировать брак мужчинам до семнадцати лет и женщинам до пятнадцати[24]. В 1921 году этот возрастной ценз продлили [Хангук Ёсонса Пхёнчхан Вивонхве 1972: 152]. Однако в реальной жизни в период с 1912 по 1915 год от 15 до 20 процентов женщин выходили замуж, не достигнув пятнадцати лет. К 1920-м годам,

---

[23] Хён Санюн. Ингу чынсик пхирёрон. [Потребность в росте числа населения] // Хакчигван. 1917. № 13. Июль. С. 57–62; Кан Интхэк. На-ый пон чосон сыпсок и сам [Мой взгляд на некоторые корейские обычаи] // Кэбёк. 1920. № 5. Нояб. С. 81–86; Ким Доник. Чохон-ыро манхи сэнгинын сэнсикгый сонсингён свеякчын [Сексуальная неврастения, часто вызванная ранним браком] // Тонъа ильбо. 1932. 27–28 фев. Чохон-ква пумо-ый ыйму [Ранний брак и родительские обязанности] // Там же. 1938. 19 окт.

[24] Чосон чхондокбу кванбо [Правительственный вестник] // Мэиль синбо [Ежедневные новости]. 1915. 15 авг.

когда Хён написал «Огонь», этот показатель упал ниже 7 процентов[25]. Если учесть возможность существования гражданских и незарегистрированных браков, то доля ранних браков вполне могла быть выше, чем показывает статистика. У девушек, которым грозило раннее замужество, выбор был невелик. Они могли попытаться отказаться от свадьбы, но если отказ не принимали, единственное, что им оставалось, это убежать из родительского дома. Если девушка уже была замужем, она могла убежать из дома семьи мужа, совершить самоубийство, развестись, если это было возможно, убить мужа или поджечь дом его семьи.

Художественные и журналистские нарративы и их связь с переводом

Теперь давайте рассмотрим некоторые журналистские дискурсы, связанные с реальными случаями поджога, обстоятельства которых схожи с описанными в «Огне». Здесь я пытаюсь выявить закономерности подобных преступлений и тенденции газетных репортажей о них, а также проанализировать цикл интертекстуальности между рассказом «Огонь» и журналистскими материалами.

Газетные статьи о поджогах, устроенных молодыми женами в 1920–1930-е годы, о которых пойдет речь далее, взяты из баз данных ежедневных газет «Тонъа», «Чосон», «Чунъан», «Чосон чунъан», «Чунве» и «Сидэ». После поиска по ключевому слову «поджог» я выделила статьи, посвященные поджогам, которые были совершены молодыми женами. Среди этих случаев я исследовала только те, в которых женщины поджигали дома семей своих мужей из-за тяжелой супружеской жизни. Сюда не вошли случаи, когда девушка или молодая женщина совершала поджог из ревности или для того, чтобы сбежать с возлюбленным. Если

---

[25] Процент женщин, вышедших замуж в возрасте до пятнадцати лет, немного увеличился после 1932 года, так как жизнь людей стала менее безопасной после Маньчжурского инцидента в 1931 году, хотя и оставался ниже 10 процентов. Записи за период с 1912 по 1936 год см. [Ryu 1999: 18–20].

об одном и том же инциденте говорилось в нескольких статьях, я отдавала предпочтение газете «Тонъа ильбо» («Ежедневный вестник Тонъа»), которая сообщала о большем количестве случаев, чем другие газеты. Рост количества газетных сообщений о поджогах с течением времени не обязательно означает, что случаев стало больше. Но сообщения о ряде случаев в газете «Ежедневная Тона» показывают, что поджоги в конце концов стали своего рода стандартной темой для прессы того времени, так что увеличение количества газетных сообщений, возможно, коррелирует с некоторым увеличением фактического числа инцидентов.

1920-е годы можно разделить на период до публикации «Огня» Хёна в январе 1925 года и после. В первой половине 1920-х годов (1920–1924) в газетах было всего два сообщения о поджогах, соответствующих случаю Суни. Первое относится к декабрю 1921 года. По словам репортера, шестнадцатилетняя Со Каннан несколькими годами ранее была выдана замуж за мужчину на десять лет старше ее[26]. Она подожгла дом своего мужа, думая, что после этого муж отправит ее обратно к родителям. В конце статьи репортер кратко добавляет: соседи обвиняли родителей Со в том, что они заставили ее выйти замуж. Вполне возможно, что репортер вставил в статью собственное мнение, приписав его «соседям». Но в отличие от репортеров второй половины 1920-х годов, автор этого текста не называет *чохон* (ранний брак) в качестве причины преступления и не выражает симпатии к поджигательнице напрямую. Во второй короткой статье упоминается инцидент с поджогом в октябре 1922 года, и в ней нет никаких суждений об этом событии. Шестнадцатилетняя Юн Суни подожгла дом своего мужа, так как у них были «проблемы»[27]. Интересно, что имя девушки в этом отчете совпадает с именем героини Хёна — Суни. «Подсказки», о которых упоминает Хён в своем эссе, могли быть получены из такого рода отчетов.

---

[26] Чохон ёпхе-ый хвальджынго [Настоящие свидетельства пагубного влияния ранних браков] // Тонъа ильбо. 1921. 27 дек.

[27] Там же. 1922. 12 окт.

Во второй половине 1920-х годов число таких поджогов стремительно росло, в период с 1925 по 1929 год были сообщения о семи случаях[28]. Согласно газетным отчетам, основными причинами инцидентов назывались большое количество работы, проблемы с мужем и тоска по дому. В двух из семи отчетов делается вывод о том, что преступления стали результатом ранних браков, а в трех из оставшихся пяти проявляется некоторое сопереживание по отношению к преступницам[29]. Таким образом, в пяти из семи статей скорее сочувствуют молодым поджигательницам, нежели критикуют их. Репортеры рассматривали девушек не как преступниц, а как жертв социума. В одном случае 1928 года семнадцатилетняя Ан Окджин, выданная замуж в возрасте четырнадцати лет, подожгла дом своего мужа. Далее репортер объясняет причину преступления:

> [Поджигательница] боялась своего мужа и отчаянно хотела вернуться к родителям. <...> Она устроила пожар *с детской мыслью* (*орин сэнгаг-ыро*), что сможет вернуться к родителям, если у ее мужа не будет дома. Она повторила это четыре раза, так, чтобы материальный ущерб был значительным. Главная причина этого преступления — ранний брак[30] (курсив мой).

Эта история удивительно похожа на «Огонь», особенно в том, что касается тяжелой ситуации и мотива молодой женщины. Часть заголовка этой статьи содержит фразу «Преступления, спровоцированные ранним браком», и репортер подразумевает, что молодая жена сожгла дом только из-за того, что была слишком юна и не смогла придумать лучшего решения. Тем самым репортер оправдывает ее с моральной точки зрения.

Даже в тех трех статьях, где не утверждается, что причиной поджога стал ранний брак, содержание и стиль репортажа пере-

---

[28] Там же. 1927. 6 апр.; 1928. 31 мая; Чунве ильбо [Ежедневный вестник Чунве]. 1928. 7 июня; Тонъа ильбо. 1928. 24 июля; 1928. 18 авг.;1929. 11 апр.; 14 мая.
[29] Тонъа ильбо. 1929. 11 апр.
[30] Там же. 1928. 24 июля.

дают сочувствие репортера к преступнице. Например, в 1928 году репортер описывает жизнь молодой поджигательницы. Ей восемнадцать; когда ей было десять, отец продал ее мужчине старше ее на двадцать пять лет, и через несколько лет она вышла за него замуж. Прежде чем устроить пожар, она провела в браке три года и часто оставалась в доме родителей, потому что боялась своего мужа. После смерти матери за год до поджога она не захотела возвращаться к мужу, который наводил на нее ужас, и уехала к дяде. Но каждый раз, когда она сбегала к дяде, приходил муж и возвращал ее обратно. Девушка подожгла его дом, думая, что сможет вернуться к дяде, если дом мужа сгорит[31]. Подробная история жизни этой молодой поджигательницы вызывает у читателя сочувствие и делает ее преступление понятным. Акцент на несчастной жизни и невинной мотивации создает нарратив, в котором та, кто в глазах закона — преступница, превращается, согласно другим стандартам — справедливости, в жертву.

В начале 1930-х годов число таких историй продолжало расти, и в период с 1930 по 1935 год их число достигло 13[32]. Начиная со второй половины 1920-х годов эти отчеты часто содержат такие фразы, как «преступления, спровоцированные ранним браком» (*чохон и наын помджве*). Таким образом, возложение вины на институт ранних браков стало в некотором роде стандартом. Эта фраза встречается в заголовках 11 из 13 газетных репортажей о поджогах, совершенных молодыми женами в 1930-х годах[33]. Эта перемена мест вины и невиновности в газетных публикациях не лишена связи с тем, как Хён изобразил Суни в «Огне». Но, возможно, это не просто причинно-следственная связь — фигура отчаявшейся поджигательницы выкристаллизовалась в художе-

---

[31] Там же. 1928. 31 мая.

[32] Там же. 1930. 22 дек.; 1931. 16 янв.; 1931. 29 авг.; Чунъан ильбо. 1932. 15 марта; Тонъа ильбо. 1932. 15 мая; 22 дек.; Чосон чунъан ильбо [Ежедневный вестник Чосон чунъан]. 1933. 25 авг.; Тонъа ильбо. 1934. 30 марта; 31 авг.; 1935. 9 сент.; 14 нояб.; 28 нояб.; Чосон ильбо [Ежедневный вестник Чосон]. 1935. 21 дек.

[33] Чосон чунъан ильбо. 1933. 25 авг.

ственной и нехудожественной литературе в середине и конце 1920-х годов.

О чем говорит рост сочувствия в газетных репортажах? Как мы можем его интерпретировать? Интересно, что существует ряд отчетов, в которых вымышленные персонажи используются для осмысления событий реальной жизни. Например, газета «Чунве ильбо» («Ежедневный вестник Чунве») в январе 1930 года опубликовала сообщение о поджоге под заголовком «Кванъём соната» («Соната безумного пламени»)[34]. Возможно, это заинтриговало читателей, потому что именно так назывался вышедший недавно рассказ. Газетная статья начиналась так: «Главный герой рассказа Ким Донина "Соната безумного пламени" появился в реальной жизни», и далее рассказывалась история 24-летнего Ким Гвинама, который поджигает дома, чтобы только посмотреть, как они горят. В рассказе, на который ссылается репортер, повествуется о музыканте, который пытается обрести вдохновение, устраивая поджоги и наблюдая за ними. Еще одно использование художественных произведений встречается в статье газеты «Ежедневный вестник Тонъа» в 1938 году[35]. Двадцатилетняя женщина из Ёнбёна за год до этого вышла замуж за мужчину старше ее на пятнадцать лет. Не выдержав супружеской жизни, она сбежала и в конце концов добилась развода, возместив ему 40 *вон* приданого. Репортер называет ее «современной Норой», имея в виду главную героиню пьесы Генрика Ибсена «Кукольный дом».

Эти истории говорят о том, что предполагаемый барьер между современной художественной литературой и журналистикой содержит пусто́ты и оба направления могут быть взаимопроницаемы. В середине 1920-х годов эти пустотность и взаимопроницаемость были более заметны, поскольку большинство писателей художественной литературы (в том числе такие известные, как Ли Гвансу, Ким Ок, Пак Ёнхи, Чу Ёхан и Ём Сансоп) работали журналистами, чтобы прокормиться. Издание корейских газет и журналов активизировалось в 1920-х годах, когда японское

---

[34] Чунве ильбо. 1930. 23 янв.
[35] Тонъа ильбо. 1938. 11 фев.

колониальное правительство изменило свою политику с *будан сэйдзи* (курс военного управления) на *бунка сэйдзи* (курс культурного управления) после общенациональных массовых протестов 1919 года, известных как Движение 1 марта. Частные компании издавали газеты, журналы для широкой аудитории и специализированные издания, в то время как небольшие кружки литераторов выпускали собственные журналы. Несмотря на то что цензура и ограничения на публикации сохранялись, эпоха после 1919 года ознаменовалась быстрым ростом числа корейских изданий.

Благодаря увеличению количества газет и журналов, в которых печатались литературные произведения, а также росту числа литературных кружков, профессиональные писатели начали оформляться и признаваться как социальная группа, которую можно отличить от журналистов [Чон Джинсок 1995: 211–212]. Тем не менее большинство писателей продолжали работать журналистами по нескольким причинам. Во-первых, они не могли прожить только за счет написания художественных произведений. Во-вторых, журналы литературных кружков не были стабильны: из-за финансовых проблем их выход прекращался буквально через несколько номеров, необходимы были другие возможности заработка. В-третьих, если представитель определенного кружка становился журналистом в газете, у других членов было больше шансов опубликовать свои произведения в этом издании.

У владельцев газет также было несколько причин, согласно которым они стремились нанять писателей в качестве журналистов. После аннексии Кореи японцами в 1910 году существовал только один государственный печатный орган — газета «Мэиль синбо», а в начале 1920-х годов не хватало квалифицированных журналистов, поэтому частные газетные компании стали нанимать писателей. Еще одним преимуществом было то, что писатели могли заполнить литературную страницу без дополнительной оплаты [Пак Ёнгю 2005: 83–86]. С увеличением публикаций как художественной, так и нехудожественной литературы возрос спрос на писателей. Сам Хён работал в газете «Ежедневный вестник Сидэ» с 1920 по 1923 год, а затем в газетах «Чосон» и «Ежедневный вестник Тонъа» до 1936 года [Хён Джингон 2004, 1: 317–320]. Корейские интеллектуалы почти всегда были одновременно писателями и журналистами, а потому хорошо знали последние новости, а также новейшие литературные работы. Поэтому вполне понятно, что они могли быть готовы ассоциировать вымышленные события с событиями реальной жизни, а иногда и смешивать эти два вида текста, чтобы люди и события обрели голос, а окружающий мир — смысл.

Помимо фраз «преступления, спровоцированные ранним браком», и общей симпатии репортеров к поджигательницам, в газетных репортажах после 1925 года неоднократно появляются ссылки на их «детские» мысли и чувства — способ подчеркнуть молодость и невинность как факторы преступления. И, как уже было замечено, первая строка рассказа Хёна подчеркивает юность героини: «Девочка Суни, которой исполнилось *только* пятнадцать, была замужем около месяца и чувствовала, что ей становится трудно дышать даже во сне» (курсив мой). Согласно западной системе подсчета возраста, Суни было бы всего тринадцать или четырнадцать лет — очень близко к тринадцатилетней Варьке Чехова. Более того, одно из отличий чеховского текста от текста Хёна заключается в том, что рассказчик Хёна сочувствует своей героине, в то время как чеховский рассказчик держит эмоциональную дистанцию.

Автор газетного отчета об Ан Окджин, молодой женщине, совершившей поджог в 1928 году, писал, что она устроила пожар «с детской мыслью» (*орин сэнгаг-ыро*), что сможет вернуться к родителям[36]. В трех других отчетах используется похожий язык: Ли Ёду вышла замуж в пятнадцать лет, но всегда боялась своего мужа «из-за детского сердца» (*орин маым-э*)[37]; Ли Сунак устроила пожар «с детским сердцем» (*орин маым-э*), надеясь, что муж прогонит ее[38]; также и Пак Кымсун совершила поджог «с детским

---

[36] Тонъа ильбо. 1928. 24 июля.
[37] Там же. 31 мая.
[38] Там же. 18 авг.

сердцем» (*орин мам* [*маым*]-*э*), думая, что ее могут отослать к родителям[39]. Акцент на наивности каждой девушки, который служит объяснением и оправданием ее поступков, настолько сильно перекликается с описанием героини в «Огне» Хёна, и кажется вполне возможным, что репортеры знали историю Хёна, переняли ее нарратив и рассказ об индивидуальных действиях. Интересно, что все сообщения, в которых используется фраза «с детским сердцем», взяты из газеты «Ежедневный вестник Тонъа», где Хён работал в отделе местных новостей с октября 1927 года. Возможно, он сам писал или редактировал некоторые из них.

Маловероятно, чтобы история Хёна сама по себе стала причиной развития дискурса сочувствия женским поджогам. Но она оказалась на переднем крае общих метаморфоз, отчасти симптоматичная, но отчасти и создающая возможность появления тропа невинной преступницы. Как мы видели на примере газетных отсылок к «Сонате безумного пламени» и «Кукольному дому», при описании реальных происшествий журналисты иногда обращались к существующим вымышленным нарративам и их персонажам. Описание Хёном невиновности Суни в ее преступлении, а также рассказ о ее мучениях, возможно, повлияли на газетные публикации, создав *форму для нового способа восприятия проживаемой реальности*, в данном случае — способа выражения сочувствия молодым преступницам, число которых увеличилось в конце 1920-х — начале 1930-х годов, после публикации «Огня» Хёна.

Исследователи склонны считать, что в Корее 1920-х годов художественная литература уже приобрела самостоятельный статус. Водоразделом в проекте модернизации корейской литературы стали теория литературы, разработанная Ли Гвансу в 1916 году, и написанное им в 1917 году произведение, которое считается первым современным корейским романом. Журналы литературных кружков, особенно «Чханджо» («Созидание»), основанный Ким Донином в 1919 году и пропагандировавший концепцию

---

[39] Там же. 1929. 22 мая.

чистого романа и искусства ради искусства, демонстрировали самостоятельность литературы своей литературной практикой и публикациями. Истории корейской литературы свидетельствуют, что в 1890–1900-х годах появилось множество гибридных форм письма — от фрагментарных повествований и художественных произведений, похожих на эссе, до нехудожественной литературы с элементами беллетристики; они продолжили создаваться в 1910-х годах, достигнув кульминации в (или развившись в) *син-сосоль* (новый роман). Однако история этого развития — это еще и история становления письменной формы *сосоль* (художественного повествования)[40]. Представление о том, что *сосоль* — это художественный текст, а газетные репортажи — нехудожественный, стало нормой. Считается само собой разумеющимся, что в 1920-е годы произошло отделение *сосоль* от нехудожественной литературы (таких как газетные статьи и отчеты). Но, как мы видели, разделение между *сосоль* и газетными сообщениями было еще зыбким, а эти два вида текста — взаимопроницаемы. Вопрос о том, что правдивее — художественная литература или журналистика, — решен не был, а привычное мнение о том, что журналистика важнее художественной литературы, возможно, даже в какой-то степени поменялось на противоположное[41].

В работе Хёна явно прослеживается активное использование структуры чеховского рассказа и образа персонажа. Как говорит сам Хён, получить подсказку из реальности — это одно, а создать для нее литературную структуру — совсем другое. Вполне воз-

---

[40] Подробное объяснение этого процесса см. [Ким Ёнмин 2003].

[41] Рассказ Хёна «Хэтты-нын чипхёнсон» («Горизонт, над которым восходит солнце»), опубликованный в 1927 году, демонстрирует интересное взаимодействие между газетными сообщениями и художественным произведением. Протагонист Хёна пишет историю, основанную на газетных сообщениях, чтобы раскрыть «правду, существующую за "объективными" сообщениями». В этой истории привычная иерархия, согласно которой журналистика считается более правдивой, чем художественная литература, оказывается перевернутой. См.: Хён Джингон. Хэтты-нын чипхёнсон // Чосон мундан. 1927. № 18–20 (янв. — март), см. в [Хён Джингон 2004: 191–214].

можно, что перевод чеховского рассказа дал Хёну новый способ восприятия реальности, в которой тот жил, и тем самым повлиял на интерпретацию этой реальности, ее создание и художественное оформление. Перевод как «производящее присвоение» создает новое восприятие мира и, таким образом, может стать для переводчика способом придать своей собственной реальности новую специфическую форму. В этой главе мы рассмотрели два типа перевода в Корее 1920-х годов: (1) перевод между языками и культурами, с одной стороны; и (2) перевод между медиумами или жанрами, с другой. Если перевод между двумя языками ставит вопрос о разграничении подражания и оригинальности, то перевод между двумя медиумами — в данном случае газетными репортажами и художественными произведениями — ставит вопрос о границах, которые мы используем для определения «правды» и «вымысла». Что более оригинально — перевод (адаптация) или творчество? Что правдивее — художественное творчество или газетные репортажи? Перевод как практика творческого взаимодействия и производящего присвоения размывает границы, на четкости которых настаивают культура и жанр.

Путешествующий персонаж: детский труд, гендер, перевод и мировая литература

В начале XX века, когда законы об авторском праве не были столь жесткими, как сегодня, тот факт, что литературный текст вырос из присвоения или творческого переписывания ранее существовавшего текста на другом языке, редко был основанием для сомнений в его подлинности. Чеховская героиня, няня, страдающая от постоянного недосыпания и в конце концов убивающая хозяйского ребенка, возродилась не только на корейском языке в рассказе Хёна Джингона «Огонь», но и в рассказах японского писателя Масамунэ Хакутё и новозеландки Кэтрин Мэнсфилд в начале XX века[42]. Все переписанные тексты заост-

---

[42] Масамунэ Хакутё, «Тамацукия» («Бильярдная») в [Масамунэ Хакутё 1983, 1: 278–281]; Мэнсфилд, «Девочка, Которая Устала» в [Мэнсфилд 1958: 26–34].

ряют внимание на социальной проблеме детского труда, лежащей в основе чеховского рассказа, но при этом дают нам возможность рассмотреть важность темы, почти незаметной в оригинале, — гендера. В японской, английской и корейской версиях персонаж превращается, соответственно, в мальчика, работающего в бильярдной, в няню, чей гендер становится главной проблемой сюжета, и в молодую невесту, подвергшуюся сексуальному насилию. В диалоге с рассказом Чехова каждый из трех авторов создал фигуру, откликающуюся на социальные проблемы его или ее общества, связанные с детским трудом и гендером, что позволило обогатить чеховского персонажа многогранными последующими жизнями.

Рассказ «Спать хочется» был впервые переведен на японский язык в 1905 году. В 1908 году Масамунэ Хакутё, японский критик и писатель, опубликовал свою переработку этой истории — рассказ «Тамацукия» («Бильярдная»). В трехстраничном рассказе Хакутё почти нет деталей и того драматического финала, как у Чехова. Если в рассказе Чехова события одного дня из жизни няньки Варьки начинаются за ночь до убийства и продолжаются весь день до следующей ночи, то рассказ Хакутё охватывает всего несколько часов около полуночи.

Сюжет повествует о трех молодых людях, играющих в бильярд, и подростке, подсчитывающем их баллы. Этот безымянный ребенок называется «мальчик» (англ. boy, яп. *бо-и* — катаканой). Мальчик очень хочет спать и есть, но трое мужчин решают не ложиться всю ночь, потому что завтра воскресенье. Они продолжают играть, а дремлющий мальчик продолжает считать. Он часто просыпается от их криков. История завершается, когда один из мужчин устает и решает закончить игру. В конце рассказчик замечает, что через 10 или 100 лет мальчик все еще будет считать эти баллы. Финал, не приведший ни к каким переменам, может разочаровать. Однако такая концовка привлекает внимание читателя к повторению одного и того же бесконечного страшного дня, который ребенку предстоит пережить в будущем. Страдания мальчика подчеркиваются контрастом с коротким сном о счастливом времени, когда он был вместе с братом в родном городе;

это напоминает эпизоды из чеховского рассказа, где Варька видит свою семью в коротких снах, укачивая по ночам плачущего ребенка хозяина.

Рассказ Хакутё был опубликован до принятия в 1911 году первых фабричных законов, регулирующих детский труд[43]. Хакутё писал его, работая в рамках литературного направления натурализма, поэтому рассказ можно считать попыткой создать правдоподобного (а не откровенно вымышленного) персонажа, чтобы обнажить социальную проблему. Хакутё исключает все самые драматические и шокирующие события чеховского рассказа (издевательства хозяев над нянькой, смерть отца и, наконец, убийство ребенка) и сводит к минимуму сложную образность (пространные описания смешанных образов и движущихся света и тени, которые представляют сознание девушки между сном и бодрствованием). Благодаря этому ему удается выдвинуть на первый план проблему изнурительного детского труда.

В 1910 году, через два года после публикации «Бильярдной» Хакутё, новозеландская писательница Кэтрин Мэнсфилд напечатала в Англии рассказ под названием «Девочка, Которая Устала». «Спать хочется» был переведен на английский язык в 1903 году, и мы знаем, что Мэнсфилд восхищалась Чеховым на протяжении всей жизни, так что вполне вероятно, что она читала этот рассказ. История Мэнсфилд имеет много общих черт с чеховской: главная героиня — нянька, хозяин и его жена издеваются над ней, она ухаживает за ребенком ночью, днем выполняет работу по дому, а в конце рассказа убивает ребенка.

Но есть и различия; самое заметное — это то, что рассказчик в истории Мэнсфилд гораздо ближе к главной героине, чем у Чехова, в рассказе присутствует несобственно-прямая речь, которая, как предполагается, относится и к няньке, и к повествователю. Наряду с едва уловимыми суждениями рассказчика, монологи няни, объективно показывающие ее желание спать и неспособность заставить ребенка замолчать, также дают слово ее саморе-

---

[43] Для краткой исторической справки о детском труде в Японии см. [Kakinami 2009: 881–887; Grabowski, Self 2009: 888–890].

флексии и проявляют ее субъективность — в отличие от ситуации с чеховской Варькой, голоса которой читатель почти не слышит.

Однако наиболее существенное отличие заключается в том, что в центре повествования Мэнсфилд, наряду с детским трудом, стоит проблема гендера. Так уж вышло, что у Чехова няня — девушка, но у Мэнсфилд пол няни становится важным как по отношению к ее собственной матери, так и по отношению к матери ребенка, за которым она ухаживает. В рассказе Чехова разница между хозяином и его женой невелика — они оба влиятельные люди, эксплуатирующие няню. Но у Мэнсфилд существует иерархия между «Мужчиной» и «Фрау» (его женой). Фрау страдает от пятой беременности, ее организм не успел восстановиться после предыдущих родов. Таким образом, Фрау угнетает няню — но и сама описывается как угнетенная. Более того, сама няня — незаконнорожденный ребенок, и ее мать, официантка, пыталась убить девочку во младенчестве. Читатели ничего не знают об отце няни, и им остается предполагать, что ее матери, возможно, пришлось справляться с родами и ребенком в одиночку и она почувствовала себя настолько беспомощной, что попыталась убить ребенка. В рассказе Мэнсфилд прослеживаются связи и параллели между двумя матерями и няней, поскольку все трое так или иначе страдают от родов и воспитания детей. Таким образом, тема гендера, не выделяющаяся в рассказе Чехова, выходит на поверхность в рассказе Мэнсфилд. Но гендер займет еще больше места в рассказе Хёна Джингона «Огонь», опубликованном в 1925 году.

Как уже говорилось ранее, в «Огне» Хёна изображена совсем юная жена, страдающая от тяжелой работы, которую ей дает свекровь, и невыносимых ночей с мужем. Эта история похожа на чеховскую тем, что главная героиня — девушка, которая постоянно хочет спать из-за тяжелой работы, но при этом акцент смещен на ее женскость и обычай ранних браков в Корее. Хён использовал элементы «Спать хочется» Чехова, чтобы показать трудное в социальном и сексуальном отношении положение невест, а также чтобы создать новый тип диссидентского женского персонажа, сенсационного для читателя того времени.

Что объединяет рассказы Мэнсфилд и Хёна, так это относительная близость рассказчика к главной героине, в отличие от более нейтрального тона повествования в рассказах Чехова и Хакутё. У Хакутё рассказчик беспристрастно передает желания и разочарования мальчика, хотя его точка зрения пересекается в конце истории с точкой зрения героя: оба предвидят бесконечную страшную жизнь. В то же время, как уже говорилось, в рассказе Мэнсфилд сильнее, чем у Чехова, мы слышим голос женского персонажа через несобственно-прямую речь. Когда речь заходит о Хёне, примечательно, что рассказчик заинтересован в том, чтобы поделиться с читателем чувствами и мыслями Суни, которые она испытывает в момент поджога.

Вызывающее сочувствие представление главных героинь в рассказах Мэнсфилд и Хёна смягчает потрясение, возникающее у читателя от финала каждой из историй. В отличие от относительно внезапного убийства в чеховском рассказе, убийство няней младенца в рассказе Мансфилд в какой-то степени предвосхищается далекими, но связанными друг с другом эпизодами: мать самой няни пыталась убить ее в младенчестве, а Фрау, мать ребенка, которого убивает няня, страдает от нескончаемых беременностей и родов настолько, что равнодушна к собственному ребенку. Эти эпизоды представляют собой накладывающиеся друг на друга образы трех женских персонажей, страдающих от рождения (воспитания) детей, состояния покинутости и угнетенности, подготавливая читателя к некоему катастрофическому разрешению. В истории Хёна, поскольку рассказчик внимательно следит за чувствами и мыслями Суни, читателю легче понять, почему Суни устроила пожар, пусть ее поступок и привел бы к гибели мужа и свекрови. Близость рассказчика и героини истории Хёна, таким образом, работает на моральное оправдание ее преступления — в сочетании с художественным описанием, подчеркивающим ее невинность, и общественным дискурсом того времени — сочувствия женщинам, совершившим поджог. Пройдя через эти языковые и социальные трансформации, чеховский персонаж возродился в Японии, Новой Зеландии и Корее, вызвав общую озабоченность глобально распространенными социальными проблемами детского труда и гендера в современном обществе. Этот процесс проходил не только на основании исходного текста, но базировался и на других историях и свершающихся социокультурных трансформациях.

В статье 2011 года Кристофер Хилл выступает против «диффузионной модели» мировой литературы, которая предполагает, что литературные формы остаются неизменными при переходе в другие культуры. Хилл демонстрирует возможность написания глобальной истории романа, которая была бы сосредоточена на его трансформации в процессе перемещения по культурам [Hill 2011]. Он показывает, как плотный повествовательный дискурс в романе Эмиля Золя «Нана» переносится на черты персонажа Нана и как в этом переносе персонаж уплощается, но это уплощение не упрощает персонаж, а скорее открывает возможность сделать фигуру женщины более динамичной. В случае с Чеховым сам жанр короткого рассказа, не обладая сложным повествовательным дискурсом и образами персонажей романа, уже обеспечивает более упрощенный литературный нарратив, который может стать очень подвижным вне своей первоначальной социальной среды. Как мы видим на примере этой истории, основная ситуация и персонаж — сонный работающий ребенок, попавший в повторяющуюся ловушку усталости, — возрождаются в различных социальных контекстах.

Как же понять эти межкультурные движения и связи по отношению к недавним дискуссиям о мировой литературе? Несмотря на блестящие разъяснения систем мировой литературы, теории Франко Моретти и Паскаля Казановы подверглись широкой критике за сохранение в них европоцентристской перспективы [Моретти 2016а: 76–103; Casanova 2004][44]. Теоретизирование Моретти весьма полезно в том смысле, что оно демистифицирует кажущееся здравым представление о самостоятельном появлении литературной формы романа и развитии литературы в западноевропейских странах и подтверждает, что большинство

---

[44] О критике Моретти см. [Kristal 2002: 61–74; Arac 2002: 35–45; Shi Shu-mei 2004: 16–30]. О критике Казановы см. [Sapir 2003: 441–464; Prendergast 2004: 7; Hill 2011].

литератур прошли через процесс компромисса[45]. Применяя социально-экономическую теорию мировых систем Иммануила Валлерстайна, Моретти технически группирует литературы мира, разделяет их на ядро и периферию (и полупериферию) и чересчур упрощает течение и процесс сложных контактов между культурами. Он считает, что это движение происходит почти исключительно от ядра (испанской, французской и английской литератур) к периферии, и классифицирует производство текстов во время этих встреч по трем простым критериям: иностранная форма (иностранный сюжет), местный материал (местные персонажи) и местная форма (местный повествовательный голос). Однако наиболее проблематичным следствием такой схематизации является подтверждение европоцентристской диффузионистской модели и исключение любой возможности отношений и обменов между «полуперифериями».

Та же критика применима и к другому воодушевляющему исследованию мировой литературы — книге Паскаля Казановы "The World Republic of Letters" («Мировая республика литературы»). «Гринвичский меридиан литературы» — термин, который Казанова использует для обозначения относительной самостоятельности литературных сфер и современности, — связан с литературным миром и издательским делом Парижа. В теории Казановы каждый литературный текст конкурирует с другими за место в этой литературной современности и состоит в иерархических отношениях с центром «мировой республики литературы»; это не предполагает наличия других разнообразных отношений, особенно между литературами, существующими вдали от «Гринвичского меридиана литературы».

Дэвид Дамрош в своей книге «Что такое мировая литература?» определяет текст, принадлежащий к мировой литературе, как произведение, которое «активно присутствует в литературной системе, выходящей за рамки исходной культуры», что действительно выглядит как убедительное и разумное объяснение [Damrosch 2003: 4]. Однако его определение недооценивает

---

[45] Подробное обсуждение аргументов Моретти см. во Введении.

влияние, которое геополитический дисбаланс оказывает на перевод и тиражирование (признание) той или иной литературы. Конечно, верно, что многие литературные произведения, написанные на периферийных языках, были переведены на другие языки, что является необходимым процессом для признания частью мировой литературы; однако все еще существует огромный разрыв между, например, количеством корейских переводов английской литературы и количеством английских переводов корейской. Важнее цифр то, что ученые не обсуждали переводы с периферийных языков так же подробно, как переводы с европейских. Как следствие, тексты не «присутствуют активно» в других языках. Таким образом, в действительности произведение, написанное на западных языках, обладающих большими возможностями, таких как английский и французский, имеет гораздо больше шансов на «активное присутствие» за пределами своей оригинальной литературной системы, чем произведение, написанное на «периферийном» языке. Если оставить пока в стороне политическое и экономическое неравенство, которое вмешивается в сферу культуры, то эта неравноправная лингвистическая структура власти становится очевидной, когда мы обращаемся к Нобелевской премии по литературе. Одним из эффектов премии (хотя и не главным) является международное распространение группы литературных произведений и, как следствие, их «активное присутствие» за пределами их оригинальных литературных систем. Но это присутствие едва ли может быть достигнуто литературными произведениями из лингвистических культур, имеющих меньше возможностей, разве что через переводы на английский или другие европейские языки. В то время как ученые, подобно Дамрошу, пытаются устранить исторический дисбаланс в составе мировой литературы, возможно, будет лучше, если мы станем рассматривать мировую литературу не как единое целое, состоящее из определенных произведений, а как совокупность запутанных литературных и культурных связей. Что еще более важно, мы должны видеть «мировую литературу» как сложный режим, который постоянно порождает новые смыслы и значения через эти запутанные литературные и культурные отношения — отношения, чей проблеск можно заметить в путешествиях рассказа Чехова «Спать хочется».

Все три переписывания «Спать хочется», о которых шла речь ранее, в какой-то момент были признаны современниками или более поздними читателями как адаптации чеховской версии. «Вдохновение», «адаптация», «ассоциация», «копирка», «плагиат» — все эти слова использовались для описания отношений между «оригиналом» и последующими версиями [Хён Джингон 2004, 6: 68; New H. R. 1999: 33][46]. «Плагиат» особенно часто использовали для критики Мэнсфилд. Я же хочу не судить, но сосредоточиться на том, что современные читатели этих авторов (в основном интеллектуалы) воспринимали эти три рассказа в условиях интертекстуальности: сочетание элементов чеховского рассказа с существующими социальными дискурсами, а также с предположениями о надлежащей форме и функции литературы по отношению к социальным проблемам создавало уникальные смыслы. В диалоге с чеховским сюжетом три писателя создали персонажей, откликающихся на актуальные социальные проблемы своих обществ, что позволило чеховской героине обогатиться многогранными последующими жизнями. Перевод или адаптация находятся во взаимоотношениях не только с исходным текстом, который они используют, но и с дальнейшими переписываниями, которые уже были и которые еще предстоит создать.

Как показывают путешествия героини Чехова, компромисс и согласование происходят разнонаправленно и опосредованно — не обязательно от центра к периферии и не в одностороннем порядке — и влекут за собой неожиданные комбинации и эффекты. Перспектива, сфокусированная на движениях и процессах, которые приводят к сложным многомерным контактам, может стать альтернативой исследованиям влияния и диффузионистским моделям, которые укрепляют культурные иерархии, созданные в современную эпоху.

---

[46] Г. Х. Тамацукия то сурипи хэддо [Бильярдная и Спать хочется] // Бунко [Библиотека]. 1908. Апр.

Глава 3
Стремление к новой литературе

Создание пролетарской литературы на основе русских произведений XIX века

В начале 1920-х годов, после знакомства с социалистической идеологией и русской революцией во время борьбы за независимость Кореи, в стране и за ее пределами стали возникать корейские социалистические группы. Эти группы объединились и стали основой Коммунистической партии Кореи, созданной в 1925 году[1]. Это политическое движение внесло значительные изменения в литературный ландшафт страны. Манифесты и эссе о пролетарской литературе начали появляться в 1923 году. Первая работа была написана Ким Гиджином (1903–1985) после его возвращения в Корею из Японии с намерением создать пролетарскую литературу и тем самым изменить современный корейский литературный мир.

Чтобы понять этот период в истории корейской литературы, необходимо рассмотреть его контекст. После эпохи Просвещения в первые два десятилетия 1900-х годов и после Движения за независимость 1 марта 1919 года корейские интеллектуалы

---

[1] Из-за пристального внимания Японии Коммунистическая партия в Корее должна была оставаться подпольной. Об истории коммунистического движения в Корее 1920-х годов см. [Suh Dae-Sook 1967: 53–114; Nam Kwon Woo 1974: 1–12, 116–125].

испытывали одновременно надежду и отчаяние. Движение 1 марта дало корейским интеллектуалам уверенность в том, что энергия простого народа может быть направлена на политические достижения, но, когда общенациональное движение было подавлено японским колониальным режимом, они впали в отчаяние. Отражением этого разочарования стало появление в начале 1920-х годов литературных кружков, где были актуальны настроения декаданса и крушения надежд и которые выступали за искусство ради искусства. Но с 1923 года некоторые члены этих кружков начали вставать на путь пролетарской литературы[2]. Ким Гиджин и Пак Ёнхи, члены кружка «Белый прилив» («Пэкчо»), были среди первых (подробнее об этом далее).

Двумя другими значимыми культурными группами были «Ёмгунса» («Общество Искра») и «ПАСКЮЛА», созданные в Корее в 1922 и 1923 годах соответственно. «Ёмгунса» — первая корейская культурная организация, связанная с пролетарской литературой, среди ее основателей были Сон Ён, Ли Чокхе, Ли Хо, Ким Ёнпхаль. Они планировали издать два номера своего журнала «Ёмгун», но их запретили, поэтому предположительное содержание этих номеров неизвестно. «ПАСКЮЛА» (PASKYULA), название которой было составлено из инициалов участников, была организована интеллектуалами разного происхождения, включая некоторых бывших членов группы «Белый прилив» (Пак Ёнхи и Ким Гиджин), поэтов с социалистическими взглядами (Ли Иксан и Ким Соксон) и нескольких членов театрального общества «Тховольхве». В 1925 году эти две группы объединились в КАПФ (аббревиатура от Korea Artista Proletaria Federatio, или Корейская федерация пролетарского искусства)[3]. КАПФ играла центральную роль в развитии пролетарской литературы и пролетарского культурного движения в Корее, пока не была распущена в 1935 го-

---

[2] Подробнее о литературных движениях в Корее после 1919 года см. [Им Хва 1993: 343–370; Пэк Чхоль 1948: 115–184; Квон Ёнмин 1998: 13–20].

[3] Для подробного рассказа о группах «Ёмгунса» и «ПАСКЮЛА» и процессе формирования КАПФ см. [Квон Ёнмин 1998: 21–84].

ду — после ареста большинства ее членов японской полицией в начале 1930-х годов[4].

На фоне меняющегося ландшафта корейской литературы менялась и общая интерпретация русской литературы корейскими интеллектуалами. Модели, характеризующие восприятие русских писателей XIX века и их произведений в Корее, постоянно переосмысливались и перерабатывались в соответствии с изменениями внутри страны. В 1920-е годы в Корее произошла радикализация русской литературы XIX века: стали развиваться социалистические идеи и пролетарская литература. Известные русские писатели, такие как Толстой и Достоевский, были восприняты как социалисты, хоть это и искажало настоящую позицию авторов.

Аналогичным образом, первое появление произведений Ивана Тургенева (1818–1883) в Корее в 1914 году не представляло его в откровенно политическом свете, однако интерпретация его произведений изменилась, когда политически ангажированная литература стала доминировать. Тургенев и некоторые из его вымышленных персонажей из «Накануне», «Отцов и детей» и «Нови» стали интеллектуальными и литературными образцами для подражания в среде корейских пролетарских писателей. Такая присваивающая репрезентация русских писателей ставит два вопроса о Корее 1920-х годов: во-первых, что означали термины «социалистический» и «пролетарский» в то время? И во-вторых, почему русские писатели XIX века присваивались авторами с бо́льшим энтузиазмом, чем советские пролетарские писатели?

В этой главе исследуется место Тургенева в становлении корейской пролетарской литературы и делается вывод о том, что не советские пролетарские писатели, а дореволюционные русские писатели — особенно Тургенев, прототипичный буржуазный писатель, — оказали наибольшее влияние на корейскую проле-

---

[4] Недавно на английском языке вышел ряд исследований, в которых используются различные подходы к корейской пролетарской литературе. О взаимоотношениях литературы, кино и искусства в пролетарском движении см. [Hughes 2012]. О новом взгляде на Корею в японском пролетарском движении см. [Perry 2014]. Рассказ о корейском реализме в контексте колониальной левой культуры см. [Park Sunyoung 2015].

тарскую литературу на ее ранних этапах. Это стало возможным благодаря процессу политически ангажированного присвоения.

Чо Мёнхи, один из самых выдающихся пролетарских писателей Кореи, перевел в 1924 году роман «Накануне» Тургенева, а в 1927 году написал ставший впоследствии влиятельным рассказ «Нактонган» («Река Нактонган»), используя схожих персонажей и структуру сюжета. Публикация Чо своего перевода «Накануне» по частям в одной из газет — это наглядный пример того, что отношения с медиумом публикации могут влиять на переводной текст так же, как и отношения с иностранным языком. Перевод Чо, максимально подчеркивающий положительные и прогрессивные стороны сюжета, предвещает особенности его последующего присвоения того же романа. Именно этот процесс превратил классику русской буржуазной литературы в одно из самых значительных произведений корейской пролетарской литературы.

Исследуя соответствие корейской пролетарской литературы традициям России XIX века и ее литературы — а не советской пролетарской литературы, я переосмысляю международный альянс пролетарской литературы и утверждаю, что писатели колониальной Кореи имели свое специфическое чувство современности и интернациональности, характерное для пролетарской литературы. Например, корейские интеллектуалы, возглавившие движение пролетарской литературы, часто ассоциировали «пролетариат» с колонизированной Кореей и ее народом (или угнетенным народом в целом); в него включалась и сама колонизированная интеллигенция (и даже колонизированный корейский буржуазный класс как потенциальный будущий пролетариат). Их эклектичные, если не сказать ироничные, концепции и представления о пролетариате и пролетарской литературе объясняли, таким образом, распространенность корейской пролетарской литературы, написанной интеллектуалами и об интеллектуалах. Понимание сложности, которую демонстрирует пролетарская литература в колониальной Корее, поможет нам лучше разобраться в устремлениях пролетарских писателей и их художественных воплощениях этих устремлений в различных социокультурных контекстах.

Радикализация русской литературы XIX века

В 1920-е годы корейская интеллигенция использовала образы дореволюционных русских писателей и их произведения для продвижения собственных радикальных социальных идей. Толстой — один из наиболее ярких примеров этого явления, благодаря которому мы можем понять разницу между восприятием писателя в 1910-х и 1920-х годах. Далее я рассказываю о том, как его мысли о труде и искусстве — те, что наиболее часто ассоциировались с ним в конце 1900-х и в 1910-х годах, — были адаптированы и изменены в следующем десятилетии.

Одну из первых попыток переосмыслить идеи Толстого о роли труда — для поддержки социализма (в широком смысле этого слова) — можно найти в бюллетене рабочей организации начала 1920-х. «Чосон нодон конджо хве» («Корейское общество рабочей взаимопомощи») — первое общенациональное объединение, изучавшее проблемы труда, пропагандировавшее рабочее движение и образование рабочих, — было также и одним из первых радикальных пролетарских формирований, использовавших славу Толстого для утверждения собственной легитимности и значимости. Организация была основана в 1920 году (после того как японская колониальная власть сменила военное управление на культурное) и в сентябре того же года начала выпускать свой журнал «Кондже» («Взаимопомощь»). Она возникла благодаря осознанию необходимости улучшения условий жизни рабочего класса, а также возможности рабочих стать центральной силой в борьбе за социальные перемены и национальную независимость[5].

В первый номер журнала «Кондже» вошли две отдельные статьи, знакомящие с мыслями Толстого о труде. В эссе, посвященном открытию организации, глава пхеньянского отделения ассоциации Чон Сеюн прежде всего превозносит святость труда.

---

[5] Подробнее о журнале «Кондже» см. [Квон Хиён 1993: 139–157]. Об истории Корейской ассоциации трудовой взаимопомощи см. [Ли Гёнён 1995: 103–114; Пак Эрим 1992].

Для него миссия организации труда заключалась в том, чтобы «взрастить двадцать миллионов людей неба» (то есть корейцев) и «построить маленький небесный рай». Чон утверждает, что «лишь тот, кто верит в священную религию труда, имеет право войти в этот рай, и лишь тот, кто соответствует добродетельным и прекрасным принципам взаимопомощи (*кондже поммун*), может действовать как один из людей неба»[6]. Используя религиозную терминологию, в том числе буддийский термин *поммун*, дословный перевод которого — «дверь в нирвану», он возводит труд (*нодон*) и взаимопомощь (*кондже*) в ранг абсолютных добродетелей. Свои аргументы он подкрепляет цитатами из двух знаменитых мыслителей — Маркса и Толстого. По мнению Чона, «не случайно господин Маркс предсказывал, что мы сможем достичь мира во всем мире только благодаря искреннему труду, и господин Толстой также выбрал труд как то, что может осуществить требования общественного мира»[7]. Термин «общественный мир» — мир, которого, по мнению Чона, достигают только «искренние труженики», — в некоторой степени может быть использован здесь вместо термина «равенство».

Учитывая круг мыслителей, к которым можно было обратиться, чтобы подчеркнуть важность создания рабочей ассоциации, мы можем спросить: почему именно Толстой? Использование позиции Толстого для подтверждения идей автора статьи о труде и роли рабочих ассоциаций в корейском обществе показывает по крайней мере два интересных аспекта культурного присвоения. Во-первых, ранее созданные в Корее образы Толстого все еще имели большое влияние. Как было показано в первой главе, работы Чхве Намсона о Толстом познакомили Корею с русским писателем. Для представления Чхве выбрал идеи Толстого о труде и повседневную практику физической работы, которой Толстой занимался, невзирая на статус аристократа. Выбор Чхве был

---

[6] Чон Сеюн. Чханган-ыль чхуккам [Поздравление по случаю первого издания] // Кондже [Взаимопомощь]. 1920. № 1. Сент. С. 22.

[7] Чон Сеюн. Чханган-ыль чхуккам [Поздравление по случаю первого издания] // Кондже [Взаимопомощь]. 1920. № 1. Сент. С. 22–23.

направлен на легитимацию его собственного идеала нового типа современного интеллектуала, который будет действовать и работать иначе, чем аристократы-ученые предшествующего времени. Таким образом, в Корее 1910-х годов Толстой больше всего ассоциировался именно с трудом. Чон использовал уже устоявшийся образ Толстого в своих аргументах в пользу значимости трудовой деятельности.

Во-вторых, такое культурное присвоение почти всегда служит социально-политическим целям принимающей культуры. Как показано в первой главе, Чхве Намсон намеренно и открыто исключил многие радикальные социальные идеи Толстого и изменил термин *нодон* (труд) на *нодон ёкчак* — выражение, которое подчеркивает физическое напряжение, необходимое для производства (создания) чего-либо. Чон обращался к образу Толстого, изначально созданному Чхве, однако в его статье в «Кондже» идеи русского писателя приобрели политический оттенок и оказались рядом с мыслями Маркса — и это несмотря на то, что Толстой был противником марксистских идей, считая их основанными на насилии и диктатуре пролетариата.

Повторное использование и изменение в 1920-е годы образа Толстого, созданного Чхве в 1910 году, еще более отчетливо прослеживается во второй статье, написанной Тонвоном (вероятно, под псевдонимом) и опубликованной в том же номере «Кондже». Тонвон использует то же слово, что и Чхве, *ёкчак*, но помещает его в контекст классовой борьбы.

Тонвон начинает свою статью с восхищения величием Толстого. Он представляет Толстого как человека, «озарившего небывалым ранее светом область современной мысли и пользовавшегося величайшей славой культурного критика». Среди произведений Толстого, которые Тонвон читал, он выделяет эссе о социальной добродетели и пороке — оно произвело на него неизгладимое впечатление. В предисловии Толстого путешественник из другого мира впервые попадает на Землю и наблюдает за жизнью людей. Человек спрашивает путешественника, что он думает о жизни на Земле, и путешественник отвечает, что понял одну вещь: человек, который не трудится (*ёкчак*), живет богато, а тот, кто работает без перерыва, не может позволить себе даже одежду. Сославшись на это сочинение, Тонвон приходит к выводу, что «для современной России нормально: кто не работает (*нодон*) — тот не ест»[8]. Таким образом, он использует тот же термин для обозначения физического труда, что и Чхве, но при этом делает его более радикальным, поместив его в обсуждение классового неравенства.

В этой статье есть и другие аналогичные мысли. Например, Тонвон подчеркивает, что «нынешнее рабочее движение должно включать в себя сопротивление рабочих против капитализма и их требование человеческого обращения, которое не низводило бы рабочих до уровня машин»[9]. Примечательно, что он использует не Маркса, а Толстого, чтобы обратить внимание читателя на важность труда и неравенство и, соответственно, на то, к чему стремится рабочее движение в капиталистическом обществе. Возможно, по мнению Тонвона, ссылки на Толстого, хорошо известного корейским интеллектуалам, были более убедительны, чем ссылки на Маркса — относительно новое имя в Корее 1920 года. Корейские интеллектуалы в публикации использовали идеи Толстого о труде, которые в 1910-х годах были представлены Чхве как довольно аполитичные, а в 1920 году стали связываться с социализмом и левым рабочим движением.

Второй выпуск «Кондже» был более радикальным и призывал к необходимости включения социализма в рабочее движение, при этом социализм и исторический материализм были взаимозаменяемы. В статье «Социалистическое исследование рабочего движения» Ю Чинхи утверждает, что целью рабочего движения является не только удовлетворение материальных потребностей трудящихся, но и, что более важно, «освобождение трудящихся» от эксплуатации буржуазией и «восстановление прав человека»[10].

---

[8] Тонвон. Нодон-ыль чоджу ханын кунмин-эге [Людям, проклинающим труд] // Кондже. 1920. № 1. Сентябрь. С. 108–110.

[9] Там же. С. 109.

[10] Ю Чинхи. Нодон ундон-ый сахведжуый-джок кочхаль [Социалистическое исследование рабочего движения] // Кондже. 1920. № 2. Окт. С. 11.

Он также подчеркивает, что рабочее движение должно активизироваться и «стремиться к революции в производстве, которая даст каждому равные права на средства производства»[11]. Главный аргумент Ю заключается в том, что необходимо «объединить социализм [т. е. исторический материализм] с рабочим движением, что сделает классовую борьбу пролетариата (*мусанджа*) максимально эффективной»[12]. Ю не использует Толстого для подтверждения своего аргумента, но упоминает его наряду с Достоевским, Кропоткиным и Ролланом как пионеров социализма[13]. Так Толстой становится одним из русских писателей, используемых в рассуждениях о важности социализма.

В 1920-е годы была радикализована, помимо концепции труда Толстого, и его литературная теория. В 1910-х годах Ли Гвансу впервые в Корее представил и использовал теорию искусства Толстого для создания собственной теории литературы. Как было показано в первой главе, Ли успешно манипулировал теорией эмоций Толстого: у русского писателя она служила для осознания истинного христианства, а у Ли стала основой национальной литературы. При этом Ли проигнорировал основную идею Толстого об искусстве истинного христианства, которое опровергает патриотизм. Отличались и представления Ли о том, что должно быть предметом изучения: если Толстой, когда создавал свою теорию искусства, стремился описать жизнь крестьян, их мудрость и красоту, то у Ли образцовые деятели литературы — это образованные люди из высшего класса. Он объясняет: «...если мы хотим взять, к примеру, тему любви, то надо писать о любви высокородных людей; точнее, выбрать образованных среди высокородных, а среди этих образованных — талантливых и привлекательных, и вот на их-то запретной любви и сконцентрироваться» [Ли Гвансу 1977, 1: 549]. Идею Толстого о «заражении» (искусство заражает человека чужими чувствами и тем самым объединяет людей) Ли умело использует для своих национали-

---

[11] Там же. С. 13.
[12] Там же. С. 15.
[13] Там же. С. 19.

стических воззрений, не делая особых ссылок на простой народ как центральную силу культуры. Однако в 1920-е годы интерпретация теории искусства Толстого начала пропитываться популистскими и социалистическими идеями.

В статье «Теория искусства Толстого», опубликованной в радикальном и хорошо известном в Корее 1920-х годов журнале «Кэбёк» («Созидание»), Ким Юбан обобщает аргументы, высказанные Толстым в эссе «Что такое искусство?». Как сообщает Ким в предисловии к статье, он знает, что идеи Толстого противоречивы и что некоторые теоретики искусства критикуют писателя за его неприемлемое отношение к «искусству ради искусства». Ким пишет, что его цель — не разрешить спор, хотя он считает, что «было бы важно представить популистскую теорию искусства Толстого (*минджун-джуый*) корейским читателям, которые скоро смогут вдохнуть свежий воздух демократии (*минбон-джуый*)»[14], а также «корейскому обществу, где вот-вот должно появиться понятие народа (*минджун*)»[15]. Последующее вступление Кима во многом похоже на вступление Ли. Но фразы, которые он использует, такие как «*минджун-джуый*», «*минбон-джуый*» и «*минджун*», определяют Толстого как популиста и связывают это определение с призывом к корейским интеллектуалам — обратить внимание на простых людей как движущую силу социальных перемен после общенационального освободительного движения 1919 года.

Более интригующее использование теории искусства Толстого можно найти в статье 1928 года пролетарского писателя Пак Ёнхи. Он рассматривает связь между теорией искусства Толстого и корейской пролетарской литературой в «Разделе IV. Заражение эмоциями» и «Разделе V. Происхождение искусства»:

> Для одних искусство выражает мысли (*сасан*), для других — эмоции (*камджон*). Точнее, если одни утверждают, что искусство *структурирует (чоджик ханын)* мысли масс (*тэ-*

---

[14] Ким Юбан. Толсытои-ый есульгван [Мысли Толстого об искусстве] // Кэбёк [Создание]. 1921. № 9. Март. С. 123.

[15] Там же. С. 131.

джун), то другие — что искусство *заражает массы* [чужими] *эмоциями* и организует (*чоджик ханын*) их эмоции. В своей теории искусства Толстой объясняет, что искусство — это средство для эмоционального заражения людей, и в подлинном смысле его определение искусства применимо и к пролетарской литературе [Пак Ёнхи 1997, 3: 316] (выделено в оригинале).

Вроде бы все верно в прочтении Толстого Паком, однако есть два существенных искажения. Первое — это использование слова «массы». Когда Толстой объясняет, что люди способны заражаться чужими эмоциями и что искусство передает эмоции, объединяя людей, он имеет в виду объединение всего человечества. Если Ли Гвансу превращает это в национализм, делая акцент на элитарном национализме, то у Пака термин «человечество» становится «массами». Второе — фраза «организует их эмоции». Идея Пака об искусстве, организующем эмоции людей, полностью отличается от идеи Толстого о том, что искусство объединяет людей, передавая эмоции и заражая людей чужими эмоциями.

Пак продолжает обсуждать эмоции в следующем разделе своего эссе:

> Можно сказать, что эмоциональное заражение искусства организует эмоции людей (*камджон*) с помощью одинаковой системы (*тонъильхан чхеге*). Когда мы слушаем музыку, выражение человеком своих чувств делает чувства (*кибун*) и эмоции (*чонсо*) всех людей одинаковыми. Таким образом, искусство структурирует [эмоции людей] в общую систему. <...> Систематическая организация эмоций [людей] может в конечном итоге формировать одинаково [их] мысли [Там же: 317].

Систематическое структурирование человеческих эмоций не похоже на то, за что выступает Толстой в своем эссе об искусстве. В частности, последнее предложение только что процитированного отрывка, где говорится, что организация эмоций в конечном итоге приводит к одинаковому формированию мыслей, выходит за рамки теории искусства Толстого и показывает чаяния самого

Пака. Пак использует такие выражения, как «одинаковые эмоции» и «одинаковые мысли», и, предположительно, это слово — «одинаковый» — означает не стандартизацию (однообразие), а эмпатию, коллективность или общность. Для Пака одинаковые эмоции и мысли, видимо, относятся к коллективу пролетариата или угнетенных.

Если случай с Толстым показывает нам сильную разницу между восприятием русской литературы корейской интеллигенцией в 1910–1920-х годах, то в ситуации с Иваном Тургеневым можно увидеть, как корейские пролетарские писатели использовали дореволюционного писателя в качестве образца для себя и своих героев в Корее 1920-х годов. Прежде чем исследовать присвоение Тургенева корейскими пролетарскими писателями, рассмотрим особенности рецепции русского писателя в Японии и Корее, а также популярность романа «Накануне» в Корее[16].

Тургенев в Японии и Корее

Произведения Тургенева привлекали японских писателей не потому, что казались знакомыми, а из-за литературной новизны или политической составляющей. Политические темы, которых касалась русская литература, с самого начала служили одной из причин возникшей в конце 1870-х годов рецепции русских писателей в Японии — это хорошо видно на примере произведений Тургенева[17]. Знакомство с романом «Отцы и дети» произошло благодаря газете «Тёя синбун» в 1879 году. И. А. Гончарова, автора «Обломова», знали в Японии с 1853 года — он тогда прибыл в Японию в качестве секретаря адмирала Е. В. Путятина; однако именно Тургенев первым привлек внимание японских интеллектуалов. Тургенев был представлен как писатель, который ввел

---

[16] Всестороннее исследование жизни Тургенева и его произведений см. [Freeborn 1963; Seeley 1991; Moser 1972].

[17] Другой большой всплеск интереса японских писателей к русской литературе был вызван антивоенными настроениями Толстого во время Русско-японской войны, о чем говорилось в первой главе.

понятия «нигилист» и «нигилизм» в «Отцах и детях»; считалось, что эти определения в романе были детально проанализированы[18].

Первым произведением Тургенева, над которым работал Фтабатэй Симэй, стал роман «Отцы и дети», хотя обычно считается, что первоначально был рассказ «Айбики» Фтабатэя — перевод одной главы рассказа «Свидание» из цикла «Записки охотника». Фтабатэй начал работать над «Отцами и детьми» в 1886 году, дав книге рабочее название «Форма и дух народного нигилизма», но перевод не был закончен и опубликован [Nobori, Akamatsu 1981: 22]. Приведенное название показывает, насколько важное значение придавали нигилизму японские литераторы. В то время в Японии активно развивалось движение за свободу и народные права, именно поэтому многие японские интеллектуалы изучали деятельность нигилистов. После 1882 года было опубликовано множество книг по нигилизму, и есть вероятность, что ранняя попытка Фтабатэя перевести «Отцов и детей» была связана именно с этим [Фукуда и др. 1976, 3: 47–48].

Следующим значительным событием в японской рецепции Тургенева стал перевод «Свидания», сделанный Фтабатэем Симэем в 1888 году. Влияние этого рассказа на японских писателей выражается в трех направлениях. Во-первых, новый стиль письма в переводе Фтабатэя, *гэнбун-итти*, — одно из важнейших событий в истории японской литературы[19]. Во-вторых, Тургенев

---

[18] Нобори, "Russian Literature and Japanese Literature" («Русская литература и японская литература») в [Nobori, Akamatsu 1981: 21, 34–42]; Ясуда Ясуо «Цуругенефу» («Тургенев») в [Фукуда и др. 1976, 3: 47].

[19] Фтабатэй использовал письменный стиль, выработанный им при переводе русских произведений, когда писал собственный роман «Укигумо» на японском. Хироко Кокерилл исследует переводы Фтабатэя Тургенева и Гоголя, чтобы показать, как в «Укигумо» проявляется заимствование новых окончаний глаголов и других элементов повествовательного стиля из русского языка. Аргументы Кокерилл подробны и необычны, но ее предположения о переводе и принимающих культурах нуждаются в проверке. Она полагает, что литературное произведение, сохраняющее последовательное повествование, превосходит другие, тем самым поддерживая телеологическую перспективу: русская литература — это идеальная модель, которой Фтабатэй должен был следовать. Кокерилл утверждает, что в произведении «боролись

изменил взгляды японских авторов на описание природы[20]. Наконец, на некоторых писателей повлиял и сам рассказ Тургенева, позже они использовали его в своих художественных произведениях [Там же: 53–54]. В этой истории японских писателей

противоречащие друг другу влияния гоголевского [повествование от третьего лица] и тургеневского [повествование от первого лица] стиля», и считает, что Фтабатэй оставил произведение незаконченным, так как не смог разрешить этот конфликт. Далее она пишет, что «переход от одного рассказчика к другому привел к непоследовательности точки зрения в повествовании, и роман вышел несовершенным. Если бы он оставил синхронную точку зрения рассказчика, как в рассказе "Сёдзога" [гоголевский «Портрет»], первый современный роман Японии сохранил бы единую точку зрения повествования». Утверждая, что произведения Фтабатэя «несовершенны» по сравнению с произведениями Гоголя, Кокерилл занимает западноцентричную позицию, но такая позиция неприемлема для исследователя, занимающегося компаративистикой [Cockerill 2003: 237].
Также Ким Оком был выполнен перевод «Свидания» на корейский и опубликован в «Тхэсо муне синбо». См.: Ким Ок. Мильхве [Свидание] // Тхэсо муне синбо [Новости западной литературы]. 1919. № 15. 1 фев.; № 16. 17 фев. С. 1–2. Ким Пёнчхоль утверждает, что Ким Ок, вероятно, перевел «Свидание» Тургенева с первого перевода Фтабатэя Симэя, и приводит несколько примеров из этих двух текстов, чтобы доказать их сходство [Ким Пёнчхоль 1998b: 390–391]. Если это так, то корейский перевод «Свидания» Ким Ока (1918) демонстрирует интересное использование глагольных окончаний по сравнению с Фтабатэем. Согласно Кокерилл, Фтабатэй использовал «глаголы формы -*та*... только в диалоге для обозначения прошедшего времени в окружающем повествовании, в то время как прошедшее время окружающего повествования обычно выражалось с помощью классических вспомогательных глаголов -*кэри* и -*ки*» [Cockerill 2003: 231]. Ким Ок для перевода использовал глагольное окончание -*хаптида* как указание на прошедшее время в повествовании, хотя оно обычно используется только в диалогах, при этом в других текстах и переводах из этой же газеты он использовал глагольные окончания -*ханда* и -*хэтта*. В случае с корейским языком, однако, -*хаптида* Ким Ока для перевода -*та* Фтабатэя (что соответствует формам прошедшего совершенного/несовершенного времени в русском языке) более ярко раскрывает существование посредника в переложении истории. Этот пример демонстрирует тот факт, что косвенный перевод иногда может привести к совершенно иному стилю повествования, нежели в исходном тексте.

[20] Роль перевода тургеневского «Свидания» Фтабатэем стала значимой не только из-за нового стиля письма, но и из-за его влияния на восприятие природы японскими писателями. Подробнее см. [Futabatei 1967: 118].

главным образом привлекали литературные аспекты рассказа и его перевода — в отличие от нигилизма, представленного в «Отцах и детях» десятилетием ранее. Книга «Записки охотника» также вдохновила японских интеллектуалов благодаря той роли, которую она сыграла в отмене крепостного права в России.

Если первое знакомство Японии с творчеством Тургенева было связано с политическими вопросами, то в 1910-х годах корейской интеллигенции он стал известен благодаря стихотворениям в прозе, переводы которых были опубликованы в Японии в 1901–1902 годах Уэда Бином и стали популярны в Корее в конце 1910-х[21]. Впервые на корейском языке произведения Тургенева опубликованы в литературном журнале «Чхончхун» («Молодость») в октябре 1914 года[22]. Ким Ок, корейский поэт и критик, перевел несколько стихотворений Тургенева в прозе для литературного журнала «Тхэсо муне синбо» («Журнал западной литературы»), впервые появившегося в октябре 1918 года[23]. Стихотворения в прозе в основном описывают зрелые идеи и размышления позднего Тургенева о повседневной жизни и, в отличие от его романов, не содержат откровенно политических идей. Форма стихотворений в прозе Тургенева вдохновила корейских писателей, искавших новые свободные стилистические

---

[21] Для «Ми во цукуси» («Разрушение жизни») (Токио: Бунъюкан, 1901) Уэдой были переведены 10 стихотворений в прозе Тургенева: «Деревня», «Разговор», «Молитва», «Старуха», «Собака», «Соперник», «Нищий», «Довольный человек», «Житейское правило» и «Мы еще повоюем». В следующем году им были переведены и опубликованы в «Мёдзё» («Венера»), № 2 (август 1902 года) еще три произведения: «Монах», «Завтра, завтра» и «Русский язык». Эти названия составили репертуар переводов стихотворений в прозе Тургенева на корейский язык.

[22] Переводчик стихотворения «Муногу» («Порог») неизвестен, но, вероятно, им был Чхве Намсон, поскольку он издавал журнал «Чхончхун» и был одним из его главных авторов. См.: Муногу («Порог») // Чхончхун. 1914. № 1. Окт. С. 120–121.

[23] Ким Ок. Мёнъиль? Мёнъиль? [Завтра, завтра]; Муот-ыль нэга сэнгак хагэнна [Что я буду думать?] // Тхэсо муне синбо. 1918. № 4. 26 окт. С. 4; Кэ [Собака]; Поронбэнъи [Нищий] // Тхэсо муне синбо. 1918. № 5. 2 нояб. С. 9; Ныльгыни [Старуха]; Н. Н. // Тхэсо муне синбо. 1918. № 7. 16 нояб. С. 6.

конструкции, отличные от традиционных²⁴. Стихотворения Тургенева пользовались такой популярностью, что одни и те же работы переводились и переиздавались в разных журналах, а также публиковались новые переводы. Так продолжалось до начала 1930-х годов²⁵. Но в 1920-е годы в Корее романы Тургенева стали считать радикальными, а к произведениям «Накануне», «Отцы и дети» и «Новь» часто обращались корейские пролетарские литераторы.

Между Японией и Кореей есть сходства и различия в вопросе рецепции произведений Тургенева. Одно из заметных различий заключается в том, что корейские интеллектуалы часто упоминали роман «Накануне», в то время как в Японии особой популярности он не снискал. Роман «Рудин», впервые переведенный на японский язык Фтабатэем Симэем в 1897 году, был, вероятно, тем произведением Тургенева, которое наиболее часто присваивалось японскими писателями. Например, Нобори Сёму, выпускник Православной духовной семинарии, известный переводчик и исследователь русской литературы, в своей работе о значимости русской литературы в Японии совсем не затрагивает «Накануне», в то время как «Рудину» посвящен целый раздел²⁶.

Однако «Накануне» было одним из самых читаемых и обсуждаемых произведений в колониальной Корее. Ли Хёсок вспоминает, что в его школьном общежитии не было почти никого, кто не знал бы сюжета «Накануне», не читал или не слышал о романе [Ли Хёсок 1990, 7: 157]. Чан Ёнхва, корейская *кисэн*

---

²⁴ О связи между стихотворениями в прозе Тургенева и корейскими поэтами, в частности Ким Оком, см. [Мун Согу 1994: 115–138; Чо Ёнхун 1990: 291–338].

²⁵ Адаптации и переводы стихотворений Тургенева в прозе выходили непрерывно вплоть до 1939 года. Юн Дончжу, известный корейский поэт, активно участвовавший в движении за независимость и умерший в тюрьме, написал стихотворение «Тургеневский холм» — переложение тургеневского стихотворения в прозе «Нищий». Юн Донджу, «Турыгенебы-ый ондок» («Тургеневский холм») в [Юн Донджу 2004: 100].

²⁶ О влиянии романа «Рудин» на Огури Фуё (1875–1926) см. [Nobori, Akamatsu 1981: 29–30; Levy 2006: 9]. Об отношениях между фтабатэевским переводом «Рудина» и Куникидой Доппо см. [Фукуда и др. 1976, 3: 62–66].

(артистка развлекательного жанра), также вспоминает, что ее очень тронула эта история, когда в шестнадцать лет она услышала о нем в классе[27].

Невозможно однозначно объяснить, почему то или иное иностранное литературное произведение вызывает симпатию у определенной группы читателей. Однако если вспомнить главных героев «Накануне» — революционера, борющегося за национальное освобождение, и героиню, отказавшуюся от комфортной жизни в России, чтобы поддержать дело своего мужа, — легко представить, почему колониальная корейская интеллигенция была особенно увлечена этой историей. Роман «Накануне» Тургенева появился в «Русском вестнике» в 1860 году. Елена, героиня романа, влюбляется в Инсарова, молодого болгарского революционера. Она видит его целеустремленность и решительность, которых, по ее мнению, не хватает современным молодым людям в России. В конце концов, вопреки воле родителей, она выходит замуж за Инсарова и планирует сопровождать его в Болгарию, чтобы поддержать революцию и освободить страну от власти Османской империи. Однако он умирает в Венеции от болезни, а Елена решает продолжить дело мужа[28].

В Японии первый перевод романа Тургенева «Накануне» выходил частями в журнале «Ямато нисики» («Японский шелк») с несколькими иллюстрациями в июне 1889 года, через год после публикации перевода «Свидания» Фтабатэя [Кавато, Сакакибара 1997: 358]. Второй и полный перевод был выполнен Сомой Гёфу (1883–1950), японским поэтом и критиком. В 1907–1908 годах он издал несколько глав «Накануне», а в 1908 году перевел и опубликовал всю книгу [Тургенев 1908][29]. Данный перевод был

---

[27] Чан Ёнхва. Мунхак кисэн-ый кобэк [Признание артистки] // Самчхолли [Вся Корейская земля]. 1934. № 5. Май. С. 140–142.

[28] У Елены и Инсарова были прототипы в реальной жизни. В 1854 году сосед Тургенева, помещик В. В. Каратеев, подарил Тургеневу рукопись, содержащую рассказ о девушке, которую он любил. Она же предпочла ему болгарского студента и уехала с ним в Болгарию, где тот вскоре умер [Seeley 1991: 200].

[29] Список переводов разделов и информацию об их публикации см. [Кавато, Сакакибара 1997: 351–352].

опубликован, когда произведения Тургенева была на пике популярности. Это было еще до открытия русского отделения в Университете Васэда, хотя Симамура Хогэцу (1871–1918), японский критик и антрепренер, который в 1914 году адаптировал «Воскресение» Толстого и написал пьесу, имевшую огромный успех, читал лекции по русской литературе в Васэда, а студенты английского отделения писали дипломные работы о Тургеневе. Именно в такой атмосфере Сома Гёфу окончил Васеда и перевел «Накануне» [Фукуда и др. 1976, 3: 75]. До 1945 года появилось еще два перевода [Тургенев 1918; Тургенев 1921].

Помимо этих переводов в 1915 году (благодаря невероятному успеху постановки «Воскресения» Толстого в 1914 году) была сделана театральная адаптация романа Тургенева [Фукуда и др. 1976, 3: 77]. Пьеса написана Кусуямой Масао, который помогал Соме Гёфу переводить «Накануне», и была представлена в рамках пятого представления Токийского художественного театра (Гэйдзюцудза) в Императорском театре (Тэйкоку гэкидзё) в 1915 году. Однако до успеха «Воскресения» ей было далеко. Впрочем, пьеса «Накануне» впоследствии стала источником корейского перевода Хён Чхоля в 1920 году.

В Корее в колониальный период было создано три перевода «Накануне», в том числе адаптация и краткий перевод. Содержание романа впервые представлено в адаптации Хён Чхоля для театрального представления в 1920 году. Затем был относительно полный и правильный перевод Чо Мёнхи в 1924 году. В 1929 году Ли Тхэджун сделал третий — перевод краткого содержания.

В предисловии к своей работе Хён кратко и в общих чертах объясняет, почему он выбрал именно «Накануне»[30]. Он также подчеркивает актуальность персонажей: болгарский герой-революционер и русская женщина, решившая пойти по революционному пути. Он сочувствует этим двум персонажам и описывает героиню Елену как «зачинательницу нового революционного

---

[30] Хён Чхоль. Какпон кёга омак: мундан хынхэн-ый кымхам [Пятиактная пьеса «Накануне» — несанкционированные представления запрещены] // Кэбёк [Созидание]. 1920. № 1. Июнь. С. 152.

и активного женского типажа в России 1850-х годов». Хотя предисловие написано так, будто это собственные слова Хёна, описание Елены взято из предисловия Кусуямы Масао [Кусуяма 1915: предисловие, 1].

Адаптация Кусуямы сокращает саму историю, он убирает начало романа (где Инсаров и Елена еще не встретились) и совмещает некоторые сцены. Не объясняется, почему или как заболел Инсаров. Одно из наиболее ярких изменений — описание Елены как более активной и политически вовлеченной женщины. В романе Тургенева Елена глубоко тронута решительностью, честностью и патриотическими идеями Инсарова, но не выражает желания присоединиться к движению за независимость до самой смерти героя. В адаптации Кусуямы, однако, Елена еще в самом начале выражает желание отправиться в Болгарию, чтобы присоединиться к революции. В первом акте она говорит об Инсарове с Берсеневым, одним из друзей Инсарова: «Я хочу поехать в Болгарию. В этой стране все люди (*кокумин*) стремятся к свободе и жаждут отомстить [за гнет Турции]. Я хочу поехать туда и работать, развевая знамя революции вместе с этими людьми» [Там же: 40]. Как и следовало ожидать от Хёна, осведомленного об авторских правах, он делает дословный и точный перевод с адаптации Кусуямы. Этот буквальный перевод японской версии означал, что в первом корейском издании «Накануне» Елена предстала более сильной и решительной, чем Елена в оригинальном романе Тургенева.

Вторым корейским переводом «Накануне» является полный перевод Чо Мёнхи 1924 года, подробно рассмотренный далее в этой главе. Третий — перевод краткого содержания, выполненный Ли Тхэджуном в 1929 году, представляет собой нечто похожее на переписанный рассказ, включающий фрагменты речи персонажей и описания рассказчика[31]. В работе Ли весь роман уместился на восьми страницах, включая небольшое предисловие. В предисловии указаны цели перевода. Поскольку

---

[31] Ли Тхэджун. Кы чоннналь пам [Накануне] // Хаксэн [Студент]. Т. 1. 1929. № 5. С. 78–85.

Ли считает «Накануне» историей «о чистой юношеской любви, открытой преданности и мужестве», он подчеркивает, что будет «писать в романе только о прекрасной дружбе и настоящей любви»[32]. В колониальный период Ли держался в стороне от пролетарской или социально активной литературы и утверждал, что его внимание сосредоточено на передаче общечеловеческих проблем, а не на политических элементах, которые содержит «Накануне» Тургенева. Но поскольку он фокусируется только на трех персонажах — Инсарове, Елене и Берсеневе, которые являются наиболее значимыми, искренними и открытыми, — то исключает консервативных родителей Елены и, казалось бы, аполитичного Шубина. В результате краткое содержание подчеркивает патриотизм, страсть и решимость Инсарова добиться независимости своей страны, а также веру и целеустремленность Елены.

Герой Инсаров и героиня Елена стали олицетворением революционной борьбы и товарищеской любви, а их имена и образы часто появлялись в эссе и литературных произведениях корейских писателей. Первый пример принадлежит корейскому писателю, который прочитал «Накануне» как трогательную историю любви. Так интерпретировали содержание корейская артистка, о которой говорилось ранее, и ее одноклассники. Неоконченная повесть Хён Джингона «Чисэ-нын ангэ» («Туман на рассвете»), опубликованная частями в 1923 году, рассказывает о молодом человеке и его любви. Во второй главе главный герой Чхансоп (который учился в Японии, а затем вернулся в Корею и устроился на работу в корейское периодическое издание) беседует со своей кузиной и двумя ее подругами о постановке тургеневской пьесы «Накануне» в Корее. Когда три девушки просят Чхансопа поведать им историю, он страстным голосом пересказывает весь роман. Чхансоп интерпретирует роман как печальную, мелодраматическую историю любви, но поскольку он молод и сам переживает муки сердца, то идеализирует свободный выбор Елены и ее самопожертвование. Он отождествляет себя с Инсаровым,

---

[32] Там же. С. 78.

ищет во сне свою Елену, хотя не участвует в политическом сопротивлении [Хён Джингон 2004: 52–55].

В романе Ём Сансопа «Саран-ква чве» («Любовь и грех»), написанном в 1927 году, также использованы черты главных героев романа «Накануне». В книге «Любовь и грех» переплетаются несколько сюжетных линий, присутствуют темы любви и конфликта между молодыми людьми, рассказывается об уловках мужчины, пытающегося овладеть одной из героинь, а также о тайном сопротивлением колониальному режиму. Есть там и элементы детектива, связанные с убийством. В середине повествования главные герои — юрист Ким Хоён, художник Ли Хэчхун и медсестра Чи Сунён — поднимают тему революционной России и начинают сравнивать себя с героями «Накануне»:

> Ничего не ответив, Сунён [медсестра] собралась уходить со стаканом воды, застенчиво наблюдая за выражением лица Хэчхуна [художника].
> — У вас ночное дежурство?
> — Да, — подтвердила Сунён и вышла.
> — Уже стемнело? Пора идти! Говоря о таких вещах, мы похожи на героев русских романов! — Хэчхун засмеялся, поднимаясь. Солнечный свет еще немного пробивался, но электрические лампы уже были зажжены.
> — Вы сравниваете нас с персонажами «Накануне» Тургенева, не так ли? — спросил Хоён [юрист], также смеясь.
> — Возможно, если представить, что вы — Инсаров, а Сунён — Елена, это будет история, достойная романа, — сказал Хэчхун, беря шляпу [Ём Сансоп 1987: 60].

«Любовь и грех» имеет сходство с «Накануне» в отношении занятий героев и некоторых эпизодов, связанных с ними. Хоён — юрист, а Инсаров среди прочего изучал в России право. Прояпонский корейский виконт Хэчхун — художник, как и аполитичный аристократ Шубин. Наконец, Сунён — медсестра, а Елена после смерти Инсарова становится медсестрой, помогающей болгарским революционерам. Юрист Хоён — центральная фигура тайной организации сопротивления и поэтому сдерживает свою любовь к Сунён. Инсаров также является лидером группы сопротивления, борющейся за независимость Болгарии, и подавляет свои чувства к Елене, поскольку ему необходимо сосредоточиться на долге перед угнетенной страной. Но в отличие от «Накануне», где Инсаров и Елена женятся, несмотря на все препятствия, Хоён заставляет Сунён тайно бежать с Хэчхуном, когда его самого арестовывают.

И последний пример: персонаж Инсарова превращается в группу корейских героев, прозванных «Инсаровыми» в стихотворении Син Сокчона «Пан» («Комната»), написанном в поздний период колонизации:

> Одной зимней ночью снег валил хлопьями,
> Надежда, что наступят новые времена,
> Надежда, что наступят новые времена,
> Опустевшая надежда, краснее, чем сама камелия,
> Цветущая у жаровни, обхваченной *Инсаровыми (Инсаропхы-дыль)*,
> Подавляя порыв сдерживаемого гнева [Син Сокчон 1947: 28–29] (выделение в оригинале).

В этом стихотворении нет подробного объяснения, что означают новые времена и кто те люди, которые мечтают об «опустевшей надежде». Однако одно слово дает читателю фоновые знания для интерпретации ситуации, описанной в стихотворении: «Инсаров» привносит в это короткое стихотворение опыт болгарского героя — то есть потерю суверенитета страны, гнет имперской власти, муки и смерть его родителей и его подготовку в изгнании к революции и обретению страной независимости. Это показывает, как конкретный герой из русского романа стал образом колониального корейского интеллектуала в Корее 1930-х годов.

Тургенев и корейская пролетарская литература

На позднем этапе корейское пролетарское литературное движение попало под влияние Коммунистического интернационала (Коминтерна), однако в 1920-е годы его отличали гибкость и терпимость (особенно во второй половине этого десятилетия). Когда появилась пролетарская литература, в ней смешались различные идеи и течения, включая французское движение Кларте (о нем речь пойдет далее), русский популизм (движение народников), нигилизм и двусмысленный неоидеализм (его использовал Пак Ёнхи). Термин «пролетариат» отсылал к широкому кругу простых граждан Кореи и часто учитывал интеллигенцию. В целом он охватывал весь корейский народ, включая буржуазию.

Понятие «пролетариат» в 1920-х годах имело широкое значение, и диапазон пролетарской литературы в Корее мог охватить ангажированные сочинения, даже если в них отсутствовала четкая социалистическая идеология, концепция солидарности рабочих или классовой идентичности. Пролетарская литература в Корее включала не только литературные произведения, написанные о рабочих и рабочими, но также сочинения об интеллигенции и написанные ею. Эта открытость была одним из условий рецепции произведений русской буржуазной литературы как направления социалистической литературы. Дореволюционная русская литература, нацеленная на социальные перемены, возможно, была более привлекательна для корейской интеллигенции, чем большевистская, например, исторический роман Федора Гладкова «Цемент» 1925 года, описывающий процесс послереволюционного восстановления.

Интеллектуальной темой пролетарская литература впервые стала в Корее не через представление реальных литературных произведений, а как обсуждение того, какой эта новая разновидность литературы может быть в ближайшем будущем. Первый прогноз, посвященный корейской пролетарской литературе, появился в январе 1923 года в эссе Пак Чонхвы, где он дает обзор литературного мира Кореи предыдущего года:

> Есть еще одна вещь, которую следует помнить, говоря о прошедшем годе. На поверхности ничего не обсуждалось, но на самом дне в Корее начало прорастать зерно противостояния буржуазной и пролетарской литературы. Классовая

борьба между рабочими и капиталистами не ограничилась социальным движением, а распространилась на сферу теорий ценностей и место литературы, и таким образом завертелась в литературных кругах мира. Когда мы смотрим на японскую литературную сцену, она находится в центре острой борьбы между буржуазной и пролетарской литературой. Этот вихрь не обойдет стороной и наш литературный мир. Это одно из тех явлений, которые появятся в Корее в ближайшем будущем[33].

Если не упоминать конкретные произведения, то «зерном», которое имел в виду Пак Чонхва, мог быть растущий интерес корейских писателей к новому типу литературы, с которым они столкнулись во время пребывания в Японии. Пак описывает пролетарскую литературу так, будто она уже заняла в японском литературном мире место, достаточное для соперничества с буржуазной. На самом деле термин «пролетарская литература» появился в Японии только в 1922 году, так что Пак, возможно, преувеличивал значение нового направления — просто для того, чтобы вызвать интерес к нему в Корее [Shea 1964: preface, i].

Именно Ким Гиджин (1903–1985) в 1923 году сделал один из первых шагов к созданию политически ангажированной литературы в Корее. В течение трех лет он учился на английском факультете в японском Университете Риккё, а в 1923 году вернулся в Корею. Позже он вспоминал, что являлся сторонником «искусства ради искусства» и до начала 1922 года был погружен в неоромантизм и французский символизм. Но осенью 1922 года он заинтересовался социалистическими идеями [Ким Гиджин 1988, 2: 189]. По признанию Ким Гиджина, идеи, изложенные в японском журнале «Сеятель» (яп. «Танэ маку хито»; кор. «Сси ппуринын сарам-дыль») оказали глубокое влияние на изменение курса: «В Японии был журнал "Сеятель". Это был небольшой журнал общего характера. Мне нравилось его название. И я захотел стать одним из сеятелей» [Там же: 99]. Ким был глубоко впечатлен

---

[33] Пак Чонхва. Мундан-ый иль-нён-ыль чхуокхая [Вспоминая год в литературном мире] // Кэбёк. 1923. № 31. С. 5.

творчеством Анри Барбюса, представленным в «Сеятеле», позже познакомил Корею с идеями Барбюса.

«Сеятель» был краеугольным камнем пролетарской литературы в Японии. Находясь во Франции в 1919 году, Комаки Оми, основатель журнала, участвовал в движении Кларте, организованном французским романистом Анри Барбюсом и другими интеллектуалами. Движение Кларте получило свое название от романа Барбюса «Кларте» ("Clarté")[34], обличающего зло войны и империализм. Это было международное движение, которое выступало за отмену классовой дискриминации и против войны, а также поддерживало пролетарскую революцию в Советской России. Комаки основал «Сеятель», чтобы развивать движение Кларте в Японии. Журнал начинался как интеллектуальный и был нацелен скорее на идеологическое движение, нежели на роль площадки для пролетарской литературы как таковой. «Сеятель» тем не менее стал частью литературного процесса, проникнутого классовым сознанием, и играл центральную роль в японском пролетарском литературном движении. В 1923 году журнал был закрыт из-за политического давления[35].

Письмо Кима от 1922 года, отправленное из Токио его школьному другу и участнику группы «Белый прилив» Пак Ёнхи, показывает, как к этому времени его интерес сместился с искусства как такового на социальную роль литературы и писателя:

> Человеческие существа, мир, познание, народ (*минджок*), поэзия и искусство — вот то, что занимает мои мысли в данный момент. [Человеческие существа] блуждают в поисках истины. Человеческие существа всю жизнь блуждают в поисках истины. Но больше всего меня приводит в смятение «Чосон» (Корея). В последнее время, когда я произношу про себя это слово «Чосон», на глаза наворачиваются слезы. Я не знаю, как понять, что со мной происходит. Но вопрос «Что нам делать?» не покинет нас до тех пор, пока длится история. «Истина» одерживает окончательную победу [Пак Ёнхи 1997: 67].

---

[34] Франц.: ясность. — *Примеч. ред.*
[35] Подробнее о журнале «Сеятель» см. [Ямада 1954: 265–277; Shea 1964: 69–87].

Что означают слова «человеческое существо» и «истина» и почему они появляются в произведениях Кима? Почему больше всего его приводит в смятение «Чосон»? Мы можем получить некоторое представление, сравнив его письмо с «Декларацией» в первом номере журнала «Сеятель»:

> Истина абсолютна. Поэтому мы говорим истину, которую не говорят другие. Человек человеку волк. Страна и раса — не главное. Под светом истины возникают союзы и раздоры. Посмотрите! Мы боремся за истину современного мира. Мы — хозяева жизни. Отрицающий жизнь никогда не станет современным человеком. Мы отстаиваем истину революции для жизни. На том стоит «Сеятель» — вместе со своими товарищами со всего мира![36]

Г. Т. Ши предполагает, что эти неясные формулировки, возможно, были призваны избежать конфронтации с властями, хотя отстаивание «истины революции» и пропаганда интернационализма в «Декларации» (как видно из фразы «страна и раса — не главное») соотносятся с концепциями Кларте. По признанию самого Кима, он был глубоко тронут идеями, изложенными в журнале «Сеятель». Его мысли об истине вполне могли быть связаны с «истиной революции», а «победа» истины, о которой он говорит, — победой пролетарской революции, которую поддерживало движение Кларте. Акцент движения на интернационализме также мог вызвать смятение и слезы Кима при мысли о Корее. Таким образом, страдания, которые пришлось пережить колонизированным интеллектуалам в связи с вопросами национализма и интернационализма, проявляются уже на ранней стадии, еще до начала движения в колониальной Корее. Хотя из письма к Пак Ёнхи в 1922 году кажется, будто Ким Гиджин мучается и находится в смятении, его представления о роли писателя значительно укрепились к тому времени, когда год спустя он написал эссе «Сентиментальная прогулка». Первые два эссе Кима о пролетарской литературе — «Сентиментальная

---

[36] Танэ маку хито [Сеятель]. Т. 1. 1921. № 1. С. 2, цит. по: [Shea 1964: 74].

прогулка», считающееся манифестом корейской пролетарской литературы, и «Обломки» — демонстрируют его идею о том, что литература должна участвовать в жизни людей, а если она этого не делает, то она не более чем пьеса [Ким Гиджин 1988, 4: 338–344; 1: 409–426].

Десять лет спустя Ким рассказал: когда в 1922–1923 годах в Японии активизировалась пролетарская литература, он был настолько впечатлен, что решил вернуться в Корею и превратить корейский журнал «Белый прилив» в издание уровня «Сеятеля» [Там же, 2: 423]. Считая, что «искусство ради искусства — это в конечном счете пустая болтовня богатеев», он перешел от поэзии к прозе и стал учеником «Тургенева, Достоевского, Горького и Ибсена» [Там же: 421]. Чо Мёнхи также перешел с поэзии на прозу, сменив религиозный мистицизм на пролетарскую литературу. Проза могла быть более эффективным способом передачи идей и подробного описания жизни людей. Для Кима, по крайней мере, поэзия была связана с французским символизмом и «искусством ради искусства», в то время как проза ассоциировалась в основном с русскими писателями, чьи произведения затрагивали социальные проблемы эпохи.

По словам Кима, событием, которое заставило его вернуться в Корею и начать действовать, стал разговор с Асо Хисаси (1891–1940), японским социалистическим активистом и писателем:

> Свернув от «искусства ради искусства» к «искусству ради жизни», я постепенно перешел к социализму. Я любил читать критику японских социалистов, таких как Сакаи Тосихико, Ямакава Хитоси, Осуги Сакаэ, Асо Хисаси и Сано Манабу.
> «Зачем вы занимаетесь литературой, господин Ким? Вы сказали, что вам нравится Тургенев, не так ли? Ваша Корея имеет много общего с XXX [Россией] пятидесятилетней давности. Посейте семена в "новь". Станьте Соломиным. Это гораздо значимее — стать Инсаровым или Соломиным, — чем Тургеневым».
> Вот что мне однажды сказал Асо Хисаси в своем доме, и я переживал, стоит ли мне бросать литературу или нет.

<...> «Я буду делать и то и другое». Я, наконец, пришел к такому заключению. Я хочу выразить. <...> Хочу рыдать. Хочу кричать. Эти порывы поднимались во мне [Там же: 422].

Сравнение Кореи с дореволюционной Россией часто появлялось в ранних трудах пролетарских писателей. Выражение «сеять семена» относится к «Сеятелю», а фраза «новь» отсылает к названию романа Тургенева 1877 года, а также к Корее как к пустоши. Инсаров и Соломин — герои романов Тургенева «Накануне» и «Новь» соответственно, оба они — люди практичные и решительные, без колебаний и сомнений. Среди слабых и нерешительных мужских персонажей Тургенева характеристики Инсарова и Соломина — наиболее положительные. Ким Гиджин неоднократно ссылается на этот разговор с Асо в других эссе [Там же: 189; 5: 136]. Асо предполагал, что японское общество совершит революцию за десять лет, и Ким вернулся в Корею, считая, что Корея должна идти в ногу со временем, чтобы освободиться от колонизации [Там же, 2: 204–205, 344]. В этих воспоминаниях отчетливо прослеживается первоначальное эмоциональное и литературное сближение японских и корейских пролетарских литераторов с прогрессивными и сочувствующими русскими писателями и их героями, независимо от социальных классов.

Пионеры пролетарской литературы предугадывали будущую пролетарскую литературу и готовились к ней так, будто это было неизбежным развитием для всего корейского литературного мира. Как Пак Чонхва предвидел появление пролетарской литературы в Корее в январе 1923 года, так и Ким Гиджин обнародовал свою веру в ее будущее несколькими месяцами позже. Ким говорил: «Ростки пролетарской культуры еще не видны в Корее, но я чувствую признаки их появления. Таким образом, я говорю об этом еще до зарождения настоящего движения» [Там же, 1: 429]. Пак Ёнхи, находившийся под влиянием Кима, также утверждал, что корейская литература перейдет от романтизма и натурализма к неоидеализму (который Пак приравнивал к пролетарскому искусству). Он сам признавал, что «это не тенденция, заметная в нашем литературном мире, а, я бы сказал, пророчество» [Пак Ёнхи 1997, 3: 20–21]. Эссе Пак Ёнхи было опубликовано в феврале 1924-го, через год после эссе Пак Чонхвы. Эти тексты показывают, что пионеры пролетарской литературы в Корее целый год обсуждали ее существование в стране, не имея на то весомых оснований. Это, безусловно, открыло путь к развитию пролетарской литературы.

Корейские пролетарские писатели использовали различные названия для обозначения своей литературы, такие как литература нового направления (*син кёнхянпха мунхак*), неоидеализм (*син исанджуый*), литература обездоленных (*мусанджа мунхак*), классовая литература (*кегып мунхак*), литература угнетенных (*пхи чибэ кегып мунхак*), литература КАПФ (*капхы мунхак*) и, конечно, пролетарская литература (*пхуро мунхак*). По словам Ким Гиджина, одного из первопроходцев пролетарской литературы, термин «литература нового направления» был придуман Пак Ёнхи для обозначения новой группы литературных произведений, в которых описывалась нищета обездоленных, их сопротивление и месть [Ким Гиджин 1988, 2: 196–197]. В статье, написанной в декабре 1925 года, Пак Ёнхи объявил о появлении в Корее пролетарской литературы. Он ввел термины «новое направление» и «литература нового направления», чтобы описать литературные произведения, созданные к этому моменту и посвященные социальным проблемам. Эта группа с самого начала использовала термин «пролетарская литература», как видно из статьи Ким Гиджина «Сентиментальная прогулка» 1923 года, тогда как Пак ввел термин «новое направление» задним числом: так он обозначил литературные произведения раннего периода, которые рассматривал не как зрелую, а как переходную пролетарскую литературу [Пак Ёнхи 1997, 3: 122]. Писатели и историки литературы продолжают использовать этот термин и сейчас.

В феврале 1927 года (прошло чуть больше года с декабрьского эссе 1925 года, в котором Пак Ёнхи заявил о начале пролетарской литературы) Ким Гиджин утверждал, что испытательный срок пролетарской литературы закончился, а вместе с ним и «литература нового направления» [Ким Гиджин 1988, 1: 99]. Подобный режим литературной критики примечателен тем, что его траектория задается не после свершения события, а во время или даже до него. Декларируемые и реальные изменения в создании литературных произведений не совпадают полностью.

Чтобы понять, какую литературу ожидали корейские писатели от себя и других, необходимо проанализировать, что они подразумевали под словами «пролетариат» и «пролетарская литература». В Корее «пролетариат» приравнивался к «колонизированному корейскому народу». В «Сентиментальной прогулке» Ким Гиджин объяснял, что «обделенный класс — не единственный пролетариат. Угнетенные люди со всего мира — пролетариат, как и мы. Для пролетариата не существует национальных границ» [Там же: 428]. В этом эссе, написанном под влиянием движения Кларте и социализма, Ким подчеркивает интернациональную солидарность пролетариата — но что значит для него «пролетариат»? Он раздвигает рамки понятия намного дальше привычных ассоциаций с рабочими фабрик или крестьянами — так оно вбирает в себя всех угнетенных. Фраза «пролетариат, как и мы» показывает, что Ким, происходивший из элит среднего класса, считал себя частью пролетариата, как и всех жителей Кореи, независимо от их социального положения[37]. Подобное мышление показывает, что с самого начала для Кима нация была важнее класса.

В эссе «Нищие Сеула, Сеул нищих», опубликованном примерно через год, в январе 1924 года, различия между пролетариатом и буржуазией в Корее стираются:

> Нищие повсюду. <...> Говорят, что из 280 тысяч человек в Сеуле 200 тысяч — безработные. <...> Предположение, что в ближайшие шесть или семь лет Сеул станет городом нищих, превращается в реальность. <...> Если так, то современная буржуазия (*пую кегып*) в ближайшие шесть или семь лет станет пролетариатом (*пинмин кегып*). Нищие! Вам нет нужды ненавидеть современную буржуазию, которая скоро

---

[37] Отец Ким Гиджина был окружным судьей в провинции Хамгён (позднее и в других провинциях), а его дядя был крупным землевладельцем [Ким Гиджин 1988, 1: 499].

примкнет к вашему классу. Если уж на то пошло, Сеул принадлежит нищим, и также вся Корея принадлежит нищим [Там же, 4: 474–475].

Ирония в том, что Ким, пролетарский писатель, пытается убедить пролетариат не испытывать ненависти к буржуазии. Об этом не говорится напрямую, но данный текст подразумевает, что колонизация и есть причина несчастной жизни корейского пролетариата. Таким образом, он выступает за сплочение буржуазии и пролетариата в Корее, и в то же время намекает, что главный враг корейского пролетариата — японский империализм. Пак в декабре 1925 года говорил о произведениях литературы нового направления и ввел еще один термин — «пролетаризированная Корея» (*мусан-джок чосон*) [Пак Ёнхи 1997, 3: 119].

Именно русская дореволюционная литература, а не литература большевиков, была образцом и для Кима, и для Пака. Они писали, что Россия Чехова — примерно 1880–1890-е годы — была эпохой разочарования, и схожая с чеховской Россией ситуация настала и в Корее [Там же: 21, 24; Ким Гиджин 1988, 4: 251]. Они также сравнивали Корею с периодом популистских движений в России 1860–1870-х, описанных в романах Тургенева. Таким образом, они отсылали к дореволюционной России XIX века, чтобы объяснить ситуацию в корейском обществе.

Пак верил, что дореволюционная Россия указывала путь, по которому они должны идти: «Литература следует за обстоятельствами, в которых она находится, будь то мысли отдельного человека или общества в целом. Именно все, что связано с дореволюционной Россией, показывает нам [взаимосвязь] косвенных изменений, мысли, жизни и литературы» [Пак Ёнхи 1997, 3: 23–24]. Логика этого аргумента вновь объясняется в мемуарах Пака, опубликованных в 1959 году:

> Когда жизнь в Корее была столь беспокойной, мы не могли довольствоваться литературой красивых снов. Наши скептицизм и тревога росли сильнее день ото дня. Само писательство казалось бессмысленным. Нам нужно было что-то,

что могло бы дать силы нашим защемленным и уставшим нервам.

Мы пытались найти это в *литературе царской России*. При царском режиме у народа не было свободы, только голод и жестокость. Русская литература показывала эту реальность как она есть. В основном в ней описывалась жизнь революционеров, жалкая жизнь и плач несчастных людей, ссылка в Сибирь многочисленных мыслителей, их призывы и идеалы, говорящие о том, как пережить [свою эпоху]. Вот почему мы заново осмыслили нашу реальность (*хёнсиль-сон*) и идеалы (*исан-сон*) в русской литературе [Там же, 2: 325–326] (курсив мой).

Сравнивая общество в Корее и России, Пак успешно использует тему сна и пробуждения и далее объясняет вклад русских писателей XIX века в революцию:

Люди Кореи! Не засыпайте! Смотрите! <...> Смотрите на Россию! Чехов сильно устал. Но Тургенев всколыхнул Россию «Новью», сказав: «Не спите! Не спите!» Герой Достоевского, Раскольников из «Преступления и наказания», взял топор и убил засыпающую Россию. Так Россия стала революционной. Корея, должно быть, в глубоком сне [Там же, 3: 66].

Наполняя жизнью вымышленных персонажей русских произведений, Пак утверждает, что корейскому обществу на пути к революции и освобождению необходима политически ангажированная литература.

Не только Пак, но и Ким продвигал русскую дореволюционную литературу:

Множество людей пишет рассказы и романы. Но почему никому из них мы не скажем «Наш дорогой писатель!»? Я скорблю об отсутствии такого писателя, которого этот бедный, одинокий и уставший народ мог бы искренне назвать своим. Есть около пяти Мопассанов и Золя — но ни одного Гоголя. Есть несколько литературных критиков — но ни одного Белинского [Ким Гиджин 1988, 1: 215].

Не совсем понятно, почему Ким выделил Н. В. Гоголя и В. Г. Белинского, хотя оба они были пионерами русского критического реализма[38]. Возможно, не совпадение, что оба также оказали критическое влияние на Фтабатэя Симэя, на стиль его письма и представления о литературе. И Ким, и Пак неоднократно ссылались на дореволюционных русских писателей и их героев как на образцы для подражания — и для себя, и для корейской пролетарской литературы. Объясняя исторический материализм, Ким пошел еще дальше и указал, что Тургенев и Достоевский близки к Марксу и Энгельсу [Там же: 413–414]. Он не стал развивать идею, но очевидно, что он считал Тургенева и Достоевского материалистами в том смысле, что их литературные произведения имели прочную опору в жизни русского народа.

Среди русской литературы XIX века Пак и Ким больше других писателей цитировали и присваивали Тургенева и его персонажей. Объяснив, что Тургенев был одним из первых работавших над освобождением крепостных, Пак восхвалял нигилиста Базарова, героя «Отцов и детей» Тургенева, подчеркивая, что нигилизм Базарова не ограничился разрушением, а проложил путь к строительству новой эпохи — путь, по которому, по мнению Пака, сейчас должно пойти корейское общество [Пак Ёнхи 1997, 3: 72, 123, 129–130].

Тургенев более других писателей вдохновлял Кима. Тот утверждал, что Тургенев точнее описывал российскую действительность и глубже понимал ее социальные тенденции, чем Толстой, которого Ленин считал зеркалом России. Дальше он задается вопросом: «Какую жизнь намеревалась вести образованная и сознательная русская интеллигенция, наблюдая, как ее народ голодает и страдает под гнетом невыносимых аристократов в царской России?» [Ким Гиджин 1988, 2: 436]. Ответ на вопрос, касающийся и роли интеллектуалов в Корее, он ищет в персона-

---

[38] Николай Васильевич Гоголь (1809–1852) считается родоначальником русского реализма. Виссарион Григорьевич Белинский (1811–1848) — русский литературный критик, который был связан с популистом Александром Герценом и анархистом Михаилом Бакуниным, а также с другими критически настроенными интеллектуалами.

жах Тургенева, особенно «Нови» и «Накануне». Манифест Кима в отношении корейской пролетарской литературы, таким образом, полон тургеневских персонажей. Хотя он и относит себя к пролетариату и заявляет о намерении быть писателем-активистом в других своих эссе, о которых говорилось ранее, Ким признает ограничения, с которыми сталкиваются интеллектуалы, и отождествляет себя с Неждановым — трагическим и страдающим интеллигентом Тургенева, а не с Соломиным — крепким и практичным управляющим фабрикой, который, как намекал Тургенев, олицетворял будущее России [Там же, 1: 422–423]. Ким также призывает к появлению нового типа женщины, но вместо описания ее характеристик он приводит в пример героинь Тургенева — Елену из «Накануне» и Марианну из «Нови»: они более решительны и сильны душой, чем большинство мужских персонажей [Там же: 425].

Последний роман Тургенева «Новь», опубликованный в 1877 году, был ответом на движение народников в России. Это наиболее политический из его романов, но в основе своей он описывает неудачу, постигшую в движении радикальных интеллектуалов, которые в итоге покончили жизнь самоубийством или были арестованы. Народничество было русским популистским движением, возглавляемым в 1860–1870-х социально сознательными членами русской интеллигенции. Сотни образованных русских покидали города с призывом «В народ!» и шли по деревням просвещать крестьян и поднимать массовое движение. Несмотря на их жертвенность, результат оказался трагическим. В большинстве случаев крестьяне относились к этим идеалистам с подозрением и враждебностью, а если восстания все же происходили, они жестоко подавлялись российской полицией. Народников и их сторонников сажали в тюрьмы и преследовали. После жестоких репрессий народники организовали подпольную группу «Народная воля», вставшую на путь террора, что привело к убийству царя Александра II в 1881 году. В произведении «Река Нактонган» Чо Мёнхи, рассматриваемом далее, после безуспешной борьбы с жестокими репрессиями японской полиции друг героя Сонуна отчаивается и говорит

Сонуну, что уедет за границу, потому что в Корее им не остается ничего, кроме террора. Обращение друга Сонуна к террористическим методам отражает реальную траекторию русского народничества. Как верно указывает Ричард Фриборн, (популистское) движение народников имело квазирелигиозную веру в крестьянство, а его призывы и идеалы были «гуманистическими», «субъективными», «утопическими» и «скорее эмоциональными, чем рациональными»[39].

Не концентрируясь на неудачах народничества, Ким считает, что в будущем это движение откроет дорогу к свободе. Как мы увидим в следующей части на примере перевода и присвоения Чо Мёнхи романа Тургенева «Накануне», корейские интеллектуалы часто отбрасывали в сторону двойственное отношение Тургенева к радикальной интеллигенции и его пессимистичный взгляд на мир. В то время как российские критики уделили ей меньше внимания, «Новь» стала одним из самых узнаваемых романов в Корее из-за темы популистского движения, связанной с социалистическим движением в России в широком смысле этого слова. Русское популистское движение, наравне с движением Кларте, давало корейским пролетарским писателям образец для подражания. Слова Кима о народниках свидетельствуют о его вере в это движение: «Давайте двигаться вперед, за теми русскими интеллектуалами шестидесятилетней давности, за молодыми аристократами, которые крикнули "В народ!" и отважно пошли вперед, устремляясь к духовному освобождению всего человечества, чтобы построить достойную жизнь!» [Там же: 489].

Стихотворение Ким Гиджина «Пэксу-ый тхансик» («Вздох белоручки»), опубликованное в июне 1924 года, также затрагивает тему народничества в России и Корее:

> Сидя на диванах в кофейнях,
> Гордясь белыми руками,
> Требуя «В народ!»
> Перед нами русские юноши шестьдесят лет назад. <...>

---

[39] Краткое описание русского популизма см. [Freeborn 1963: 166–167].

> Диванные революционеры кофеен [в оригинале англ. Café Chair Revolutionist],
> Как белы ваши руки!
>
> Гордятся своими белыми руками,
> На устах крик: *В народ!*
> Тщетный вздох русских юношей шестидесяти лет назад
> С нами.
> Диванные революционеры кофеен,
> Как белы ваши руки!
>
> Вы — *белоручки*,
> Крестьяне, к которым вы приближаетесь,
> Не имеют
> Ни малейшего неоднозначного *вкуса*.
> Диванные революционеры кофеен,
> Как белы ваши руки!
>
> Ах, прошлое, бывшее шестьдесят лет назад,
> *Вздох русских юношей-белоручек*
> Был вздохом, с которым они делали все возможное,
> Убивая свой вкус.
> Ах! Диванные революционеры кофеен,
> Как белы ваши руки![40] (выделение в оригинале).

Здесь, как и в эссе «Руины сердца — стоя зимой» 1923 года, Ким сравнивает корейское общество с Россией шестидесятилетней давности, а корейских интеллектуалов — с народниками. Ким изображает страдания и ограниченность интеллигенции, в то же время заявляет о своей вере в искренность и самопожертвование народников. Для него и корейской интеллигенции они образец для подражания.

В этом стихотворении присутствует связь не только с корейскими, но и с японскими интеллектуалами. В эссе «Обломки», написанном также в 1923 году — до создания «Вздоха белоручки», Ким Гиджин вспоминает часть стихотворения японского писателя, которое произвело на него впечатление:

---

[40] Ким Гиджин. Пэксу-ый тхансик [Вздох белоручки] // Кэбёк. 1924. № 48. Июнь. С. 136–137.

Молодые люди, уставшие от долгих споров, сидят вместе.
Они похожи на русскую молодежь полвека назад.
Но нет никого, кто бы сжал зубы, ударил кулаком о стол и
Крикнул «В народ!» мощным голосом.
Японский поэт написал такое стихотворение 10 лет назад.
Спустя 10 лет находится ли Корея в том положении, когда
она может закричать «В народ!»? Ах! Нет. «В народ!», которое требовала русская молодежь 50 лет назад, может быть
еще слишком рано для Кореи [Там же, 4: 343].

Четверостишие, о котором пишет Ким, — это часть стихотворения «Хатэсинаки гирон но ато» («После бесконечных споров») японского поэта Исикава Такубоку (1886–1912), созданное в 1911 году. Ким не цитирует Такубоку, а всего лишь перефразирует одно из четверостиший. Таким образом, его вариант отличается от оригинала, хотя сохраняет содержание и схожие формулировки. Полностью стихотворение «После бесконечных споров» можно перевести так:

У нас бывают чтения, жаркие споры,
И наши глаза горят не меньше,
Чем у юношей России полвека назад!
Мы бесконечно спорим: «Что делать?»
Но никто из нас не ударит вдруг
Кулаком о стол и не крикнет: «*В народ!*»

Все мы знаем, чего мы хотим,
Все мы знаем, чего хочет народ,
Все мы ясно знаем, что делать, —
О, много больше, чем знали они!
Но никто из нас не ударит вдруг
Кулаком о стол и не крикнет: «*В народ!*»

Здесь собрались только очень юные,
Строить новое начинает всегда молодежь.
Старое скоро умрет, победа за нами!
Спор кипит, сверкают глаза.
Но никто из нас не ударит вдруг
Кулаком о стол и не крикнет: «*В народ!*»

> Трижды уже меняли мы свечи,
> В недопитом чае плавают мошки,
> Но девушки говорят с прежним жаром,
> Лишь в глазах после долгого спора
>   усталость.
> Но никто из нас не ударит вдруг
> Кулаком о стол и не крикнет: «*В народ!*» [Исикава Такубоку 1981: 166–167] (выделение в оригинале).

Исикава Такубоку прожил короткую жизнь, в последние годы он обратил внимание на социалистические идеи и отношения литературы и общества[41]. «После бесконечных споров» было написано в 1911 году — после того как он обратился к социализму, становится очевидным, что он связывал социализм и народничество. Стихотворение Такубоку признает искреннее отношение японских интеллектуалов к своей роли в обществе, но одновременно указывает на их нерешительность и отсутствие концентрации и действий. Стихотворение Кима, в свою очередь, в некоторой степени высмеивает корейских интеллектуалов и указывает на пропасть между ними и народом, постоянно упоминая их «белые руки».

Возможно, «Вздох белоручки» Кима заимствован из стихотворения в прозе Тургенева «Чернорабочий и белоручка», написанного в 1878 году. Это стихотворение в прозе было среди тех, с которыми познакомилась Корея, и в колониальный период его переводили три раза:

> Ч е р н о р а б о ч и й. Что ты к нам лезешь? Чего тебе надо? Ты не наш... Ступай прочь!
> Б е л о р у ч к а. Я ваш, братцы!

---

[41] Исикава Такубоку так вспоминал о переменах в своей жизни: «Дело о заговоре Котоку Сюсуй стало известно, и мои мысли сильно изменились. После этого я понемногу читал книги и журналы, посвященные социализму. <...> Это был важный год [1910] для моего мышления. В этом году я нашел цепь, объединившую мой характер, вкусы и наклонности. Проблема социализма» («Мэйдзи Сидзюсанэн но Дзюё Кидзи» [Важные события 1910 года], цит. по: [Shea 1964: 28]). О критическом реализме Такубоку и склонности к социализму см. [Ibid.: 23–30]. О его влиянии на японских пролетарских поэтов см. [Yukihito 1979: 177–187]. О его опыте чтения русской литературы см. [Ясумото 2006].

Ч е р н о р а б о ч и й. Как бы не так! Наш! Что выдумал! Посмотри хоть на мои руки. Видишь, какие они грязные? И навозом от них несет и дегтем, — а твои вон руки белые. И чем от них пахнет?
Б е л о р у ч к а (подавая свои руки). Понюхай.
Ч е р н о р а б о ч и й (понюхав руки). Что за притча? Словно железом от них отдает.
Б е л о р у ч к а. Железом и есть. Целых шесть лет я на них носил кандалы.
Ч е р н о р а б о ч и й. А за что же это?
Б е л о р у ч к а. А за то, что я о вашем же добре заботился, хотел освободить вас, серых, темных людей, восставал против притеснителей ваших, бунтовал... Ну, меня и засадили.
Ч е р н о р а б о ч и й. Засадили? Вольно же тебе было бунтовать!

Два года спустя

Т о т ж е ч е р н о р а б о ч и й (другому). Слышь, Петра!.. Помнишь, позапрошлым летом один такой белоручка с тобой беседовал?
Д р у г о й ч е р н о р а б о ч и й. Помню... а что?
П е р в ы й ч е р н о р а б о ч и й. Его сегодня, слышь, повесят; такой приказ вышел.
В т о р о й ч е р н о р а б о ч и й. Все бунтовал?
П е р в ы й ч е р н о р а б о ч и й. Все бунтовал.
В т о р о й ч е р н о р а б о ч и й. Да... Ну, вот что, брат Митряй; нельзя ли нам той самой веревочки раздобыть, на которой его вешать будут; говорят, ба-альшое счастье от этого в дому бывает!
П е р в ы й ч е р н о р а б о ч и й. Это ты справедливо. Надо попытаться, брат Петра [Тургенев 2011b: 504–505].

Ким заимствовал образ интеллигента-белоручки, но его стихотворение в корне отличается от тургеневского с точки зрения отношения к радикальным интеллектуалам. В то время как у Тургенева показано неоднозначное отношение к вовлеченности интеллигенции в жизнь рабочих, у Кима высмеивание самих себя относится не к действиям интеллектуалов, а к их *отсутствию*. В конечном счете Ким заявляет о своей вере в искренность русских интеллектуалов и результат их действий, и затем призывает корейских интеллектуалов следовать тем же путем. Так же, как и стихотворение Такубоку призывает к действию японских интеллектуалов. Хотя Тургенев благосклонно относился к радикальной интеллигенции, он всегда несколько скептически оценивал результаты ее агитации [Garnett 1975: 158–159]. Таким образом, вера в то, что Тургенев полностью поддерживал русскую радикальную интеллигенцию, — образ, который создали японские и корейские интеллектуалы, спроецировав свои желания и надежды на личность и произведения Тургенева. Иными словами, этот образ — результат перевода, направленного на создание иного «Другого», который обосновал бы их деятельность.

Перевод для газеты: выпуск по частям и создание смыслов

Большинство сочинений Тургенева перевели в Корее довольно рано, но ничто не сравнится с переводческим энтузиазмом в отношении романа «Накануне». Чо Мёнхи вспоминал, что «Накануне» Тургенева было одним из западных литературных произведений, более всего впечатливших его, когда он начал карьеру поэта и писателя. Среди других были «Отверженные» Виктора Гюго, «Преступление и наказание» Достоевского, а также повесть Тургенева «Вешние воды» [Чо Мёнхи 2004: 398–399]. Позже Чо перевел «Накануне» и выпустил частями в «Ежедневном вестнике Чосон» в 1924 году. Перевод Чо — интересный пример институциональных и материальных факторов, влияющих на литературный перевод. Перевод — это не просто действие между исходным текстом и лингвистическими и художественными потребностями переводчика; он встроен в институциональную и материальную систему.

Чо Мёнхи родился в семье бедного аристократа (*янбан*) из Чинчхона, провинции Чхунчхон, в 1894 году — это был год реформы Кабо и Японо-китайской войны в Корее. В 1919 году, после нескольких месяцев, проведенных в тюрьме за участие в Движении за независимость 1 марта, он отправился в Японию. Он изучал философию индуизма в Университете Тойо (Тойо

Дайгаку) в Токио с 1919 по 1923 год. В начале 1923 года он вернулся в Корею из-за финансовых трудностей. В это время он погрузился в творчество Рабиндраната Тагора (1861–1941). Чо любил медитировать в одиночестве, а его ранние стихотворения характеризовались мистической и романтической направленностью. Однако, как он признается в эссе «Зарисовка моей жизни», увидев бедность своей семьи и корейского народа, он начал понимать бессмысленность стремления к метафизике. Вскоре Чо осознал, что «жизнь (*сэнхваль*) порождает мысль (*сасан*)», и решил уйти от «неоромантизма Тагора» и приблизиться к «реализму Горького» [Там же: 412]. Так он начал писать рассказы. Его первый пролетарский рассказ «Ттан сог-ыро» («К земле») был создан в 1925 году.

Стоит отметить, что перевод «Накануне» Тургенева, выполненный Чо в 1924 году, предшествовал его собственным рассказам 1925 года. Для многих корейских интеллектуалов в начале их писательской карьеры было привычным сначала заниматься переводами. Чо принял участие в создании КАПФ в 1925 году и опубликовал свой исторический рассказ «Река Нактонган» в журнале «Чосон чи кван» («Светоч Кореи») в июле 1927 года. Он продолжал создавать пролетарские произведения в Корее вплоть до отъезда в Советскую Россию в 1928 году. В СССР он жил во Владивостоке и Хабаровске, оказал огромное влияние на советских корейских писателей. Чо было предъявлено ложное обвинение в шпионаже в пользу Японии. В 1938 году его казнили[42].

Так как Чо не знал русского, вполне вероятно, что он перевел «Накануне» с японского. Есть четыре японских перевода, к которым мог обратиться Чо, и три из них передают текст Тургенева корректно и полностью. Два перевода публиковались в журналах по частям и два вышли в книжном варианте. Как говорилось ранее, первый японский перевод «Накануне» печатался в журна-

---

[42] Биографию Чо Мёнхи и обсуждение его работ см. Чон Докджун «Пхосок Чо Мёнхи-ый сэсан-ва мунхак» в [Чо Мёнхи 2004: 9–67; Ким Сонсу 1989: 100–112; Ли Сонок 1989]. Информацию на английском см. [King 2001: 18–23].

ле «Ямато нисики» в 1889 году, но не был завершен из-за приостановки работы журнала. Части романа были вновь переведены Сомой Гёфу, они выходили нерегулярно и частями в журналах в 1907–1908 годах, а затем собраны в виде книги в 1908 году. Части в обоих случаях соответствовали оригинальному делению на главы, которых было тридцать пять. На русском роман вышел сразу, но японская публикация по частям сохранила разбивку по главам оригинала. Чо, однако, пришлось реструктурировать роман, чтобы он подошел к газетному формату: требуемый объем частей был короче, чем главы оригинала, поэтому в его переводе пришлось перестроить нарратив.

Первую корейскую газету — «Хансон сунбо» («Сеульское обозрение») — корейское правительство начало выпускать в 1883 году; за ней последовали несколько частных газет. Первая публикация романа по частям появилась в 1898 году в газете «Хансон синбо» («Сеульская газета»), находившейся в ведении японской компании[43]. Другие газеты вскоре последовали этому примеру, но большинство их выпусков были адаптациями иностранных литературных произведений или историями, которые трудно отличить от газетных репортажей. После аннексии Кореи в 1910 году в стране осталась только одна газета, «Мэиль синбо» («Ежедневные новости»), издаваемая японским генерал-губернатором. Выпуск произведений по главам продолжался; «Муджон» («Бессердечие»), считающийся первым современным корейским романом, публиковался в этой газете в 1917 году. В 1920 году японское колониальное правительство сделало некоторые послабления и корейские компании получили возможность выпускать собственные газеты. Главными корейскими газетами в это время был «Тонъа ильбо» («Ежедневный вестник Тонъа») и «Чосон ильбо» («Корейский ежедневный вестник»). Перевод Чо романа «Накануне» публиковался в «Чосон ильбо». Выпуск романов по главам был нормой: до 1945 года в газетах вышло около сотни романов и рассказов [Мин Бёндок 1989: 30].

---

[43] Краткую историю газетных выпусков произведений по главам см. [Хан Вонён 1996: 9–14; Мин Бёндок 1989: 28–33].

На публикации по главам обычно накладывали некоторые ограничения. Во-первых, лимит по каждой части составлял 1200 знаков (примерно 200 слов в русском). Во-вторых, каждая часть должна была иметь концовку с интригой и некий сюжетный поворот: читатели понимают, что их затраты окупились, и с любопытством ждут следующей части. В-третьих, в газетных публикациях, как правило, акцент делался на диалогах, а не на описании психологии и персонажей. Наконец, сюжеты романов, публиковавшихся по главам, были более простыми и ясными, в отличие от романов, выходивших в виде книги [Там же: 34–39].

Чо Мёнхи начал издавать свой перевод романа «Накануне» 4 августа 1924 года; главы выходили на протяжении 78 дней — до 26 октября 1924 года. В отличие от выпуска романа по главам, подобная публикация должна была найти баланс между ограничениями с двух сторон — исходным текстом и издательскими нормами. Чо хотел остаться верным исходному тексту настолько, насколько это возможно, в идеале вообще не изменять произведение — ни ради того, чтобы увлечь читателя концовкой, ни ради упрощения для среднестатистического читателя. Если сравнивать его перевод с другими, выпускавшимися частями в это время, то роман в переводе Чо окажется наименее искаженным. И все же, хотел Чо того или нет, его перевод был реструктурирован в соответствии с правилами изданий. Роман «Накануне» содержит 35 глав, в каждой главе сцена меняется. Однако Чо не мог следовать оригинальному разделению, поэтому эпизоды у него обрываются на середине сцены или диалога. Газета выделяла около 1200 знаков в день, но в случае с Чо проявляла некоторую гибкость: его части могли варьироваться от 1200 до 1500 знаков, а позже от 1500 до 1800 знаков. Следовательно, у Чо была определенная свобода на создание промежуточных концовок в процессе повторного редактирования романа.

К примеру, в первой главе «Накануне» двое мужчин, Шубин и Берсенев, разговаривают о природе, любви и искусстве, в процессе беседы знакомят читателя с главными героями. Разговор занимает одну главу у Тургенева и пять с половиной частей у Чо. В одном случае Чо заканчивает отрывок на вопросе Шубина

«Видел ли ты Стахова?» Эта фраза отсылает нас к новому персонажу, отцу героини Елены, и у Тургенева сразу следует объяснение. Но перевод Чо оставляет читателя в напряжении, что усиливает драматизм, связанный с появлением нового персонажа.

Знаменательно, что все первые шесть частей Чо заканчиваются вопросом или комментарием Шубина, так что следующая часть начинается с фразы Берсенева. Это позволяет направить внимание читателя на мнение Берсенева. Неявно это показывает, что переводчик отдает предпочтение идеям Берсенева об альтруистической любви и объединении людей, а не аргументу Шубина о важности личного счастья.

Таким образом, не меняя сюжета и лишь манипулируя паузами, Чо изменил структуру восприятия текста. Пожалуй, самый драматичный пример — конец пятьдесят шестого фрагмента, когда Инсаров должен ехать в Болгарию, а Елена умоляет его встретиться с ней в последний раз. Инсаров не приходит, и Елена отправляется на его поиски. Случайно встретив его в часовне, она в отчаянии спрашивает, действительно ли он собирался уехать, не простившись с ней. Фрагмент Чо на этом заканчивается, оставляя читателя гадать, правда ли Инсаров любит Елену. У Тургенева же сразу следует объяснение молодого человека, что он ее любит, но долг перед родиной важнее личного счастья. Перевод Чо не дает читателю незамедлительного разрешения, а оставляет его в каком-то смысле вместе с Еленой, в отчаянии и тревоге, в ожидании ответа Инсарова. Не меняя сюжета, Чо все же смог, просто обрывая историю в другом месте, создать напряжение там, где его нет в оригинале. Так подобная публикация изменила восприятие текста читателем.

Чо адекватно перевел первые 27 из 35 тургеневских глав. Однако с конца 28-й главы оригинала Чо вдруг начал сокращать и редактировать текст. Выбирал не Чо — газета внезапно решила закончить выпуск раньше, чем планировалось. После финального эпизода Чо коротко добавил от себя, что просит прощения у читателей за урезанный перевод, объяснив это «некоторыми обстоятельствами в газете»[44].

---

[44] Чо Мёнхи. Кыджоннапалм [Накануне] // Чосон ильбо. 1924. Авг. — окт.

Мы не знаем, что стояло за этим решением, хотя, возможно, оно было вызвано реорганизацией газетных отделов. 2 октября 1924 года публикация по главам перевода другого романа — «Сила любви» — внезапно оборвалась, а переводчик извинялся, что пришлось закончить раньше из-за реорганизации газетных отделов[45]. Финансовые трудности газеты «Чосон ильбо» привели к тому, что появился новый владелец и структура редакции изменилась [Хан Вонён 2004: 344–348]. Чем бы ни объяснялось подобное решение, этот факт сильно повлиял на перевод Чо. Чтобы компенсировать нехватку времени, он кратко изложил сюжет с конца 28-й по 31-ю главу. В этих главах Елена и Инсаров тайно женятся и готовятся к отъезду в Болгарию. Узнав об этом, родители Елены в ярости, но позже смиряются с решением дочери. Когда приходит время, Инсаров вместе с Еленой уезжает бороться за независимость Болгарии, но умирает в Венеции. Елена решает продолжить дело мужа и ехать в Болгарию. Чо пропустил сцены с родителями и друзьями Елены, а также другими персонажами, но полностью перевел 32-ю главу, в которой описывается тяжелое прощание Елены с родителями и своей страной, а также целеустремленность Инсарова, несмотря на его болезнь. Затем Чо пропустил главы 33 и 34, рассказывающие о болезни Инсарова и пребывании пары в Венеции.

В финальной части Чо столкнулся с проблемой: как уместить последнюю главу Тургенева в одну часть? В переводе он оставил за скобками бóльшую часть того, что произошло со второстепенными персонажами, а также пессимистические рассуждения Тургенева о жизни и смерти. Вместо этого он сосредоточился на письме, которое Елена отправляет родителям, объясняя свои планы продолжить путь в Болгарию и принять участие в войне против Османской империи.

Письмо Елены занимает всего одну седьмую главы у Тургенева, но больше половины текста последней газетной части пере-

---

[45] Ли Минхан. Э-ый рёк [Сила любви] // Там же. 2 окт. Перевод романа не содержит имени автора, но рядом с названием стоит имя переводчика. В середине 1920-х годов практика предпочтения имени переводчика вместо авторского все еще была распространена.

вода Чо. В письме говорится о планах Елены уйти в сестры милосердия в Болгарии. При переводе Чо меняет в письме слово «война» на «война за независимость», намекая на движение за независимость в колониальной Корее. Чо исключает упоминания об отчаянии Елены и мысли Тургенева о человеческой судьбе перед лицом смерти. Благодаря такому редактированию и выборочности перевод удачно подчеркивает решимость и самопожертвование Елены как активистки — эти качества придают содержанию националистические и социалистические мотивы.

Выбор истории о болгарском революционере и Елене, поддерживающей его идеи, отражает веру Чо в политизированность искусства. Не менее важным для формы и содержания перевода было решение Чо опубликовать его в «Чосон ильбо». Как видно на этом примере, на форму перевода больше всего повлияли не вопросы языковой эквивалентности и переводимости текста, а институциональные и материальные факторы публикации. Движимый как своими политическими предпочтениями, так и материальными условиями медиума — газеты, — Чо намеренно преуменьшал аполитичных и эгоистичных персонажей и стирал пессимистические нотки Тургенева, выдвигая на первый план решительных и альтруистичных героев. При этом он ввел в перевод в более позитивные и новаторские мотивы, чем те, что присутствовали в оригинале. Я считаю, что Чо использовал роман «Накануне» для создания революционно настроенных героя и героини в своем пролетарском рассказе «Река Нактонган».

«Накануне» и «Река Нактонган»

Через несколько лет после начала корейского пролетарского движения писатели стали стремиться создавать политически значимые произведения. На эту «первую смену направления» (*панхян чонхван*) повлияли перемены в корейском социалистическом движении, начавшиеся в конце 1926 года: их целью было направить стихийно возникшую экономическую борьбу рабочих в русло сознательных политических действий. В истории корейской пролетарской литературы рассказ «Река Нактонган» Чо

Мёнхи представляет это время перемен — такое мнение разделяли и современники Чо, и историки литературы следующих поколений. Рассказ вышел в 1927 году и сразу оказался в центре дискуссий о надлежащей литературе после так называемой «смены направления». Ким Гиджин с восторгом говорил, что «Река Нактонган» — беспрецедентный случай в истории корейской пролетарской литературы. Он же задавал риторический вопрос: «Были ли до этого столь сильные литературные произведения, которые раскрыли бы перед нами все? Это не история отдельного человека, а подлинная летопись жизни корейского народа, какой она была с 1920 года» в [Ким Гиджин 1988, 1: 293–296]. С Кимом не согласился Чо Джунгон, пролетарский литературный критик, считая, что подобное произведение могло быть удачным для первого периода, но не для второго, когда творение должно выражать «объективное сознание» (*мокчок ыйсик*)[46]. Вне зависимости от того, относится рассказ ко второму периоду или нет, «Река Нактонган» отличается от остальной пролетарской литературы тем, что в ней речь идет о классовой борьбе и коллективном сопротивлении, а не о спонтанных актах мести и индивидуальном противостоянии. Это одна из причин, по которой рассказ сохранился в истории корейской пролетарской литературы[47].

Сюжет «Реки Нактонган» повествует об активисте Пак Сонуне и его соратнице и возлюбленной Розе. Сонун покидает родной город из-за политической ситуации и бедности. А в Корею он возвращается после того, как в течение пяти лет участвовал в движении за независимость в районе Кандо[48] на северо-востоке Китая. По возвращении он активно руководит общественным

---

[46] Чо Джунгон. Нактонган-ква че-2-ги чакпхум [«Река Нактонган» и литературные произведения второго периода] // Чосон чи кван [Светоч Кореи]. 1927. № 72. Окт. С. 9–13.

[47] «Река Нактонган» считается как одним из образцовых произведений Чо, так и ярким примером пролетарской литературы в истории корейской литературы. Среди прочих см. [Пэк Чхоль 1948; Квон Ёнмин 2002; Чон Хоун, Ким Юнсик 2000].

[48] Кит.: Цзяньдао. — *Примеч. ред.*

движением в родном городе, но его арестовывают. История начинается с момента его освобождения из тюрьмы из-за болезни, развившейся в результате жестоких пыток, и знакомит с прошлым главных героев посредством ретроспективных сцен. Последняя из них — похороны Сонуна, после которых Роза отправляется на север, предположительно в Китай или Россию, чтобы продолжить дело Сонуна.

Герои «Накануне» Тургенева и «Реки Нактонган» Чо — Инсаров и Сонун — пламенные патриоты. Несмотря на энтузиазм и пыл, они рано умирают от болезней — Инсаров от воспаления легких, Сонун от пыток, — так и не выполнив своих миссий. Болезнь — действенный прием, позволяющий оборвать мечты героев, и будь это реальная история, она, вероятно, выглядела бы более правдоподобной, чем героический успех. Но их болезни — это еще и возможность продемонстрировать читателю, что, несмотря на неудачи, они сохраняют несгибаемую волю и мужество; также это добавляет трагическую ноту в истории, придающие героям ореол святости. Кроме того, поскольку неудачи героев не связаны с духовной слабостью, их сила продолжает жить благодаря любимым женщинам.

В обеих историях смерть героев ассоциируется с течением воды. За несколько дней до смерти Сонун и Роза переплывают на лодке реку Нактонган. За день до смерти Инсаров вместе с Еленой проплывает на гондоле по Большому каналу, позже его тело отправляют морем из Венеции на родину — в Болгарию. Эти действия подразумевают «переход» из одного мира в другой, а река и море символизируют поток, который вечен и не подвержен смерти. Образ потока эмоционально активен, а волны — символ печали о рано оборвавшейся жизни.

Обращает на себя внимание и музыка, звучащая незадолго до смерти героев. Сонун поет о реке Нактонган, и ему вторит все вокруг. В романе «Накануне» Инсаров и Елена вместе за день до смерти Инсарова слушают оперу «Травиата»; ее героиня, Виолетта, умирает от туберкулеза и поет: «Дай мне жить... умереть такой молодой!..» Музыка сопровождает образ потока, что придает еще больше драматизма гибели молодых людей и усиливает ноту сентиментальности.

Похожи и родители героев. У мужских персонажей они страдают от социального гнета и рано умирают. Родители Инсарова убиты турками до его приезда в Россию. Мать Сонуна умирает, пока он сидит в тюрьме; отец вскоре умирает от бедности. Социальный статус родителей женских персонажей различается — Елена происходит из аристократической семьи, в то время как Роза из семьи мясников, одного из низших классов в премодерной Корее, — но они схожи консерватизмом и мещанством. Родители Розы, несмотря на низкий социальный статус, по описанию похожи на мелкую буржуазию. Родители Елены и Розы не согласны с мнением дочерей и жестко критикуют их, желая, чтобы те вели спокойную и респектабельную жизнь, не тревожась за общество и жизнь людей. Совершенно непохожие на своих родителей, Елена и Роза независимы и сострадательны. Обеим молодым женщинам не нравится консерватизм семей и невежество в отношении реалий общества, в то же время они их жалеют.

Наиболее яркое сходство в сюжетах двух произведений — отношения между героями и героинями. И Елена, и Роза независимы и решительны, но их жизнь резко меняется, а дух крепнет после встречи с Инсаровым и Сонуном. Обе истории заканчиваются решением женщин продолжить дело возлюбленных после их смерти. Елена отправляется в Болгарию, чтобы присоединиться к революции и движению за независимость. Роза уезжает на север (в Китай или Россию) — продолжать борьбу за освобождение Кореи. Уходя, каждая из них объясняет свое решение. Елена пишет родителям письмо, которым (за исключением эпилога) и завершается книга:

> Милые мои родные, я навсегда прощаюсь с вами. Вы меня больше не увидите. Вчера скончался Дмитрий [Инсаров]. Всё кончено для меня. Сегодня я уезжаю с его телом в Зару. Я его схороню, и что со мной будет, не знаю! Но уже мне нет другой родины, кроме родины Д. Там готовится восстание, собираются на войну; я пойду в сестры милосердия; буду ходить за больными, ранеными. Я не знаю, что со мною будет, но я и после смерти Д. останусь верна его памяти, делу всей его жизни [Тургенев 2011a: 312].

«Река Нактонган» также завершается погребальной одой Розы на похоронах Сонуна:

> [Знамен] столько, то их не счесть. На одном из них [sic] написано:
> Ты говорил мне:
> «Стань бомбой, взрывающейся, вырывающейся из самого низкого класса».
> Хорошо. Бомбой я стану.
> «Стань бомбой. Воистину, я говорю».
> Хорошо. Бомбой я стану.
> Он знает. [sic] [Людям] нет нужды спрашивать; это стяг [sic] Розы.
> Позднее утро; первый в этом году снег падает неровными хлопьями; со станции Гупхо в северном направлении отходит поезд. Женщина в пассажирском вагоне рассеянно смотрит в окно, пока поезд не проедет всю открытую местность. Это Роза. Возможно, она тоже хочет пройти путь, по которому шел ее погибший возлюбленный. Но однажды, пока не станет совсем поздно, она тоже вернется в эти места, которые невозможно забыть [Чо Мёнхи 2004: 30–31; Cho Myŏng-hŭi 2001: 31][49].

По сравнению с Розой, которая не сомневается в выбранном пути, Елена, несмотря на решительность и страсть, не уверена в будущем. Так происходит отчасти потому, что Чо не описывает подробно психологию Розы, в то время как Тургенев посвящает много страниц передаче внутреннего мира Елены — не только через рассказчика, но и с помощью ее дневника и писем. Чо создал новый тип гетеросексуальных отношений «романтическая любовь-товарищество» в «Реке Нактонган», основываясь на персонажах тургеневского «Накануне», при этом в рассказе Чо товарищеские отношения между героем и героиней выписаны более ярко. Как герои Ём Сансопа, о которых шла речь ранее, сравнивали себя с Инсаровым и Еленой, так и корейские интеллектуалы, вдохновившись «Накануне», создавали новый тип отношений

---

[49] Чо Мёнхи, «Нактон кан» в [Чо Мёнхи 2004: 15–31]; перевод на английский см. [Cho Myŏng-hŭi 2001: 24–31]. Русский перевод см. [Чо Мёнхи 2022].

в художественной литературе и стремились к их реализации в жизни. (Более того, как уже говорилось, когда Ким Гиджин и Пак Ёнхи в своих эссе призывают к созданию нового типа корейской женщины, они приводят в пример Елену и других женских персонажей из романов Тургенева.)

Сонун и Инсаров отличаются друг от друга в плане политической активности на родине. В то время как Инсаров умирает перед возвращением на родину, Сонун успешно возвращается в Корею и пытается организовать вечернюю школу, основывает кооператив фермеров-арендаторов и возглавляет движение сопротивления эксплуатации землевладельцев. Но (за исключением незначительного успеха в первый год) движение терпит неудачу из-за жестокого гнета того времени, а Сонуна истязают пытками, он заболевает. Одним из ярких элементов, характерных для пролетарской литературы, в рассказе «Река Нактонган» можно считать то, что героиня — представительница самого низкого класса. Как говорилось ранее, родители Елены — аристократы, в то время как Роза происходит из семьи мясников. Родители дали ей другое имя, но Сонун называет ее в честь Розы Люксембург (1871–1919) — активистки и теоретика марксизма, родившейся в Польше в немецко-еврейской семье. Имянаречение здесь — символический жест, представляющий Розу как настоящую активистку. С точки зрения повествования, еще одно отличие заключается в том, что «Река Нактонган» — короткое произведение и потому не содержит большого количества описаний и рассказов о других персонажах. Если в «Накануне» Берсенев и Шубин, друзья и знакомые Инсарова и Елены описывают героя и героиню и комментируют их поступки, то в «Реке Нактонган» именно рассказчик представляет персонажей и комментирует их поступки.

В «Реке Нактонган» на протяжении всей истории сопоставляются два вида повествования. Рассказчик обычно держится на некотором расстоянии: он старается описать природу и людей, не выходя на первый план, передает слова персонажей без собственного вмешательства. Но иногда рассказчик буквально вторгается в повествование и становится голосом автора. Этот рассказчик объясняет историю классов и угнетения, а также помещает в контекст нынешние страдания людей, живущих вокруг реки Нактонган. Событий много, но значительная часть истории не описывается, а подытоживается рассказчиком. Поскольку произведение содержит большое количество утверждений и объяснений, роль рассказчика становится более важной, чем обычно. Начав с описания реки Нактонган и вступления к песне о ней, которую пел Сонун, когда впервые покинул Корею, рассказчик объясняет происхождение классов и неравенства и зарождение социализма в Корее. Перед этим отвлеченным, но важным объяснением рассказчик прерывает течение истории и говорит: «Теперь же трудно добыть хотя бы один глоток молока. Им не оставалось ничего другого, кроме как покинуть эту землю и скитаться по свету. Давайте немного поразмышляем об этой тяжелой участи» [Чо Мёнхи 2004: 17; Cho Myŏng-hŭi 2001: 24]. Стратегическое смешение двух повествователей позволяет интегрировать в короткий рассказ сюжет длиной в роман.

«Река Нактонган» занимает всего 17 страниц в собрании сочинений Чо Мёнхи и описывает лишь два дня: когда Сонуна выпустили из тюрьмы и когда его хоронили. Но события, которые передаются посредством ретроспективы и объяснения рассказчика, охватывают как всю прошлую жизнь героя и героини, так и социально-политический контекст их борьбы. Композиционные время и пространство «Реки Нактонган» также эквивалентны масштабу романа. Поскольку Чо создает историю масштаба романа в рамках короткого рассказа, в ней присутствуют разрывы и скачки повествования: резкая смена темы, переход к прямой речи, близость лирических и аналитических отрывков, похожих на эссе, и внезапные изменения в дистанцировании рассказчика от читателя. Один из исследователей обратил внимание на несоответствие между формой и содержанием «Реки Нактонган» и отнес это к недостаткам рассказа Чо [Ли Сонок 1989: 62–63].

Однако если не настаивать на применении условных параметров современного рассказа в отношении этого произведения, то разрывы и скачки не воспринимаются как недостатки. Их скорее можно рассматривать как характеристики уникального экспериментального стиля повествования. Несмотря на то что формальная последовательность и стабильность сюжетной линии нарушены, «Река Нактонган» стремится дать читателю ощущение всеобъемлемости, к которому в конечном счете и обращается реалистическая литература (в целом жанр рассказа не позволяет передать это ощущение). Возможно, в какой-то степени это результат попытки Чо воплотить сюжетную структуру романа «Накануне» в коротком рассказе, а не написать историю с элементами, соответствующими жанру рассказа.

Именно песня о реке Нактонган — как литературный прием — придает более или менее фрагментарному повествованию определенное единство. В песне описывается некое утопическое прошлое тех, кто живет у реки Нактонган, — прошлое, метонимически замещающее Корею. Песня дается в начале рассказа и занимает одну из 17 страниц. Половина песни повторяется в середине истории. Кроме того, чуть позже появляется несколько строк из другой песни о реке Нактонган — как часть первой песни. Как следует из названия, река Нактонган является центральной точкой повествования. Ее непрерывный поток вместе с повторяющимися песнями о реке как бы обтекает разрывы в описании персонажей и событий и объединяет их.

На ранних этапах развития пролетарской литературы писатели выбирали более короткие и доступные формы, такие как рассказ, стихотворение и пьеса. Для создания романов требовалось время, писателям необходимо было достичь зрелости [Denning 2004: 54]. После начала пролетарского литературного движения Корее понадобилось около десяти лет, прежде чем появился первый роман[50]. В этом контексте переписывание Чо Мёнхи романа Тургенева в рассказ не вызывает удивления. Кроме того, популярность и значимость жанра рассказа в современной корейской литературе может отчасти объяснить выбор Чо[51]. Пере-

---

[50] Первый пролетарский роман, «Кохян» («Родина») Ли Гиёна был написан в 1933–1934 годах.
[51] Объяснение популярности жанра рассказа в Корее см. [Пак Хонхо 2004: 67–101].

вод в виде краткого содержания также был популярен в колониальный период, поэтому превращение иностранного романа в рассказ не было чем-то из ряда вон выходящим для корейских писателей — как в случае с обобщающим содержание переводом «Накануне» Ли Тхэджуна, о котором говорилось ранее.

Герои обеих историй рано и трагически умирают, но между «Рекой Нактонган» и «Накануне» есть одно важное различие — отношение рассказчика (автора) к судьбам протагонистов. Если у Чо, несмотря на смерть героя, финал более или менее триумфальный, то у Тургенева конец пессимистичен:

> Как бы то ни было, след Елены исчез навсегда и безвозвратно, и никто не знает, жива ли она еще, скрывается ли где, или уже кончилась маленькая игра жизни, кончилось ее легкое брожение, и настала очередь смерти. Случается, что человек, просыпаясь, с невольным испугом спрашивает себя: неужели мне уже тридцать... сорок... пятьдесят лет? Как это жизнь так скоро прошла? Как это смерть так близко надвинулась? Смерть — как рыбак, который поймал рыбу в свою сеть и оставляет ее на время в воде: рыба еще плавает, но сеть на ней, и рыбак выхватит ее — когда захочет [Тургенев 2011а: 313].

Этот отрывок наглядно демонстрирует взгляд Тургенева на бессилие человека перед законами природы. Образ смерти как рыбака и человека как рыбы, обреченной быть пойманной, объединяет фатализм Тургенева с трагической ранней смертью Инсарова и неизвестным будущим Елены. Корейский автор явно отходит от этого. Даже довольно точно переводя «Накануне» Тургенева, Чо построчно передал все письмо Елены, но исключил размышления Тургенева о судьбе и смерти своих героев. Смерть Инсарова — событие тихое и личное. Смерть Сонуна — торжественные коллективные поминки: длинное шествие множества людей с транспарантами «Ушел храбрый человек. Но его горячая кровь все еще течет в наших венах», а также вдохновляющий плакат Розы, процитированный ранее [Чо Мёнхи 2004: 30; Cho Myŏng-hŭi 2001: 31]. Как показывает рассказ Чо, несомненно, в процессе заимствования и переписывания русской литературы XIX века корейские интеллектуалы проявляли политическую активность. Акт пересмотра буржуазной литературы и ее конвертации в пролетарскую мог иметь в Корее особое воздействие именно потому, что писатели ассоциировали социальную реальность скорее с дореволюционной Россией, чем с советской, которая уже отличалась от собственного прошлого.

Какое значение имели Тургенев и русские авторы XIX века для корейских пролетарских писателей? Корейская пролетарская литература — это литература, возникшая с устремлением к *грядущей* революции, в то время как советская пролетарская литература была построена на или вместе с уже свершившейся революцией[52]. В России литература, воплотившая в себе стремление к грядущей революции, была литературой последних десятилетий XIX века — времени, когда формировались революционные герои Тургенева. Если при исследовании корейской пролетарской литературы рассматривать только отношения с советской литературой и ее теориями *после* революции, то невозможно правильно отразить направление, в котором развивалась ранняя корейская пролетарская литература.

Корейская пролетарская литература стремилась к четкому отделению от литературы прошлого, как это делали пролетарские литературы других стран. Но, подчеркивая разрыв с собственной традицией — особенно с традицией искусства ради искусства, которая сама по себе имела очень короткую историю, — она

---

[52] Как верно отмечает Майкл Деннинг, Россия была скорее исключением, чем правилом, потому что «в России литературное движение развивалось в основном после революции, в союзе (в разной степени) с новым режимом, а не как оппозиционный авангард. В результате пролетарские романы были в большей степени посвящены реконструкции нации и строительству социализма, нежели борьбе с капитализмом или колониализмом» [Denning 2004: 61]. Аргумент Сэмюэля Перри, говорящий о том, что пролетарское литературное движение в Японской империи было частью «общественного формирования» и «контргегемонистского оппозиционного движения», согласуется с замечанием Деннинга о пролетарской литературе как оппозиционном авангарде в большинстве стран [Perry 2007: 1–12].

одновременно устанавливала связь с традицией дореволюционной русской литературы XIX века. Стоит отметить, что, поскольку Корея имела относительно молодую традицию современной литературы (с момента появления первого современного корейского романа прошло менее десяти лет), пролетарская литература меньше страдала от необходимости отличать себя от существующей буржуазной литературы. Вместо этого она уделяла больше внимания созданию легитимной основы для литературного движения, подчеркивая роль ангажированной литературы в России XIX века и сходство между дореволюционной Россией и Кореей 1920-х годов.

В отличие от революционной России, основной мотивацией и стремлением пролетарской литературы в Корее была не успешная революция или рост рабочего класса, а надежда на наступление социальной революции в ближайшем будущем. Как мы видим из воспоминаний Ким Гиджина, например, вера корейских писателей в неизбежность революции в Японии и Корее воспламеняла их желание изменить корейский литературный мир, а в конечном итоге и корейское общество. Русская литература XIX века сознательно выступала с позиций контргегемона в борьбе с царской тиранией, намеренно посвящая сюжеты жизни простых людей и необходимым социальным изменениям. Именно такой образ русской литературы привлекал корейских интеллектуалов на протяжении всего колониального периода. Если успех русской революции дал корейским писателям-социалистам будущее, о котором они могли мечтать, то именно русская литература XIX века показала путь, по которому могла свершиться революция.

В статье 2002 года Чхве Вонсик, известный исследователь современной корейской литературы, утверждает, что корейская пролетарская литература была результатом трансплантации мирового движения левой литературы извне. Он перечисляет три специфические черты корейской пролетарской литературы в период ее расцвета в 1920-х и начале 1930-х годов: трансплантация извне, международный синхронизм и современность (contemporaneity, *хёндэсон*), которую корейская пролетарская литература приобрела в результате интенсивного сознательного развития. Подчеркивая современность и трансплантацию, Чхве определяет корейскую пролетарскую литературу как «революционную литературу, которая зародилась и процветала во всем мире под руководством Коминтерна в 1920-х и начале 1930-х годов» [Чхве Вонсик 2002: 20].

Определение Чхве дает прочное историческое обоснование корейской пролетарской литературе и успешно передает ее интернациональный характер в начале XX века. Но в то же время оно стирает сложности, порожденные социально-политическим и культурным контекстом Кореи. Несмотря на влияние Коминтерна на корейское пролетарское литературное движение на его позднем этапе, пролетарские писатели Кореи 1920-х годов восприняли разнообразные идеи и социальные движения, в частности русский нигилизм, французское движение Кларте, русский популизм, а также инклюзивный и эклектичный «неоидеализм». Они сознательно сопоставляли свою эпоху и себя с Россией XIX века и русскими писателями-реалистами.

Кажется, что в этом сопоставлении заключено очевидное теоретическое противоречие, но большинство авторов пролетарской литературы в колониальной Корее, несмотря на осознание и веру в социалистическую международную коалицию, ставили на первое место восстановление национального суверенитета и полагали, что революция, которую они ждали и к которой стремились, всегда будет сопутствовать независимости Кореи. Для пролетарских писателей колониальной Кореи национальный суверенитет был не побочным продуктом революции, а *ее стимулом*. Отдавая приоритет национальной независимости и признавая сходство с дореволюционной российской действительностью, корейские пролетарские писатели симпатизировали русским реалистам не только эмоционально, но и логически, о чем свидетельствуют их манифесты, очерки и беллетристические произведения. Их привязанность к России XIX века и соотнесение с ней может показаться анахронизмом, на самом же деле именно эмоциональное и реалистичное ощущение современности и интернациональности колониальными корейскими писателями стало основой корейской пролетарской литературы в 1920-е годы.

Эпилог
Общее восприятие в Восточной Азии и представления об альтернативных историях литературы

Русская литература в постколониальной Корее

Интерес корейцев к русской литературе не иссяк и после освобождения Кореи в 1945 году. Внимание к литературному процессу в СССР в период с 1945 по 1950 год и в конце 1980-х — начале 1990-х свидетельствует о том, что русская литература имела большое значение для корейских писателей и интеллектуалов во время быстрых социальных перемен. Подчеркивается и роль холодной войны, препятствующей взаимодействию в соответствующие годы[1]. Перевод русской литературы в постколониальной Южной Корее выявляет сложный процесс коммуникации между давней антикоммунистической политикой южнокорейского правительства, отсутствием институционализированного образования в области русского языка и литературы и продолжающейся корейской практикой перевода русской литературы с японского.

---

[1] Эпилог посвящен только литературе Южной Кореи. Само собой разумеется, что северокорейская литература в постколониальную эпоху развивалась в тесной связи с русской (советской) литературой.

Тенденции перевода русской литературы в постколониальной Корее отвечали превратностям политических перемен в стране. Первые несколько лет между освобождением и Корейской войной (1945–1950) ознаменовались возрождением левой литературы в Корее. Активно переводилась советская литература, и число переводов русской (советской) литературы превысило число переводов американской[2]. Однако после Корейской войны и раздела страны выпуск в свет советской литературы в Южной Корее стал практически невозможен вплоть до конца 1980-х годов, когда военный режим в стране прекратил свое существование. В 1960–1970-е годы в Южной Корее проводилась строгая антикоммунистическая политика, и советская литература в этот период была полностью запрещена. Например, в 1960-х годах в десятитомной антологии мировой литературы, выпущенной издательством «Сингу», не было раздела, посвященного советской литературе, а в пятитомной антологии русской литературы от издательства «Муну» не было ни одного советского писателя [Ким Пёнчхоль 1998а, 1: 301]. В 1970-е годы ситуация была такой же, если не хуже, но примечательно, что количество переводов русской литературы увеличилось по сравнению с десятилетием 1960-х. Это увеличение связано, прежде всего, с общим бумом в издании антологий в 1970-х годах, который, возможно, был вызван промышленным и экономическим ростом Кореи того времени[3].

Именно в конце 1980-х годов, когда в Южной Корее пришел к своему концу длительный военный режим, был снят запрет на диссидентские книги, более свободными стали культурные предписания. Ранее запрещенная советская литература начала переводиться, а советская и восточноевропейская культура —

---

[2] Среди книг, переведенных в 1945–1950 годах, тридцать пять томов были посвящены русской литературе, а двадцать семь — американской [Ким Пёнчхоль 1998а, 1: 106].

[3] Список корейских переводов русской и советской литературы с 1950-х до 1980-е годов см. [Ким Пёнчхоль 1998а: 1:301]. Более подробный статистический анализ переводов русской литературы в Корее см. [Ом Сунчхон 2005: 241–272].

импортироваться. Стали доступны и ранее запрещенные корейские книги, что вызвало бум в издании и исследовании пролетарской литературы колониального периода. Всплеск интереса к русской/советской литературе сопровождался инициативами по созданию кафедр русского языка и литературы в университетах — тенденция, ускоренная установлением Кореей дипломатических отношений с Россией после распада Советского Союза. К середине 1980-х годов только в трех университетах были кафедры русского: первая открыта в Университете иностранных языков Хангук в 1954 году, вторая — в Корейском университете в 1974 году, а третья — в Сеульском национальном университете в 1984 году. Однако в начале 1990-х годов около тридцати университетов открыли кафедры русской словесности.

Созданная образовательная инфраструктура для изучения русского языка и литературы сделала возможным прямой корейский перевод русских источников, чего ранее не было. Вплоть до конца 1980-х годов переводчики по-прежнему в значительной степени полагались на косвенный перевод с японского, хотя среди них были и те, кто получил высшее образование в области русского языка и литературы. В 1950–1960-е годы многие известные писатели, такие как Ким Донин, Хван Сунвон и Чу Ёсоп, не знавшие русского языка, но очень интересовавшиеся русской литературой, занимались ее переводами. Даже специалисты с кафедры русского языка Университета иностранных языков Хангук, которые были ведущими переводчиками и профессиональными исследователями русской литературы с 1960-х годов, подвергались критике, поскольку в своих переводах по-прежнему в значительной степени использовали японские тексты [Ом Сунчхон 2005: 259, 266]. Может показаться странным, что ученые-переводчики продолжают использовать косвенный перевод с японского, но подобная практика становится понятной, если учесть, что это поколение получило образование в колониальный период и в совершенстве владело японским и корейским языками.

Эти переводчики русской литературы принадлежат к поколению, которое Хан Суён называет «чонху седэ» («послевоенное поколение»): писатели, родившиеся в 1920–1930-х годах, прошедшие все стадии образования в колониальный период и дебютировавшие примерно во время Корейской войны. Это поколение было двуязычным, но, владея японским, они не обучались чтению и письму на корейском языке до освобождения Кореи в 1945 году. Большинство из них, очевидно, чувствовали себя более комфортно в обращении с японским языком и читали литературу на нем [Хан Суён 2007: 259, 273]. В течение нескольких десятилетий после освобождения Кореи наибольшее количество корейских переводов русской литературы было сделано такими специалистами по русскому языку, как Ким Хаксу, Ли Чхоль, Пак Хёнгю и Тон Ван. Все они родились в 1920–1930-е годы и получили образование на японском языке в колониальный период, как и писатели «послевоенного поколения». Они изучали русский язык и литературу в колледже, но им было бы гораздо проще и действеннее читать и переводить с японского — зачастую более привычного для них, чем родной язык.

Таким образом, японское посредничество влияло на понимание русской литературы и ее корейский перевод непрерывно на протяжении 80 лет, с конца 1900-х до конца 1980-х годов. Этот срок увеличивается, если учесть переиздания ранних косвенных переводов с японского, которые все еще выходят в свет. Знакомство корейцев с русской литературой в колониальный период (которому предшествовало японское понимание и перевод русской литературы) до сих пор влияет на современное корейское производство знаний о русской литературе. Исключительно восторженная рецепция романа Толстого «Воскресение» японскими и корейскими читателями в начале XX века продолжает формировать представления о нем и сто лет спустя, хотя в России и других странах он не является центральным в творчестве Толстого. Названия корейских переводов также продолжают раскрывать историю японского посредничества. Фтабатэй Симэй перевел повесть Тургенева «Ася» (1858) — так зовут героиню — на японский язык в 1896 году под названием «Катакои» («Безответная любовь»). Начиная с колониального периода переводы этой повести на корейский также использовали название «Тчаксаран»

(«Безответная любовь»). Даже такие специалисты по русской литературе, как Ли Чхоль и Ким Хаксу, использовали это название в своих переводах, показывая, насколько глубоко японское колониальное наследие укоренилось в современной корейской переводческой практике и культуре.

Часто предполагается, что в постколониальной Корее делались прямые переводы исходных текстов без японского посредничества, поскольку до 1990-х годов между Кореей и Японией не было активного культурного обмена. Японское посредничество, однако, пронизывало понимание корейцами русской литературы и ее переводы на корейский, надолго пережив тех, кто впервые перевел русскую литературу. Сложившееся в колониальный период представление корейцев о русской литературе существенно влияло не только на процесс перевода, но и на развитие знаний о русской литературе вплоть до недавнего времени. Сложная трехсторонняя конфигурация, сложившаяся благодаря «режиму перевода» и упомянутая во введении, — конфигурация, где на концептуальном уровне артикулируется пара «корейский — русский», а на практике пара «корейский — японский», — справедлива и для постколониальной Кореи.

«Литература для жизни» и общее восприятие в Восточной Азии

Взаимодействие Кореи с русской литературой в начале XX века было частью жизни интеллектуального сообщества Восточной Азии, использовавшего русскую литературу для создания собственной новой литературы. Рассмотрение Восточной Азии через призму процесса ее коммуникации с русской литературой позволяет увидеть общие для Китая, Японии и Кореи культурные знаменатели. Они не всегда лежат на поверхности, если мы рассматриваем восточноазиатские современные литературы в сравнении с «Западом», — как модернизация часто бывает представлена в Западной Европе и Америке.

Процесс взаимодействия Восточной Азии с русской литературой подчеркивает тот факт, что иностранная литература, попадая в литературный мир Восточной Азии, проходила через многослойные посредничества различных языковых культур. Русскую литературу в Восточной Азии читали и переводили в основном с других западных языков или японского. В Японии многие русские тексты переводились с их английских версий (которые сперва делались с французского), а в Китае и Корее исходными текстами для переводов часто становились японские и английские версии русской литературы.

Случай с русской литературой в Восточной Азии является ярким примером того, что общая доступность и владение иностранным языком *не* определяют объем переводов и популярность этой литературы. Он показывает, что языковая дистанция или отсутствие отношений между двумя культурами не обязательно препятствуют рецепции одной культуры другой. Несмотря на то что многие представители интеллигенции практически не знали русского языка на уровне, достаточном для чтения или перевода, русская литература в течение определенного периода времени была наиболее переводимой в Восточной Азии; возможно, из всех западных литератур она оказала самое большое интеллектуальное влияние на Японию, Китай и Корею в конце XIX — начале XX века[4]. Уникальным аспектом восточноазиат-

---

[4] По словам Мотидзуки Тэцуо, «другие литературы, в частности французская, немецкая и английская, также сыграли важную роль в формировании современной японской литературы, но из тех, которые были представлены в [XIX и начале XX века], русская литература по праву считается самой влиятельной» (Мотидзуки Тэцуо, «Japanese Perceptions of Russian Literature in the Meiji and Taishō Eras» («Восприятие японцами русской литературы в эпохи Мэйдзи и Тайсё») в [Rimer 1995: 17]). В случае с Китаем Гамса утверждает, что «по общему мнению, литература ни одной другой страны не оказала такого важного и многогранного влияния на современный Китай, как литература России и Советского Союза» [Gamsa 2008: 20–25]. В своем исследовании японско-российских негосударственных интеллектуальных отношений с середины XIX до начала XX века Сё Кониси утверждает, что «для наглядности, в макроисторической перспективе российское культурное присутствие в Японии с середины XIX до начала XX века было сравнимо с тем, как на интеллектуальную жизнь Японии эпохи Токугава до 1860 года и после Азиатско-Тихоокеанской войны влияли культурное присутствие Китая и Америки соответственно» [Konishi 2013: 5].

ской современности является и то, что в этом регионе возник огромный культурный интерес к русской литературе, несмотря на отсутствие развитой инфраструктуры изучения языка и соответствующего образования.

Примечательно, что каждый из трех писателей Японии, Кореи и Китая (Фтабатэй Симэй, Ли Гвансу, Лу Синь), которым приписывают создание первого современного романа или рассказа в каждой из культур, имел тесную связь с русской литературой как в плане литературного творчества, так и в плане жизненного пути. Фтабатэй Симэй писал, что русские авторы изучали угнетение как «проблему человека», и выделял выражение «искренне» (*мадзимэ-ни*) для описания того, как русские писатели подходили в своих работах к проблеме угнетения. Он считал «Записки охотника» Тургенева примером произведения, повлиявшего на освобождение крепостных, и объяснял, на какие жертвы шли русские писатели ради своей литературы [Фтабатэй Симэй 1965: 283–284]. Взгляды Фтабатэя разделял Лу Синь, считавший русскую литературу «учителем и другом» и видевший в ней «прекрасную душу угнетенного, его страдания, его борьбу» [Лу Синь 1955: 99]. Не случайно, что литературный путь Ли Гвансу и его теория литературы во многом повторяют Толстого, о чем говорилось в первой главе; что первый современный японский роман «Укигумо» Фтабатэя показывает тесные связи с такими русскими писателями, как Гоголь и Тургенев; что название первого современного китайского рассказа Лу Синя «Записки сумасшедшего» отсылают к гоголевским «Запискам сумасшедшего». Эти три писателя уделяли основное внимание не эстетическому качеству или параметру современности русской литературы XIX века, а той заботе о простых людях и обществе, которую она демонстрировала. Таким образом, русская литература была для восточноазиатских писателей не просто «передовой» цивилизационной методикой, с которой они могли соперничать или которой могли подражать; это было нечто, благодаря чему и в рамках чего они могли представить себе и передать общее направление для литератур, создаваемых ими в настоящем и будущем.

Их стремление к литературе было тесно переплетено с заботой о своем обществе и угнетенных народах, но взаимодействие восточноазиатских интеллектуалов с русской литературой также является примером того, как литература могла формировать их жизнь и реальность. Во второй главе рассматривается, как перевод в Корее начала XX века был не воспроизведением «оригинала», а производящим присвоением, с помощью которого переводчик не только творчески реконструировал исходный текст, но и разрабатывал новые способы восприятия и изменения реальности, в которой он жил. В случае некоторых писателей литература выходила за рамки проживаемой ими реальности и излагала жизнь, которую эти писатели хотели бы жить, а также жизни, к которым они приглашали присоединиться других людей. Некоторые писатели жили той жизнью, которую они описывали в своих произведениях: это видно на примере гомологии между корейским писателем Чо Мёнхи и его собственными персонажами из рассказа «Река Нактонган», который Чо создал благодаря переводу русской литературы. Чо Мёнхи был казнен в России и не смог вернуться в Корею, но он шел путем своего героя Сонуна, который вернулся в Корею и возглавил общественное движение после пяти лет участия в движении за независимость в Северо-Восточном Китае, а также путем Розы, которая после смерти героя уехала в северные края (Россию или Китай). Возможно, Чо, прежде чем последовал путем своих персонажей и уехал в Россию, где до конца жизни занимался писательской, культурной и политической деятельностью, уже практически прожил жизнь, которая его ждала, через своих героев и через тургеневских Инсарова и Елену. Аналогичным образом, для китайских писателей «русская, а затем советская литература в Китае отождествлялась с реальной жизнью, ее вымышленные персонажи — с живыми мужчинами и женщинами, а ее авторы — с учителями» [Gamsa 2008: 12]. Для китайского интеллектуала Цянь Гужуна русская литература вышла за пределы жанра и стала когнитивной рамкой, через которую он смог воспринять и понять окружающий мир. Когда восточноазиатские интеллектуалы характеризовали русскую литературу как «литературу для жизни» и призывали к появлению ее на своих языках, это могло означать не только литературу, которую они будут создавать, но и *литературу, которая, по их мнению, будет, в обратном порядке, создавать их собственные настоящие и будущие жизни.*

Как видно на примере Фтабатэя Симэя, Ли Гвансу и Лу Синя, русская литература пропагандировалась как *тот самый* образец их собственной литературы. Общая для Восточной Азии схема ее современной литературы нашла свое наиболее полное отражение в образе и понимании русской литературы. Именно фраза «литература для жизни» не только сконцентрировала восприятие русской литературы восточноазиатскими интеллектуалами, но и воплотила в себе их собственное стремление к новой форме литературы в смутные времена. Специфическое выражение «литература для жизни» использовалось не только в Корее, но и в Китае. Китайские интеллектуалы считали, что русская литература поддерживала «литературу человека» и «литературу для жизни», что подразумевало «изображение угнетенных и борьбу за лучшее будущее для них» [Ibid.: 29–33]. В основе своей русская литература воспринималась восточноазиатскими интеллектуалами как нечто, воспроизводящее гуманизм через жизнь и творчество писателя.

Образ русской литературы и писателей, созданный восточноазиатскими интеллектуалами, не всегда соответствовал реальности, ярким примером чего является их представление о Достоевском как о писателе-гуманисте. В действительности Достоевский был империалистом и типичным ориенталистом, что видно из его очерка «Геок-Тепе. Что такое для нас Азия?», в котором покоренные азиаты (Сибирь и Средняя Азия) составляют «необходимый элемент в общей картине русского престижа» [Lim 2013: 9]. Однако восточноазиатские интеллектуалы создавали свои идеалы на основе тщательного отбора иностранных материалов, а иногда и откровенной фальсификации. Они считали Достоевского, несмотря на приведенные аргументы, гуманистом, сочувствующим людям из низших слоев общества, воспринимающим мысли и жизнь угнетенных через свою литературу — и, следовательно, сочувствующим и им. Восточноазиатские писатели проецировали образ *желаемой* литературы на русскую, которую они конструировали в соответствии со своими целями.

Как показывают последние исследования, посвященные отношениям между Россией и Восточной Азией, трудно рассматривать Россию как неразрывно связанную с Западом по отношению к Азии [Schimmelpenninck van der Oye 2010; Konishi 2013; Lim 2013; Schimmelpenninck van der Oye 2001]. Во-первых, с российской стороны исторически и культурно сложная идентичность по отношению к Западной Европе в сочетании с географической и этнической близостью Азии осложняет собственный подход России к Азии. Между тем Восточная Азия воспринимала Россию как западную культуру — но западную культуру, которая была знакома Азии и имела некоторый отрыв от западноевропейских культур в силу своей географической и расовой близости к Азии, а также в силу своего положения одного из поздних участников модернизации. Восточноазиатские интеллектуалы воспринимали Россию как альтернативу западной современности, что очевидно на примере русско-японского анархистского сообщества в Японии XIX — начала XX века[5]. Лу Синь и Чжэн Чжэньдо в Китае также считали русскую литературу «приемлемой альтернативой "Западу"» [Gamsa 2008: 15].

Использование России в качестве всестороннего инструмента объяснения восточноазиатской литературы помогает нам прояснить эти общие стремления к социальной справедливости, а также осознание выбора и альтернатив, доступных даже в условиях бурной модернизации. Эта перспектива не возникает так же легко, когда мы рассматриваем влияние западноевропейской и американской литературы на восточноазиатскую, и даже когда мы изучаем связи между Россией и отдельной восточноазиатской культурой. Хотя литература в Восточной Азии XXI века и существует лишь как одна из многих форм искусства и массовой медийной культуры, общий гуманистический взгляд на литературу

---

[5] Анархизм здесь означает «культурное, интеллектуальное и социальное движение», а не насильственную конфронтацию с государством. Подробнее см. [Konishi 2013: 6–10].

в современной Восточной Азии (который представлен и конкретизирован через диалог с русской литературой и сконцентрирован в выражении «литература для жизни») напоминает нам, что литература в здесь родилась и была создана в том числе как критика антигуманистического угнетения и стремление к созданию лучшего общества.

Перевод и представления об альтернативных историях литературы

Исследуя перевод и присвоение русской литературы корейскими интеллектуалами в период становления современной корейской литературы, эта книга в конечном итоге стремится восстановить перевод как критический медиум, создающий новые ценности и изменения в обществе, а также как методологию, позволяющую лучше понять литературу как процесс с присущими ей межкультурными аспектами — в том смысле, что вопросы перевода распространяются на литературное творчество в целом. В большинстве национальных историй литературы перевод рассматривается телеологически, поэтому ранние переводческие практики, такие как краткие содержания и адаптивные переводы, считаются неудовлетворительными или неполными. Время становления, таким образом, рассматривается как переходный этап, который преодолевается в процессе развития более эксклюзивной и однородной национальной литературы. Подобным же образом различные гибридные формы письма — например, газетные репортажи с вымышленными элементами и фрагментарным повествованием — нередко низводятся до уровня переходных жанров, обреченных на вымирание с появлением более «сложных и оригинальных» форм художественной литературы. Но эти, казалось бы, переходные и незрелые гибридные практики как в переводе, так и в современных литературных произведениях были вполне творческими и аутентичными формами письма, конструктивно взаимодействующими друг с другом.

Переосмысление этого забытого аспекта корейской истории позволяет нам подступиться к запутанным и разнообразным литературным практикам внутри и вне языковых и культурных границ. Оно также позволяет нам пересмотреть когнитивную и институциональную маргинализацию перевода как современного культурного продукта, которая подтверждается и укрепляется правовыми нормами и обычаями, издательской практикой и историей национальных литератур. Знание этой истории поможет нам утвердить творческий потенциал перевода и возможности, которые он предоставляет. Раскрывая сложные связи культурного перевода, эта книга призвана исправить мнение о том, что производность и подчиненность — неотъемлемая данность переводной современности, в чьей исторической траектории неминуемо заложена на глубоком уровне практика перевода.

Понимание взаимосвязи между переводом и становлением современной литературы позволяет нам выйти за рамки модели развития литератур национальных государств, поскольку подразумевает признание потока литератур, относящихся к разным культурам, и взаимодействия между ними. Оно также показывает важное значение перевода не только как акта передачи, но и как места, в котором раскрываются конфликты, борьба и общее восприятие культурных агентов; также в процессе становятся видны социально-исторические случайности и неожиданные культурные силы, которые выходят за рамки сферы влияния этих агентов. Мы не должны упускать из виду эти сложность и взаимосвязь, если хотим представить себе другой тип истории литературы, более открытый для других; если хотим начать писать о коллективной связности между литературами, не основанной на исключительности телеологической национальной истории литературы или повторении неизбежных дисбалансов и слепых пятен канонов мировой литературы. Я надеюсь, что книга «Забытая история перевода» станет шагом на пути к представлению и созданию новых историй литературы.

Источники

Газеты

Мэиль синбо
Сидэ ильбо
Тэхан мэиль синбо
Тоннип синмун
Тонъа ильбо
Хвансон синмун
Чегук синмун
Чосон ильбо
Чосон чунъан ильбо
Чосон чхондокбу кванбо
Чунве ильбо
Чунъан ильбо

Исикава Такубоку 1981 — Исикава Такубоку. Лирика / пер. с яп. В. Марковой. М.: Детская литература, 1981.

Ём Сансоп 1987 — Ём Сансоп. Ём Сансоп чонджип [Полн. собр. соч.]. Т. 2. Саран-ква чхве [Любовь и грех]. Сеул: Минымса, 1987.

Ким Гиджин 1988 — Ким Гиджин. Ким Пхаль-бон мунхак чонджип [Полн. собр. соч.]: в 6 т. Сеул: Мунхак-ква чисон, 1988.

Ким Донин 1964 — Ким Донин чонджип [Полн. собр. соч.]. Сеул: Хонджа чхульпханса, 1964.

Котоко Сюсуй 1904 — Котоко Сюсуй. Торусутои о но хисэнрон о хёсу [Комментарии об антивоенных мыслях Толстого] // Хэймин синбун. 1904. 14 авг. Перепечатано в: Хаяси Сигэру, Нисида Такэтоси, ред. Хэмин синбун ронэцусю. Токио: Иванами сётэн, 1961.

Кропоткин 2016 — Кропоткин П. А. Лекции по истории русской литературы. М.: Common place, 2016.

Кусуяма 1915 — Кусуяма Масао. Кякухон со но дзэня [Пьеса: Накануне]. Токио: Синсёса, 1915.

Ли Гвансу 1977 — Ли Гвансу. Ли Гвансу чонджип [Ли Гвансу. Полн. собр. соч.]: в 11 т. Сеул: Самджундан, 1977.

Ли Хёсок 1990 — Ли Хёсок. Ли Хёсок чонджип [Ли Хёсок. Полн. собр. соч.]: в 8 т. Сеул: Чханмиса, 1990.

Лу Синь 1955 — Лу Синь. Приветствую литературные связи Китая и России // Синь Лу. Собр. соч.: в 4 т. / сост. и послесл. Л. Д. Позднеевой. Т. 2: Публицистика. Циклы. М.: Гослитиздат, 1955. С. 98–99.

Масамунэ Хакутё 1983 — Масамунэ Хакутё. Тамацукия [Бильярдная] // Масамунэ Хакутё дзэнсю [Масамунэ Хакутё. Полн. собр. соч.]: в 30 т. Токио: Фукутакэ сётэн, 1983.

Маэда, Симамура 1915 — Маэда Акира, Симамура Тамидзо. Осю киндай сёсэцука кэнкю [История современных европейских писателей]. Токио: Бунгаку фукюкай, 1915.

Маэда 1913 — Маэда Акира. Че-хофу сёдэн [Краткая биография Чехова] // Антон Чехов. Танпэн дзиссю Че-хофу сю [Десять рассказов Чехова] / пер. Маэда Акира. Токио: Хакубункан, 1913.

Миками, Такасу 1890 — Миками Сандзи, Такасу Кувасабуро. Нихон бунгакуси [История японской литературы]. Токио: Кинкодо, 1890.

Мэнсфилд 1958 — Мэнсфилд К. Девочка, Которая Устала / пер. Н. Рахманова // Рассказы. М.: Гослитиздат. Ленинградское отделение, 1958. С. 26–34.

Накадзато 1906 — Накадзато Кайдзан. Торусутои гэнкороку [Изречения и поступки Толстого]. 2-е изд. Токио: Наигаи сюппан кёкаи, 1906.

Пак Ёнхи 1997 — Пак Ёнхи. Пак Ёнхи чонджип [Полн. собр. соч.]: в 4 т. Тэгу, Южная Корея: Ённам тэхаккё, 1997.

Син Сокджон 1947 — Син Сокджон. Пан [Комната] // Сыльпхын мокка [Грустные пасторальные песни]. Пуан: Нанджу мунхваса, 1947.

Такасима Хэйдзабуро 1912 — Такасима Хэйдзабуро. Синри хакува [История психологии]. Токио: Ракюодо, 1912.

Толстой 1906 — Толстой Л. Н. Гэйдзюцурон [Теория искусства] / пер. Арима Сукемаса. Токио: Хакубункан, 1906.

Толстой 1936 — Толстой Л. Н. Одумайтесь! // Л. Н. Толстой. Полн. собр. соч.: в 90 т. Т. 36. Москва: Художественная литература, 1936. С. 100–149.

Толстой 1983а — Толстой Л. Н. Что такое искусство? // Л. Н. Толстой. Собр. соч.: в 22 т. Т. 15. М.: Художественная литература, 1983. С. 41–222.

Толстой 1983b — Толстой Л. Н. Исповедь // Л. Н. Толстой. Собр. соч.: в 22 т. Т. 16. М.: Художественная литература, 1983. С. 106–166.

Толстой 1985 — Толстой Л. Н. Дневники // Л. Н. Толстой. Собр. соч.: в 22 т. Т. 22. М.: Художественная литература, 1985.

Торусутои кэнкю 1985 — Торусутои кэнкю [Исследования Толстого]. Токио: Синтёса, сент. 1916 — янв. 1919. Переиздание: Торусутои Кэнкю. Токио: Одзораса, 1985.

Тургенев 1908 — Тургенев. Со но дзэня [Накануне] / пер. Сома Гёфу. Токио: Наигаи Сюппан Кёкаи, 1908.

Тургенев 1918 — Тургенев. Со но дзэня [Накануне]: в 4 т. Токио: Синсёса, 1918.

Тургенев 1921 — Тургенев. Со но дзэня [Накануне] / пер. Оно Хироси. Токио: Токаса, 1921.

Тургенев 2011a — Тургенев И. С. Накануне // И. С. Тургенев. Собр. соч.: в 6 т. Т. 2. М.: Книжный клуб «Книговек», 2011. С. 167–317.

Тургенев 2011b — Тургенев И. С. Чернорабочий и белоручка // И. С. Тургенев. Собр. соч.: в 6 т. Т. 5. М.: Книжный клуб «Книговек», 2011. С. 504–505.

Фтабатэй Симэй 1965 — Фтабатэй Симэй. Рококу бангаку но Нихон бунгаку ни оёбоситару эйкё [Влияние русской литературы на японскую] // Фтабатэй Симэй дзэнсю 5. Токио: Иванами сётэн, 1965. С. 283–284.

Хага Яити 1899 — Хага Яити. Кокубунгакуси дзикко [Десять лекций об истории национальной литературы]. Токио: Тёамабо, 1899.

Хён Джингон 2004 — Хён Джингон. Хён Джингон мунхак чонджип [Хён Джингон. Полн. собр. соч.] / ред. Ли Канон, Ли Чухён, Чо Чинги, Ли Чэчхун: в 6 т. Сеул: Кукхак чарёвон, 2004.

Цубоути Сёё 1969 — Цубоутии Сёё. Сёсэцу синдзуи [Сущность романа]. Т. 16. Цубоути Сёё сю [Сборник работ Цубоути Сёё] // Мэйдзи бунгаку дзэнсю [Полн. собр. соч. литературы эпохи Мэйдзи]. Токио: Тикума сёбо, 1969.

Чехов 1924 — Чехов А. П. Чехоп танпхёнджип / пер. Квон Посана. Сеул: Чосон тосо чусок хвеса, 1924.

Чехов 1977 — Чехов А. П. Спать хочется // Чехов А. П. Полн. собр. соч. и писем: в 30 т.. Т. 7: Рассказы, повести. 1888–1891. М.: Наука, 1977. С. 7–12.

Чо Мёнхи 2004 — Чо Мёнхи. Чо Мёнхи чонджип [Полн. собр. соч.] / ред. Ли Мёнджэ. Сеул: Помуса, 2004.

Чо Мёнхи 2022 — Чо Мёнхи. Нактонган / пер. В. Ли // Ким Х. Р. Жизнь и творчество Чо Мён Хи: Нактонган. Ridero, 2022.

Чу Сигён 2014 — Сухинин В. Е. В память о Чу Сигёне. Чу Сигён. Необходимость национального языка и национальной письменности / пер. В. Е. Сухинина // Вестник российского корееведения. 2014. № 6. С. 138–140.

Чхве Дусон 1914 — Чхве Дусон. Мунхаг-ый ыйый-э кванхая [О значении литературы] // Хакчигван. 1914. № 3. Дек.

Чхве Намсон 1974 — Чхве Намсон. Юкдан Чхве Намсон чонджип [Полн. собр. соч.]. Сеул: Хёнамса, 1974.

Шестов 1996 — Шестов Л. И. Творчество из ничего (А. П. Чехов) // Соч.: в 2 т. Т. 2. Томск: Водолей, 1996. С. 184–213.

Юм 1996 — Юм Давид. Трактат о Человеческой природе // Соч.: в 2 т. Т. 1 / пер. с англ. С. И. Церетели и др.; вступ. ст. А. Ф. Грязнова; примеч. И. С. Нарского. 2-е изд., доп. и испр. М.: Мысль, 1996.

Юн Донджу 2004 — Юн Донджу. Юн Донджу чонджип [Полн. собр. соч.] / ред. Хон Чанхак. Сеул: Мунхак-ква чисонса, 2004.

Cho Myŏng-hŭi 2001 — Cho Myŏng-hŭi. "Naktong River" / transl. by Ross King // Korean Culture 22. 2001. N 3. P. 24–31.

Futabatei 1967 — Futabatei S. Japan's First Modern Novel: "Ukigumo" of Futabatei Shimei / transl. and with critical commentary by Marleigh Grayer Ryan. New York: Columbia University Press, 1967.

Библиография

Андерсон 2001 — Андерсон Б. Воображаемые сообщества. Размышления об истоках и распространении национализма / пер. с англ. В. Николаева; вступ. ст. С. Баньковской. М.: КАНОН-пресс-Ц, Кучково поле, 2001.

Ан Сукхён 2003 — Хангук ёнгык-ква Антон Чхехоп [Корейская драма и Антон Чехов]. Сеул: Тхэхакса, 2003.

Беньямин 2000 — Беньямин В. Озарения / пер. Н. М. Берновской, Ю. А. Данилова, С. А. Ромашко. М.: Мартис, 2000.

Валлерстайн 2008 — Валлерстайн И. Исторический капитализм. Капиталистическая цивилизация / пер. К. А. Фурсов. М.: Товарищество научных изданий КМК, 2008.

Васэда Дайкаку 1990 — Васэда дайкаку хяку-нэн си бэккан [Столетняя история Ун-та Васэда: Приложение] / ред. Васэда Дайкаку Дайкаку-си Хэнсюдзё. Т. 1. Токио: Изд-во Ун-та Васэда, 1990.

Громковская 1982 — Громковская Л. Л., ред. Русская классика в странах Востока. М.: Наука, 1982.

Им Хва 1940 — Им Хва. Чосон мунхак ёнгу-ый иль кваджэ [Задача изучения корейской литературы] // Тонъа ильбо [Ежедневный вестник Тонъа]. 1940. 16 янв. Перепечатано в: Им Хва. Синмунхакса [История новой литературы]. Сеул: Хангильса, 1993.

Им Хва 1993 — Им Хва. Синмунхакса [История новой литературы]. Сеул: Хангильса, 1993.

Кавато, Сакакибара 1997 — Цуругенефу сю 2. Мэйдзи хонъяку бунгаку дзэсю: синбундзасси-хэн / ред. Кавато Митиаки, Сакакибака Таканори. Т. 41. Токио: Одзораса, 1997.

Квон Подырэ 2000 — Квон Подырэ. Хангук кындэ сосоль-ый кивон [Истоки современной корейской литературы]. Сеул: Сомён чхульпханса, 2000.

Квон Хиён 1993 — Квон Хиён. Чосон нодон кондже-хве-ва «Кондже» [Корейская ассоциация рабочей взаимопомощи и «Взаимопомощь»] // Чонсин мунхва ёнгу 16. 1993. № 2. Июнь. С. 139–157.

Квон Чонхва 1990 — Квон Чонхва. Чхве Намсон-ый чхоги сосуль-э натхананын чириок квансим [Интерес Чхве Намсона к географии в его ранних произведениях] // Ынён чири. 1990. № 13. Дек. С. 1–34.

Квон Ёнмин 1998 — Квон Ёнмин. Хангук мунхак ундонса [История корейской пролетарской литературы]. Сеул: Муне чхульпханса, 1998.

Квон Ёнмин 2002 — Квон Ёнмин. Хангук хёндэ мунхакса [История современной корейской литературы]. Сеул: Минымса, 2002.

Ким Гёсик 1984 — Ким Гёсик. Чхве Намсон. Сеул: Кесон чхульпханса, 1984.

Ким Донсик 1999 — Ким Донсик. Хангук-ый кындэок мунхак кэнём хунсон кваджон [Становление литературы как современного концепта в Корее]: дисс. PhD. Сеульский национальный ун-т, 1999.

Ким Духон 1935 — Ким Духон. Чосон-ый чохон-ква мит кы кивон-э тэхан иль кочхаль [Исследование ранних браков в Корее и их истоков] // Чиндан хакбо 2. 1935. Апрель. С. 46–86.

Ким Пёнчхоль 1998a — Ким Пёнчхоль. Хангук хёндэ понёк мунхакса ёнгу [История литературного перевода в современной Корее]: в 2 т. Сеул: Ырю мунхваса, 1998.

Ким Пёнчхоль 1998b — Ким Пёнчхоль. Хангук кындэ понёк мунхакса ёнгу [История литературного перевода в модерной Корее]. Сеул: Ырю мунхваса, 1998.

Ким Пёнчхоль 1998c — Ким Пёнчхоль. Хангук кындэ псоян мунхак иирса ёнгу [История ввоза западной литературы в современную Корею]. Сеул: Ырю мунхваса, 1998.

Ким Рехо 2000 — Лев Толстой и литературы Востока / ред. Ким Рехо. М.: Наследие, 2000.

Ким Сонсу 1989 — Ким Сонсу. Сорён-эсо-ый Чо Мёнхи [Чо Мёнхи в Советской России] // Чханджак-ква пипхён [Создание и критика]. 1989. № 64. С. 100–120.

Ким Тхэджун 1990 — Ким Тхэджун. Кёджу Чунбо Чосон сосольса [История корейской литературы: пересмотренное и расширенное издание] / Аннотация Пак Хибён. Сеул: Хангильса, 1990.

Ким Юнсик, Ким Хён 1973 — Ким Юнсик, Ким Хён. Хангук мунхакса [История корейской литературы]. Сеул: Минымса, 1973.

Ким Юнсик 1999 — Ким Юнсик. Ли Гвансу-ва кы-ый сидэ [Жизнь и эпоха Ли Гвансу]: в 2 т. Сеул: Соль, 1999.

Ким Ёнмин 2003 — Ким Ёнмин. Хангук кындэ сосольса [История корейского романа]. Сеул: Соль, 2003.

Кокурицу Коккаи Тосёкан 1959 — Кокурицу Коккаи Тосёкан, ред. Мэйдзи, Тайсё, Сёва хонъяку бунгаку мокуроку [Индекс переводной литературы Японии эпох Мэйдзи, Тайсё, Сёва]. Токио: Кадзама сёбо, 1959.

Комёль ёнгухве 2011 — Синминджи комёль: чедо, тхэксытхэ, сильчхон [Колониальная цензура: правила, тексты и практика] / ред. Комёль ёнгухве. Сеул: Сомён, 2011.

Ку Джунсо 1997 — Ку Джунсо. Мунхакса-ва кындэсон, кындэ кичом [История литературы и современность. Отправная точка современной корейской литературы] // Хангук кындэ мунхак ёнгу [Исследование современной корейской литературы] / ред. Чхве Вонсик, Ку Джунсо. Сеул: Тхэхакса, 1997.

Ку Инхван 1981 — Ку Инхван. Хён Джингон-ый сэнэ-ва мунхак [Жизнь и литература Хён Джингона] // Хён Джингон-ый сосоль-ква кы-ый сидэ инсик [Литература Хён Джингона и его мысли об эпохе] / ред. Син Донук. Сеул: Сэмунса, 1981.

Кукса Пёнчхан Вивонхве 1966 — Ильче чхимняк ха хангук самсимюннён са / ред. Кукса Пёнчхан Вивонхве. Сеул: Кукса пёнчхан вивонхве, 1966.

Ли Гванрин 1999 — Ли Гванрин. Хангук кэхваса ёнгу [Исследование периода корейского Просвещения]. Сеул: Ильчогак, 1999.

Ли Гибэк 1999 — Ли Гибэк. Хангукса силлон [Новая история Кореи]. Сеул: Ильчогак, 1999.

Ли Гёнён 1995 — Ли Гёнён 1920-нёндэ чхобан нодон ундон-ый пунхва кваджон [Процесс дифференциации рабочих движений в 1920-е годы] // Чунъан сарон. 1995. № 8. С. 103–140.

Ли Сонок 1989 — Ли Сонок. Чо Мёнхи чакпхум ёнгу [Исследование литературных произведений Чо Мёнхи]: дисс. (магистерская). Женский ун-т Сукмён, 1989.

Ли Хиджон 2006 — Ли Хиджон. 1910-нёндэ «Мэиль синбо» соджэ сосоль ёнгу [Исследование романов, опубликованных в «Мэиль синбо» в 1910-х годах]: дисс. PhD, Ун-т Кёнбук, 2006.

Ли Хорён 2006 — Ли Хорён. Хангук-ый анаккиджым [Анархизм в Корее]. Сеул: Чисик санопса, 2002.

Ли Хёнхи и др. 2014 — Ли Хёнхи, Пак Сонсу, Юн Нэхён. Кундэ хангуго сиги-ый оногван, мунчагван ёнгу [Исследование взглядов на язык и письмо после изобретения корейской письменности]. Сеул: Сомён, 2014.

Мин Бёндок 1989 — Мин Бёндок. Хангук кындэ синмун ёнджэ сосоль ёнгу [Исследования поглавной публикации романов в газетах в современной Корее]: дисс, Ун-т Сонгюнван, 1989.

Мин Гвандон 1997 — Мин Гвандон. Чунгук коджон сосоль-ый куннэ понёкса ёнгу [История корейских переводов китайских романов] // Чуно чунмунхак [Язык и литература Китая]. 1997. № 21. С. 511–542.

Мирский 2005 — Мирский Д. С. История русской литературы с древнейших времен по 1925 год / пер. с англ. Р. Зерновой. Новосибирск: Свиньин и сыновья, 2005.

Моретти 2016a — Моретти Ф. Гипотезы о мировой литературе // Дальнее чтение / пер. с англ. А. Вдовина, О. Собчука, А. Шели; науч. ред. перевода И. Кушнарева. М.: Изд-во Института Гайдара, 2016. С. 76–103.

Моретти 2016b — Моретти Ф. Еще гипотезы // Дальнее чтение / пер. с англ. А. Вдовина, О. Собчука, А. Шели; науч. ред. перевода И. Кушнарева. М.: Изд-во Института Гайдара, 2016. С. 157–174.

Мун Согу 1994 — Мун Согу. Хангук кындэ мунхак-э ккичхиин ттурыгенепхы-ый ёнхян: сиин Ким Ок-ыль чунсим-ыро [Влияние Тургенева на современную корейскую литературу: случай Ким Ока] // Вегук мунхак ёнгу 17. 1994. № 1. С. 115–138.

Накадзима Митимаса 2004 — Накадзима Митимаса. Нихон ни окэру Че-хофу сёси: 1902–2004 [Библиография Чехова в Японии: 1902–2004]. Токио: Накадзима Митимаса, 2004.

Нихон Киндаи Бунгакукан 1977–1978 — Нихон киндаи бунгаку даидзитэн [Полный словарь современной японской литературы]: в 6 т. / ред. Нихон Киндаи Бунгакукан. Токио: Конданся, 1977–1978.

Нихон Росиа Бунгаккукаи 2000 — Нихондзин то росиаго: росиаго кёику но рэкиси [Японский народ и русский язык: История изучения русского языка] / ред. Нихон Росиа Бунгаккукаи. Токио: Наука, 2000.

Нобори Сёму 1989 — Нобори Сёму. Никораи даи-сюкэ но сёгаи то гёсэки [Жизнь священника Николая и его достижения] // Эуи: Росия бунгаку, сисо [Эуи: Русская литература и мысль]. 1989. № 17. Апр. С. 103–126.

О Джанхван 1998 — О Джанхван. Хангук анакхиджым ундонса ёнгу [Исследование корейского анархистского движения]. Сеул: Кукхак чарёвон, 1998.

Ом Сунчхон 2005 — Ом Сунчхон. Хангук-эсо-ый росиа мунхак понёк хёнхван чоса мит пунсок [Обзор и анализ корейских переводов русской литературы] // Ноо номунхак 17 [Русский язык и литература]. 2005. № 3. С. 241–272.

Пак Кванхён 2005 — Пак Кванхён. Кёнге-рыль номосон хвахэ-ый сидэ [Эпоха примирения за пределами границ] // Мунхак сасан [Литературные мысли]. 2005. № 390. Апр. С. 205–210.

Пак Хонхо 2004 — Пак Хонхо. Синминджи кындэсон-ква сосоль-ый янсик [Колониальная модерность и жанры прозы]. Сеул: Сомён, 2004.

Пак Хонхо 2005 — Пак Хонхо. Мунхва чончхи-ги синмун-ый висан-ква пан-гомёль-ый нэчок нолли [Статус газет и внутренняя логика антицензуры в период режима культурного управления] // Тэдон мунхва ёнгу. 2005. № 50. С. 199–259.

Пак Чинён 2010 — Пак Чинён. Хангук-ый кындэ понёк мит понан сосольса ёнгу [Исследование перевода и адаптаций в современной Корее]: дисс. PhD. Ун-т Ёнсэй, 2010.

Пак Чинён 2011 — Пак Чинён. Понёк-ква понан-ый сидэ [Эпоха перевода и адаптации]. Сеул: Сомён, 2011.

Пак Чонхё 2008 — Пак Чонхё. Кваллип-ао хаккё соллип-ква пирюкопхы-ый хвальтон (1896–1916) [Создание Русской школы и деятельность Бирюкова, 1896–1916] // Хангук кындэса ёнгу [Исследование современной истории Кореи]. 2008. № 46. С. 7–26.

Пак Эрим 1992 — Пак Эрим. Чосон нодон кондже-хве-ый хвальтон-ква инём [Деятельность и идеология Корейской ассоциации рабочей взаимопомощи]: дисс. (магистерская). Ун-т Ёнсэй, 1992.

Пак Ёнгю 2005 — Синминджи сиги мунин киджадыль-ый кыльссыги-ва комёль [Работы корейских писателей-журналистов и цензура в колониальный период] // Хангук мунхак ёнгу. Т. 29. 2005. С. 79–120.

Пэк Чхоль 1948 — Пэк Чхоль. Чосон синмунхак саджоса [История интеллектуальных движений в новой литературе]. Сеул: Сусонса, 1948.

Рю Сынхён 1999 — Рю Сынхён. Ку-ханмаль, Ильчеха ёсон чохон-ый сильтхэ-ва чохон пхеджи ундон [Ранние браки и движения за их отмену в эпоху Просвещения и колониальный период]: дисс. (магистерская). Женский ун-т Сонсин, 1999.

Син Ёнха 1977a — Син Ёнха. Синминхве-ый чхангон-ква кы кукквон хвебок ундон (сан) [Формирование Синминхве и его восстановление движения за национальные права, 1] // Хангук хакпо 3. 1977. № 3. С. 31–75.

Син Ёнха 1977b — Син Ёнха. Синминхве-ый чхангон-ква кы кукквон хвебок ундон (ха) [Формирование Синминхве и его восстановление движения за национальные права, 2] // Хангук хакпо. Т. 3. 1977. № 4. С. 125–188.

Сиракава Ютака 1982 — Сиракава Ютака. Кан, нити, тю сангоку бундзин но рюгаку таикэн-ко [Опыт обучения за границей корейских, японских, китайских авторов] // Ироильмунхак ёнгу. 1982. № 3.

Со Хёнджу 2003 — Со Хёнджу. Хён Джингон сосоль ёнгу: сахве хёнсиль-ква ёсонсан-ыль чунсим-ыро [Исследование литературных произведений Хён Джингона: в центре внимания социальная реальность и фигура женщины]: дисс. (магистерская). Ун-т Кёнхи, 2003.

Судзуки Садами 1998 — Судзуки Садами. Нихон но "бунгаку" гайнэн [Концепт литературы в Японии]. Токио: Сакухинса, 1998.

Тонгук тэхаккё 2010 — Синминджи сиги комёль-ква хангук мунхва [Цензура и корейская культура в колониальный период] / ред. Тонгук тэхаккё мунхва хаксурвон хангук мунхак ёнгусо. Сеул: Тонгук тэхаккё чхульпханбу, 2010.

Фукуда и др. 1976 — Обэй сакка то нихон киндаи бунгаку [Западные писатели и современная японская литература]: в 3 т. / ред. Фукуда Мицухару, Кэнмоти Такэхико, Кодама Коити. Токио: Кёику сюппан сэнта, 1976.

Хан Вонён 1996 — Хан Вонён. Хангук кындэ синмун ёндже сосоль ёнгу [Исследование поглавных публикаций художественной литературы в газетах в современной Корее]. Сеул: Ильхве мунхваса, 1996.

Хан Вонён 2004 — Хан Вонён. Хангук синмун хан сэги [Сто лет корейской газеты]. Сеул: Пхурын сасанса, 2004.

Хангук Ёсонса Пхёнчхан Вивонхве 1972 — Хангук Ёсонса Пхёнчхан Вивонхве. Хангук ёсонса [История корейских женщин]: в 3 т. Сеул: Женский ун-т Ихва, 1972.

Хан Суён 2007 — Хан Суён. Чонху седэ-ый мунхак-ква оноок чончхесон [Литература послевоенного поколения и ее языковая идентичность] // Тэдон мунхва ёнгу [Исследование корейской культуры]. Т. 58. 2007. С. 257–301.

Хаяси, Нисида 1961 — Хаяси Сигэру, Нисида Такэтоси, ред. Хэмин синбун ронсэцусю. Токио: Иванами сётэн, 1961.

Хван Чонён 1997 — Хван Чонён. Мунхак иранын ёго [Мунхак как переводной термин] // Тонак омун хакхве. 1997. № 32. Дек.

Хван Чонён 2005 — Хван Чонён. Нобыль, чхоннён, чегук: хангтук кындэ сосоль-ый тхон-кукка-ган сиджак [Роман, юность и империя: транснациональные начала современного корейского романа] // Санхо хакбо. 2005. № 14. С. 263–297.

Хо Донхён 2005 — Кэхва ильче-ги хангук-ин-ый росиа инсик-э поинын коджон кванном [Стереотипы о России в Корее в эпоху Просвещения и колониальный период] // Хангук минджок ундонса ёнгу [Исследование корейского националистического движения]. 2005. № 42. С. 29–77.

Хонда Сюго 1954 — Хонда Сюго. Сиракабаха но бангаку [Литература Сиракаба-ха]. Токио: Даинихон юбэнкаи коданся, 1954.

Хон Ильсик 1981 — Хон Ильсик. Юктан-ый сэнэ-ва мунхак [Жизнь и литература Чхве Намсона] // Чхве Намсон-ква Ли Гвансу-ый мунхак [Литература Чхве Намсона и Ли Гвансу] / ред. Син Донук. Сеул: Сэмунса, 1981.

Цянь Синцунь 1968 — Цянь Синцунь. Ваньцин сяошо ши [История художественной литературы поздней Цин]. Тайбэй, Тайвань: Жэньжэнь вэньку, 1968.

Чон Бёнхо 2004 — Ханиль кындэ мунерон-э иссосо «чон-ый вичхи» [Место эмоций в теориях современной Кореи и Японии] // Асиа мунхва ёнгу. 2004. № 8.

Чон Гынсик 2003 — Чон Гынсик. Синминджи комёль-ый ёксаок кивон [Исторические корни колониальной цензуры] // Сахве-ва ёкса. 2003. № 64. С. 5–46.

Чон Джинсок 1995 — Чон Джинсок. Инмыль хангук оллонса [История корейской прессы]. Сеул: Нанам, 1995.

Чон Докджун 1999 — Чон Докджун. Пхосок Чо Мёнхи-ый сэнэ-ва мунхак [Жизнь и литература Чо Мёнхи] // Чо Мёнхи / ред. Чон Докджун. Сеул: Сэми, 1999.

Чон Мигён 2001 — Чон Мигён. Кэхваги чохон тамнон-ый каджок юлли ыйсиг-ый хамый [Значение семейной этики и дискурс о ранних браках в эпоху Просвещения] // Тэхан каджон хакхведжи. Т. 39. 2001. № 9.

Чон Хоун, Ким Юнсик 2000 — Чон Хоун, Ким Юнсик. Хангук сосольса [История корейской литературы]. Сеул: Мунхак тонне, 2000.

Чон Ынгён 2006 — Чон Ынгён. 1910-нёндэ понан сосоль ёнгу: токча-ва ый санхо сотхонсон-ыль чунсим-ыро [Исследование адаптации в 1910-х годах: общение с читателем]: дисс. PhD. Ун-т Кёнбук, 2006.

Чо Хиун 1973 — Чо Хиун. Наксонджэ-бон понёк сосоль ёнгу [Исследование переводов в Библиотеке Наксонджэ] // Куго кунмунхак [Корейский язык и литература]. 1973. № 62–63. С. 257–273.

Чо Ёнхун 1990 — Чо Ёнхун. Тхурыгенепхы-ый иип-ква ёнхян: «санмунси»-рыль чунсим-ыро [Ввоз и влияние Тургенева: случай стихотворений в прозе] // Соган омун. 1990. № 7. Июль. С. 291–338.

Чу Сикён 1995 — Чу Сикён. Куго-ва кунмун-ый пхирё [Необходимость корейского языка и корейской письменности] (1907) // Хангук-ый мунхак пипхён 1 (1896–1945) / ред. Квон Ёнмин. Сеул: Мимымса, 1995.

Чхве Вонсик 1984 — Чхве Вонсик. Хён Джингон сосоль-э натханан чисигин-ква минджун [Интеллектуалы и народ в историях Хён Джингона] // Хангук хёндэ сосольса ёнгу [Исследование истории современной корейской литературы] / ред. Ким Гванён. Сеул: Минымса, 1984.

Чхве Вонсик 1993 — Исиннон-ква нэджэок пальчоннон-ыль номосо [За пределами теории трансплантации и теории самостоятельного изобретения] // Им Хва. Син мунхакса [История новой литературы] / ред. Им Кючхан, Хан Чиниль. Сеул: Хангильса, 1993.

Чхве Вонсик 2002 — Пхыро мунхак-ква пхыро мунхак иху [Пролетарская литература и послесловие] // Минджок мунхакса ёнгу [Исследование истории национальной литературы]. 2002. № 21. Дек.

Чхве Гиён 2005 — Чхве Гиён. Ханмаль Чхве Гван-ок-ый кёюк хвальтон-ква кукквон хвебок ундон [Просветительская деятельность Чхве Гванока и движение за восстановление национального суверенитета] // Хангук кын-хёндэса ёнгу. 2005. № 34. С. 37–62.

Чхве Мёник 1958 — Чхве Мёник. Лебы Тхолсытхой сонсэн-э тэхан тансан [Отрывочные мысли о Толстом] // Чосон мунхак. 1958. № 9. С. 156–160.

Чхве Тхэвон 2010 — Чхве Тхэвон. Ильджэ Чо Джунхван-ый понан сосоль ёнгу [Исследование адаптаций Чо Джунхвана]: дисс. PhD. Сеульский национальный ун-т, 2010.

Шифман 1971 — Шифман А. И. Лев Толстой и Восток. М.: Наука, 1971.

Ю Намок 1993 — Ю Намок. 1920-нёндэ танпён сосоль-э натханан пеминиджым ёнгу [Исследование феминизма, представленного в рассказах 1920-х годов]: дисс. Женский ун-т Сукмён, 1993.

Юн Пёнро 1986 — Пинхо Хён Джингон-ый сэнэ-ва пипхён [Биографическое исследование Хён Джингона] // Тэдон мунхва ёнгу 20. 1986. С. 101–119.

Ямада 1954 — Ямада Сэйдзабуро. Прорэтариа бунгакуси [История пролетарской литературы]: в 2 т. Токио: Риронса, 1954.

Янаги 1998 — Янаги Томико. Торусутои то нихон [Толстой и Япония]. Токио: Изд-во Ун-а Васэда, 1998.

Ясумото 2006 — Ясумото Такако. Исикава Такубоку то Росиа [Исикава Такубоку и Россия]. Токио: Канрин сёбо, 2006.

Álvarez, Vidal 1996 — Translation, Power, Subversion / ed. Álvarez, Román, and M. Carmen-África Vidal. Clevedon, NZ: Multilingual Matters, 1996.

Arac 2002 — Arac J. Anglo-Globalism? // New Left Review. 2002. N 16. P. 35–45.

Bassnett 2002 — Bassnett S. Translation Studies. London: Routledge, 2002.

Bassnett, Lefevere 1990 — Translation, History and Culture / ed. Bassnett S. and André Lefevere. London: Pinter, 1990.

Berman 1985 — Berman A. The Experiencing of the Foreign: Culture and Translation in Romantic Germany / transl. by S. Heyvaert. Albany: State University of New York Press, 1985.

Berton et al. 1956 — Berton P., Paul Fritz Langer, Rodger Swearingen. Japanese Training and Research in the Russian Field. Los Angeles: University of Southern California Press, 1956.

Brownstein 1987 — Brownstein M. C. From Kokugaku to Kokubungaku: Canon-Formation in the Meiji Period // Harvard Journal of Asiatic Studies 47. 1987. N 2. P. 435–460.

Casanova 2004 — Casanova P. The World Republic of Letters / transl. by M. B. DeBevoise. Cambridge, MA: Harvard University Press, 2004.

Cho Heekyoung 2010 — Cho Heekyoung. Literary Translation and Appropriation: Korean Intellectuals' Reception of Nineteenth-Century Russian Prose via Japan in 1909–1927. PhD diss., University of Chicago, 2010.

Cho Heekyoung 2013 — Cho Heekyoung. Imagined, Transcultural, and Colonial Spaces in Print: Newspaper serialization of Translated Novels in Colonial Korea // East Asian Publishing and Society, 3. 2013. N 2. P. 153–183.

Cho Heekyoung 2016 — Cho Heekyoung. Translation and Censorship: Colonial Writing and Anti-imperial Imagination of Asia in 1910s Korea // Spaces of Possibility Korea and Japan: In, Between, and Beyond the Nation / ed. by Clark W. Sorensen and Andrea Gevurtz Arai. Seattle: University of Washington Press, 2016.

Choi Hyaeweol 2009 — Choi Hyaeweol. Gender and Mission Encounters in Korea: New Women, Old Ways. Berkeley: University of California Press, 2009.

Choi Kyeong-Hee — Choi Kyeong-Hee. Beneath the Vermilion Ink: Japanese Colonial Censorship and the Making of Modern Korean Literature. Ithaca, NY: Cornell University Press, forthcoming.

Clyman 1985 — A Chekhov Companion / ed. by Clyman T. W. Westport, CT: Greenwood, 1985.

Cockerill 2003 — Cockerill H. Futabatei Shimei's Translations from Russian: Verbal Aspect and Narrative Perspective // Japanese Studies 23. 2003. N 3. P. 229–238.

Damrosch 2003 — Damrosch D. What Is World Literature? Princeton, NJ: Princeton University Press, 2003.

Denning 2004 — Denning M. Culture in the Age of Three Worlds. New York: Verso, 2004.

Even-Zohar 1979 — Even-Zohar I. Polysystem Theory // Poetics Today 1. 1979. N 2. P. 237–310.

Even-Zohar 1990 — Even-Zohar I. Polysystem Studies. Special issue of Poetics Today 11, N 1. Tel Aviv: The Porter Institute for Poetics and Semiotics, 1990.

Freeborn 1963 — Freeborn Richard. Turgenev: The Novelist's Novelist. London: Oxford University Press, 1963.

Gamsa 2008 — Gamsa M. The Chinese Translation of Russian Literature: Three Studies. Sinica Leidensia. Leiden, Netherlands: Brill, 2008.

Gamsa 2010 — The Reading of Russian Literature in China: A Moral Example and Manual of Practice. New York: Palgrave Macmillan, 2010.

Garnett 1975 — Garnett E. Turgenev: A Study. New York: Haskell House, 1975.

Grabowski, Self 2009 — Grabowski R., Self S. Education and Child Labor in Japan // The World of Child Labor: An Historical and Regional Survey / ed. by Hugh D. Hindman. Armonk, NY: M. E. Sharpe, 2009.

Hill 2011 — Hill C. L. Nana in the World: Novel, Gender, and Transnational Form // Modern Language Quarterly 72. 2011. N 1. P. 75–103.

Hughes 2012 — Hughes T. Literature and Film in Cold War South Korea: Freedom's Frontier. New York: Columbia University Press, 2012.

Hume 1978 — Hume D. A Treatise of Human Nature / ed. by L. A. Selby-Bigge. 2nd ed. Oxford: Clarendon Press, 1978.

Jameson 1993 — Jameson F. Foreword: In the Mirror of Alternate Modernities // Karatani Kojin. Origins of Modern Japanese Literature / Edited by Brett de Bary; ed. by Stanley Fish and Fredric Jameson. (Post-Contemporary Interventions). Durham, NC: Duke University Press, 1993.

Jeong 2011 — Jeong K. Crisis of Gender and Nation in Korean Literature and Cinema. Lanham, MD: Lexington Books, 2011.

Jusdanis 1991 — Jusdanis G. Belated Modernity and Aesthetic Culture: Inventing National Literature. Minneapolis: University of Minnesota Press, 1991.

Kakinami 2009 — Kakinami Atsuko Fujino. History of Child Labor in Japan // The World of Child Labor: An Historical and Regional Survey / ed. by Hugh D. Hindman. Armonk, NY: M. E. Sharpe, 2009.

Karatani 1995 — Karatani Kojin. Nationalism and Écriture // Surfaces 1.0A. 1995. P. 5–25.

Keene 1998 — Keene D. Dawn to the West. New York: Columbia University Press, 1998.

Kim Young-hee 2004 — Kim Young-hee. Conditions of Literary Translation in Korea // Korea Journal 44. 2004. N 1. P. 235–247.

King 2001 — King R. Cho Myonghui: Pioneer of Korean Proletarian Fiction, Father of Soviet Korean Literature; Cho Myonghui's 'Naktong River' // Korean Culture. 2001. P. 18–31.

Konishi 2013 — Konishi Sho. Anarchist Modernity: Cooperatism and Japanese-Russian Intellectual Relations in Modern Japan. Cambridge, MA: Harvard University Asia Center, 2013.

Kristal 2002 — Kristal E. 'Considering Coldly . . .': A Response to Franco Moretti // New Left Review. 2002. N 15. P. 61–74.

Lee 2015 — Lee Ji-Eun. Women Pre-scripted: Reading Women's Issues in Pre-colonial and Colonial Korea. Honolulu: University of Hawai'i Press, 2015.

Lefevere 1992 — Lefevere A. Translation, Rewriting, and the Manipulation of Literary Fame. London; New York: Routledge, 1992.

Levy 2006 — Levy I. Sirens of the Western Shore: The Westernesque Femme Fatale, Translation, and Vernacular Style in Modern Japanese Literature. New York: Columbia University Press, 2006.

Levy 2011 — Translation in Modern Japan. Routledge Contemporary Japan Series / ed. by Indra Levy. Milton Park, UK: Routledge, 2011.

Lim 2013 — Lim S. China and Japan in the Russian Imagination, 1685–1922: To the Ends of the Orient. New York: Routledge, 2013.

Liu 1995 — Liu L. H. Translingual Practice: Literature, National Culture, and Translated Modernity — China, 1900–1937. Stanford, CA: Stanford University Press, 1995.

May 1994 — May R. The Translator in the Text: On Reading Russian Literature in English. Evanston, IL: Northwestern University Press, 1994.

Miller 2001 — Miller J. S. Adaptations of Western Literature in Meiji Japan. New York: Palgrave, 2001.

Moser 1972 — Moser C. A. Ivan Turgenev. New York: Columbia University Press, 1972.

Nam Kwon Woo 1974 — Nam Kwon Woo. The North Korean Communist Leadership. Tuscaloosa: University of Alabama Press, 1974.

Natsume Sōseki 2009 — Natsume Sōseki. Theory of Literature and Other Critical Writings / ed. by Michael K. Bourdaghs, Atsuko Ueda, and Joseph A. Murphy. New York: Columbia University, 2009.

New W. H. 1999 — New W. H. Reading Mansfield and Metaphors of Form. Montreal: McGill-Queen's University Press, 1999.

Ng Mau-sang 1988 — Ng Mau-sang. The Russian Hero in Modern Chinese Fiction. Hong Kong: Chinese University Press, 1988.

Nobori, Akamatsu 1981 — Nobori Shomu, Akamatsu Katsumaro. The Russian Impact on Japan: Literature and Social Thought / transl. and ed. with introductions and illustrative data by Peter Berton, Paul F. Langer, and George O. Totten. Los Angeles: University of Southern California Press, 1981.

Park Sunyoung 2015 — Park Sunyoung. The Proletarian Wave: Literature and Leftist Culture in Colonial Korea, 1910–1945. Cambridge, MA: Harvard University Asia Center, 2015.

Perry 2007 — Perry S. Aesthetics for Justice: Proletarian Literature in Japan and Colonial Korea. PhD diss., University of Chicago, 2007.

Perry 2014 — Perry S. Recasting Red Culture in Proletarian Japan: Childhood, Korea, and the Historical Avant-Garde. Honolulu: University of Hawaiʻi Press, 2014.

Pinch 1996 — Pinch A. Strange Fits of Passion: Epistemologies of Emotion, Hume to Austen. Stanford, CA: Stanford University Press, 1996.

Prendergast 2004 — Prendergast C. The World Republic of Letters // Debating World Literature / edited by Christopher Prendergast. London: Verso, 2004.

Ricoeur 1991 — Ricoeur P. The Function of Fiction in Shaping Reality // A Ricoeur Reader: Reflection and Imagination / ed. by Mario J. Valdés. Toronto: University of Toronto Press, 1991.

Rimer 1995 — A Hidden Fire: Russian and Japanese Cultural Encounters, 1868–1926 / ed. by Rimer J. T. Stanford, CA: Stanford University Press, 1995.

Robinson 1997 — Robinson D. Translation and Empire. Manchester, UK: St. Jerome, 1997.

Sakai 1997 — Sakai N. Translation and Subjectivity: On Japan and Cultural Nationalism. Minneapolis: University of Minnesota Press, 1997.

Sanders 2006 — Sanders J. Adaptation and Appropriation. London: Routledge, 2006.

Sapir 2003 — Sapir G. The Literary Field between the State and the Market // Poetics 31. 2003. P. 441–464.

Schimmelpenninck van der Oye 2001 — Schimmelpenninck van der Oye D. Toward the Rising Sun: Russian Ideologies of Empire and the Path to War with Japan. DeKalb: Northern Illinois University Press, 2001.

Schimmelpenninck van der Oye 2010 — Schimmelpenninck van der Oye D. Russian Orientalism: Asia in the Russian Mind from Peter the Great to the Emigration. New Haven, CT: Yale University Press, 2010.

Schmid 2002 — Schmid A. Korea Between Empires 1895–1919. New York: Columbia University Press, 2002.

Seeley 1991 — Seeley F. F. Turgenev: A Reading of His Fiction. Cambridge: Cambridge University Press, 1991.

Shea 1964 — Shea G. T. Leftwing Literature in Japan. Tokyo: Hosei University Press, 1964.

Shi Shu-mei 2004 — Shi Shu-mei. Global Literature and the Technologies of Recognition // PMLA 119. 2004. N 1. P. 16–30.

Shin Gi-Wook, Robinson 1999 — Shin Gi-Wook, Robinson M. ed. Colonial Modernity in Korea. Cambridge, MA: Harvard University Asia Center, 1999.

Simmons 1946 — Simmons E. J. Leo Tolstoy. Boston: Little, Brown, 1946.

Spivak 2004 — Spivak G. C. The Politics of Translation // The Translation Studies Reader. 2nd ed. / Edited by Venuti, Lawrence. New York: Routledge, 2004.

Suh Dae-Sook 1967 — Suh Dae-Sook. The Korean Communist Movement 1918–1948. Princeton, NJ: Princeton University Press, 1967.

Suh Serk-Bae 2013 — Suh Serk-Bae. Treacherous Translation: Culture, Nationalism, and Colonialism in Korea and Japan from the 1910s to the 1960s. Berkeley: University of California Press, 2013.

Suzuki Tomi 1996 — Suzuki Tomi. Narrating the Self: Fictions of Japanese Modernity. Stanford, CA: Stanford University Press, 1996.

Thornber 2009a — Thornber K. Early Twentieth-Century Intra — East Asian Literary Contact Nebulae: Censored Japanese Literature in Chinese and Korean // The Journal of Asian Studies 68. 2009. N 3. P. 749–775.

Thornber 2009b — Thornber K. Empire of Texts in Motion: Chinese, Korean, and Taiwanese Transculturations of Japanese Literature. Cambridge, MA: Harvard University Asia Center, 2009.

Tomasi 2004 — Tomasi Massimiliano. Studies of Western Rhetoric in Modern Japan: The Years between Shimamura Hōgetsu's Shin bijigaku (1902) and the End of the Taishō Era // Japan Review. 2004. N 16. P. 161–190.

Ueda 2007 — Ueda Atsuko. Concealment of Politics, Politics of Concealment: The Production of "Literature" in Meiji Japan. Stanford, CA: Stanford University Press, 2007.

Ueda 2008 — Ueda Atsuko. Bungakuron and 'literature' in the making // Japan Forum 20. 2008. N 1. P. 25–46.

Venuti 1995 — Venuti L. The Translator's Invisibility: A History of Translation. London: Routledge, 1995.

Venuti 1998 — Venuti L. The Scandals of Translation. London: Routledge, 1998.

Venuti 2004 — Venuti L., ed. The Translation Studies Reader. 2nd ed. New York: Routledge, 2004.

Wang 1998 — Wang D. Translating Modernity // Translation and Creation: Readings of Western Literature in Early Modern China, 1840–1918 / Edited by David Pollard. Philadelphia: John Benjamins, 1998.

Watt 1962 — Watt I. The Rise of the Novel: Studies in Defoe, Richardson and Fielding. Berkeley: University of California Press, 1962.

Wells, Wilson 1999 — Wells D., Wilson S., eds. Russo-Japanese War in Cultural Perspective, 1904–1905. New York: St. Martin's, 1999.

Wertz 1998 — Wertz S. K. Human Nature and Art: From Descartes and Hume to Tolstoy // Journal of Aesthetic Education, 32. 1998. N 3. P. 75–81.

Woodmansee 1984 — Woodmansee M. The Genius and the Copyright: Economic and Legal Conditions of the Emergence of the 'Author' // Special Issue: The Printed Word in the Eighteenth Century, Eighteenth-Century Studies 17. 1984. N 4. P. 425–448.

Yoo 2008 — Yoo T. J. The Politics of Gender in Colonial Korea: Education, Labor, and Health, 1910–1945. Berkeley: University of California Press, 2008.

Yukihito 1979 — Yukihito Hijima. Ishikawa Takuboku. Boston: Twayne, 1979.

Предметно-именной указатель

А Ин (Цянь Синцунь) 25
авторство 11, 28, 29, 156; см. писатели
адаптация 24, 40–42, 49, 74, 75, 94, 136, 152, 161, 182, 190, 206, 208, 209, 232
    авторское право 209
    дословный перевод 41, 42, 209
    перевод 24, 40–42, 49, 74, 75, 94, 136, 152, 161, 182, 190, 206, 208, 209, 232
    присвоение 24, 49, 161, 182
    публикации перевода по главам 232
    романы 40, 41, 208, 209, 232
    театральная 49, 208
    Тургенева 206, 208, 209
    Чехова 75, 152, 161, 182, 190
Айбики, перевод главы рассказа И. С. Тургенева *Свидание* 203
Акита Тосихико 154
Акутагава Рюноскэ 155
Александр II 224
Америка 10, 13, 28, 51, 61, 252, 253; см. американская литература
американская литература 33, 68, 249, 257

Ан Мак 62
Ан Хвак 56, 128, 132
Ан Чханхо 87–89
анархизм Толстого 83, 86
Англия 28, 54, 61, 69, 140, 184
английская литература 33, 36, 37, 56, 57, 60, 65, 68, 188, 189
английский язык 38, 52, 65, 68, 107, 150, 184, 193
Андерсон Бенедикт 16–19, 87
    Воображаемые сообщества 16
антикоммунизм 248, 249
Арак Джонатан 20
Арисима Такэо 109
аристократия корейская (янбан) 81, 100, 101, 170, 225
Армия справедливости, движение 88
Асо Хисаси 217
Ацуко Уэда 142

Ба Цзинь 55
Базаров, персонаж романа И. С. Тургенева *Отцы и дети* 223
Бакунин Михаил Александрович 223
Барбюс Анри 215

Кларте 215
Басснет Сьюзен 29–31
  Переводоведение 29, 30
Белинский Виссарион Григорьевич 222, 223
Белый прилив/Пэкчо, литературный кружок 192, 215, 217
Беньямин Вальтер 24, 25
Берман Антуан 38
Берсенев, персонаж романа И. С. Тургенев *Накануне* 209, 210, 233, 234, 241
Бертон Питер 57, 58
Бетелл Эрнест Томас 88
Бирюков Николай Николаевич 67
брак ранний (чохон) 75, 169–176, 179, 185
буржуазия 198, 213, 220, 221, 239
  корейская 194, 213, 220, 221
  литература 194, 213, 245, 246
  русская 193, 194, 213
Вага сюкё, перевод *Моя религия* Л. Н. Толстого 108
Валлерстайн Иммануил 27, 188
Варька, персонаж рассказа А. П. Чехова *Спать хочется* 165–168, 184
Васэда, университет 63–68, 81, 82, 113, 130, 208
Венути Лоуренс 26, 28, 38
вернакуляризация 17, 18
воображаемые сообщества 17, 18
Восточная Азия 7–10, 12–15, 22, 27, 28, 32, 53–55, 72, 74, 80, 88, 252–258

газеты 19, 41, 43, 52, 67, 76, 81, 83, 84, 88–90, 94, 96, 100, 103, 104, 111, 140–142, 150, 152, 171, 173–182, 194, 202, 204, 230, 232–236, 258
  женские преступления 173–176, 179, 180
  корейские 41, 52, 67, 81, 88, 100, 103, 104, 140–142, 177–179, 232
  молодежное движение 89
  переводы 19, 41, 43, 52, 76, 100, 150, 182, 194, 204, 230–236, 258
  публикация по частям (главам) 194, 230–236
  ранний брак 171, 174–176, 179
  современность 81
  художественная литература 150, 177, 178, 181, 182, 258
  цензура 89, 103, 104, 178
  японские 81, 83, 89, 103
Гамса Марк 253
Гарнетт Констанс 61
гендер 75, 168, 170, 182–190; см. брак ранний; женщины
Германия 140
Герцен Александр Иванович 223
Гёте Иоганн Вольфганг фон 19
Гладков Федор Васильевич 213
  Цемент 213
Гоголь Николай Васильевич 66, 203, 204, 222, 223, 254
  Записки сумасшедшего 254
Голландия 63
голландский язык 42
Гончаров Иван Александрович 202
  Обломов 202
Гораций 26, 31
Горький Максим 68, 71–73, 217, 231
Григорович Дмитрий Васильевич 152

гуманизм 69, 83, 107–111, 118–121, 256
анархизм 69, 83
Ли Гвансу 107–123
национализм 119
русская литература 69, 108, 109, 111, 118, 120, 256
Толстой 69, 107–111, 118, 120
этический гуманизм (дзиндо-сюги, индоджуый) 109
гэнбун-итти стиль 18, 50, 203
Гюго Виктор 91, 164, 230
Отверженные 230

Дамрош Дэвид 188, 189
Что такое мировая литература? 188
Данте Алигьери 18
Движение за независимость 1 марта 141, 145, 148, 178, 191, 192, 230
движение за свободу и народные права 203
Движение 4 мая 10, 54, 55
детский труд 75, 182–190
Джеймисон Фредрик 20
Достоевский Федор Михайлович 66, 69, 71–73, 153, 159, 193, 199, 217, 222, 223, 230, 256
империалист 256
корейская пролетарская литература 71, 72, 193, 217, 223
переводы 73, 230
социализм 71, 193, 199
Геок-Тепе. Что такое для нас Азия? 256
Преступление и наказание 222, 230
Дюма Александр 164

Елена, персонаж романа И. С. Тургенева *Накануне* 207–212, 224, 234–236, 238–241, 244, 255
Ём Сансоп 48, 177, 211, 240
Саран-ква чве/Любовь и грех 211
Ёмгун, журнал 192
Ёмгунса/Общество Искра, группа 192

женщины 27, 37, 116, 149, 150, 162, 163, 170, 173, 175, 177, 179, 186, 187, 208, 209, 224, 238–241, 255; см. брак ранний
газеты 150, 171, 173, 177, 179
корейская пролетарская литература 224
невиновность 186
новый тип корейской женщины 149, 224, 241
поджог 150, 173, 177, 179, 186
преступления 170, 175, 186
журналистика 74, 75, 142, 147, 150, 177, 181; см. газеты
литература 74, 150, 177, 181
писатели 142, 150, 177
журналы 13, 46, 67, 74, 79, 82, 83, 85, 87–90, 94, 103, 104, 106, 109–113, 130, 154, 155, 161, 164, 177, 178, 180, 192, 195, 200, 205–207, 214–217, 228, 231, 232
искусство ради искусства 181, 200, 214, 217
корейские 46, 67, 74, 79, 82, 87, 89, 90, 94, 103, 112, 154, 164, 177, 178, 180, 192, 195, 200, 205, 206, 217, 231
японские 67, 83, 85, 87, 109, 111, 113, 207, 214, 215, 231, 232

Закон об авторском праве 28, 182
Закон о публикациях (чхульпхан поп, Корея) 103
Запад 20, 29, 47, 63, 70, 77, 78, 122, 252, 257; см. конкретные страны
   газеты 83
   искусство 110, 122
   культура 29, 32, 131, 134, 136, 257
   перевод 26, 32, 34, 35, 42–45, 47, 48, 53, 60, 62, 66, 77–79, 136, 145, 189, 204, 230, 253
   Россия 63, 257
   Япония 47, 63, 70, 252, 257
западная литература 32–35, 45, 47, 53, 58, 59, 62, 144, 145, 151, 161, 204, 205, 230, 253; см. конкретные литературы
западные языки 34, 44, 60, 67, 77, 189, 253; см. конкретные языки
Золя Эмиль 53, 187, 222
   Нана 187

Ибсен Генрик 34, 91, 177, 217
   Кукольный дом 177, 180
иду (письмо чиновников, система транскрипции корейского) 41, 126, 134
Иль Со 55, 57
Им Хва 59, 192
Иностранная литература/Хэве мунхак, журнал 67
Инсаров, персонаж романа И.С.Тургенева Накануне 207, 209–212, 217, 218, 234, 235, 238–241, 244, 255

Исследователи англоведения в Корее (ИАК) 36
интеллектуалы 7–10, 15, 27, 28, 42–49, 53, 55, 56, 61, 62, 66, 68–74, 76–80, 84, 86, 87, 90, 91, 93, 101, 105, 107, 112, 113, 122, 123, 125, 127, 128, 130, 134, 139, 142–146, 148, 152, 154, 170, 172, 179, 190–194, 197, 198, 200, 202, 203, 205, 206, 212, 215, 216, 223–226, 228–231, 240, 245, 246, 248, 255–258
   китайские 55, 56, 255, 256
   колонизированные 55, 76, 105, 107, 144, 145, 194, 216
интеллектуалы восточноазиатские 10, 255–257
интеллектуалы корейские 7, 15, 27, 42–47, 49, 53, 55, 56, 62, 66, 69–74, 77–80, 86, 90, 101, 107, 112, 113, 123, 125, 127, 139, 142, 152, 154, 170, 179, 191–194, 198, 200, 206, 226, 228, 230, 231, 240, 245, 246, 258
   класс 101, 194, 215, 246
   колониализм 43, 44, 72, 74, 79, 139, 142–146, 148, 192, 194, 216, 246, 248
   народничество 224, 225, 228
интеллектуалы японские 69, 80, 84, 109, 123, 134, 139, 144, 154, 202, 203, 205, 226, 228, 230
интернационализм 216
Исикава Такубоку 227, 228
   Хатэсинаки гирон но ато/ После бесконечных споров 227
испанская литература 20, 188
испанский язык 65

история литературы 7, 11, 16, 22, 23, 25, 44, 59, 66, 70, 74, 109, 113, 126, 132, 135, 136, 138, 154, 219, 237, 248, 258, 259
  альтернативная 74, 248, 258, 259
  гибридные формы 181, 258
  национализм 16
  японское посредничество 59
Италия 18
итальянский язык 65

Кабо, реформы 171, 230
Казанова Паскаль 187, 188
  Мировая республика литературы/ The World Republic of Letters 188
Канагаки Робун 42
канбун-кудзуси, стиль 50
капитализм 17, 19, 27, 198, 245
КАПФ (Korea Artista Proletaria Federatio; Корейская федерация пролетарского искусства) 192, 231
КАПФ литература (капхы мунхак) 219
Катагами Нобуру 65
Като Хироюки 134
Квинтилиан 31
Квон Ёнмин 162, 192, 237
Квон Посан 154
квонсон чинъак (кандзэн сёаку, поощрение добродетели и порицание порока) 128
Ким Вонджу 163
  Оны сонё-ый чугым/Смерть девушки 163
  Хевон 163

Ким Гиджин 56, 72, 148, 191, 192, 214, 216–223, 25, 226, 237, 241, 246
  искусство ради искусства 56, 148, 192, 214
  пролетарская литература 72, 148, 191, 192, 216–220, 237, 246
  Нищие Сеула, Сеул нищих 220
  Обломки 217, 226
  Пэксу-ый тхансик/Вздох белоручки 225, 226
  Руины сердца — стоя зимой 226
  Сентиментальная прогулка 216, 219, 220
Ким Донин 45, 46, 72, 128, 163, 177, 180
  Кванъём соната/Соната безумного пламени 177
Ким Духон 170
Ким Ёнпхаль 192
Ким Ёнхи 36, 37, 39
Ким Манджун 126
  Куунмон/ Сон в заоблачных высях 126
Ким Мёнсик 57
Ким Мёнсун 163
  Торада поль ттэ/Оглядываясь назад 163
  Чхонё-ый канын киль/Дорога, по которой идет девушка 163
  Ысим-ый сонё/Подозрительная девушка 163
Ким Ок 48, 177, 204–206
Ким Он 62, 67, 161
Ким Пёнчхоль 33–36, 48, 53, 57, 60, 68, 73, 79, 165, 204, 249
  Хангук кындэ понёк мунхакса ёнгу/История литературных

переводов в современной Корее 33
Ким Соксон 165, 192
Ким Тхэджун 126
Ким Хаксу 251, 252
Ким Хён 23
Ким Юбан 200
  Теория искусства Толстого 200
Ким Юнсик 12, 23, 81, 108, 112, 237
Киносита Наоэ 85
Китай 10, 21, 24, 47, 48, 53–55, 88, 237–239, 252–257
  переводы 34, 39, 40, 126
  русская литература 10, 53–55, 252–257
  Япония 10, 47, 53, 54, 88, 252–254, 257
китайская литература 56, 125, 126, 134, 135
конфуцианство 55, 78, 101
китайский язык 40, 41, 50, 63–67, 81, 125, 126, 131, 134–136, 138, 139
  классический 81, 134–136, 139
Кларте, движение 213, 215, 216, 220, 225, 247
класс, в Корее 27, 29, 64, 81, 84, 100, 101, 143, 168, 194, 195, 199, 207, 218, 220, 221, 239–242, 246
  пролетарская литература 194, 213, 215, 218–220, 237, 241, 246
  санмин (простолюдины) 101
  чунъин (средний класс) 81, 100, 101
  янбан (аристократия) 100, 101, 230
классовая борьба 197, 199, 213, 214, 237

классовая литература (кегып мунхак) 219
Коджон, король 58, 67
Кокерилл Хироко 203, 204
колониализм 8, 9, 11, 26, 30, 34, 35, 39, 43, 44, 47, 50–52, 54, 57–60, 62, 67, 72–74, 79, 80, 87, 103, 112, 113, 118, 119, 125, 126, 133, 137–139, 141–146, 148, 153, 178, 192–195, 206–208, 210–212, 216, 228, 232, 236, 244–252
  интеллектуалы 43, 44, 72, 74, 79, 139, 142–146, 148, 192, 194, 216, 246, 248
  национализм 9, 87, 144, 148, 216
  национальная литература 11, 47, 73, 74, 113, 125, 138, 139, 143–145
  перевод 8, 9, 11, 26, 30, 34, 35, 37, 39–52, 58, 60, 62, 72, 73, 79, 126, 141, 143, 144, 146, 153, 200, 232, 236, 244, 248–252
  писатели 8, 47, 54, 58, 62, 72, 73, 79, 113, 118, 119, 138, 141, 142, 146, 153, 194, 216, 244, 246–251
  посредничество 8, 9, 11, 57–62, 146, 251, 252
  пролетарская литература 72, 73, 148, 192–195, 210, 216, 245–247, 250
  советская литература 72, 194, 248–250
  теория литературы 9, 74, 80, 119, 138, 141, 145
Комаки Оми 215
Коминтерн (Коммунистический интернационал) 212, 247

Коммунистическая партия
    Кореи 191
Кондже/Взаимопомощь, журнал
    68, 195–198
Кониси Масутаро 64
Конституция Мэйдзи 138
конфуцианство 55, 78, 101
Корейская война 249, 251
корейский язык 26, 39, 40, 44, 46,
    52, 58, 62, 65, 73, 79, 123–127,
    132, 134, 136–138, 140, 157, 182,
    204, 205, 250, 251
корейские газеты 41, 52, 67, 81,
    88, 100, 103, 104, 140–142,
    177–179, 232
корейское Просвещение 42, 115,
    148, 170
Короленко Владимир Галактио-
    нович 155
косвенный перевод (непрямой)
    8, 11, 43, 44, 48, 60, 146, 204,
    250, 251; см. перевод
    современная Корея 8, 146, 250,
    251
    трехсторонние отношения 252
Котоку Сюсуй 84, 85, 228
    *Комментарии к антивоенным
    взглядам Толстого* 84, 85
Кропоткин Пётр Алексеевич
    154–160, 199
    *Лекции по истории русской
    литературы* 155, 158
Ку Инхван 162
культура 7–9, 11, 20, 21, 25, 26,
    29–33, 36, 38, 39, 42, 43, 47, 49,
    58–61, 76, 90, 119, 122, 131, 134,
    136–138, 140, 146, 150, 152, 182,
    187–190, 193–197, 200, 203, 218,
    247, 249, 252–255, 257–259

западная 32, 134, 136, 257
иерархии 29, 32, 76, 190
местная 20, 25, 43, 152, 188
оригинальная vs. принимаю-
    щая 60
перевод 8, 9, 11, 15, 21, 22, 25,
    26, 29–33, 35, 36, 38, 39, 42, 43,
    47, 49, 59, 61, 136, 137, 146, 150,
    182, 189, 203, 249, 252, 253, 255,
    258, 259
передача 11, 26, 259
присвоение 49, 146, 182, 196,
    197, 255, 258
сопротивление 38, 39
культурный капитал 11, 49
Куникида Доппо 206
Курэно Тёон 165
курс культурного управления
    (бунка сэйдзи) 178
курс военного управления
    (будан сэйдзи) 178
Кусуяма Масао 208, 209
Кэбёк/Созидание, журнал 149,
    159, 161, 172, 200, 208, 214, 226

Лангер Пол Ф. 58
Лао-цзы 64
латынь 17, 18
Ленин Владимир Ильич 223
Лефевр Андре 23, 30, 31, 70, 93
Ли Гвансу 28, 44–48, 55, 72, 74,
    77–79, 82, 86, 107–109, 111, 112,
    114, 115, 117, 118, 120, 124, 125,
    127, 128, 131, 133, 134, 137,
    140–142, 144, 162, 177, 180, 199,
    201, 254, 256
    женские персонажи 162
    журналист 141, 142, 177
    класс 199

национальная литература 28, 74, 125, 137, 144, 199
национальность 131
первый современный роман 74, 78, 79, 180, 254
перевод 28, 44, 48, 77–79, 82, 108, 144
писатели 44–48, 72, 78, 79, 86, 107, 114, 117, 118, 120, 128, 140–142, 162, 177, 199, 254, 256
теория литературы 74, 78, 79, 111–123, 133, 180, 199, 254
Толстой 74, 78, 79, 82, 86, 107, 108, 111, 112, 114, 117, 118, 120, 128, 133, 144, 199, 201, 254
Япония 44, 46, 82, 107, 125, 144, 254
Аи ка/Это любовь? 46
Идеи Толстого о жизни — его религия и искусство 112
Кохян/Родина 243
Муджон/Бессердечие, Ли Гвансу 79, 162, 232
Мунхак иран хао/Что такое литература? 77, 114
Мунхаг-ый качхи/Ценность литературы 55
Мунса-ва суян/Писатель и самосовершенствование 140
Ценность литературы/ Мунхаг-ый качхи 55, 114, 127
Что такое литература?/ Мунхак иран хао 77, 114, 123, 129, 132, 143
Толстой и я 111
Чэсэн/Воскресение 162
Ли Иксан 44, 45, 192
Ли Санхёп 41
Ли Тхэджун 208, 209, 244

Ли Хёнхи 40
Ли Хёсок 53, 206
Ли Хиджон 51
Ли Хо 192
Ли Хонджон 62, 68
Ли Чокхё 192
Ли Чхан 62
Ли Чхоль 251, 252
литература 7, passim
    гибридная 181, 258
    искусство ради жизни 56, 139
    местная 19, 25, 152, 188
    мораль vs. наслаждение
    функции 82, 122, 130, 133, 137, 143, 190
литература для жизни 56, 252–258
литература нового направления (син кёнхянпха мунхак) 219, 221
литература современная 7, 9–11, 15–75, 77, 78, 87, 91, 114, 115, 121, 129, 136, 142, 143, 147, 150, 188, 246, 252, 256, 258, 259
Лу Синь 28, 55, 56, 254, 256, 257
    Записки сумасшедшего 254
Лю Лидия 21
Люксембург Роза 241
Лян Цичао 55, 88

Маньчжурский инцидент 66, 173
маньчжурский язык 63
Маэда Акира 154, 156–159, 165
    Техофу сёден/Краткая биография Чехова 157
Мао Дунь 55
Маркс Карл 19, 196–198, 223

Марудзэн, книжный магазин 54, 61
Масамунэ Хакутё 182, 183
  Тамацукия/Бильярдная 182, 183, 190
Мережковский Дмитрий Сергеевич 155
Миками Сандзи 135, 136, 138
Мин Гвандон 39
мировая литература 8, 19, 20, 56, 75, 76, 150, 151, 182, 187–189, 249, 259
  диффузионистская модель 20, 75, 151, 188
  постколониальная Корея 249
молодежные движения 89, 90
молодежь корейская 99, 100, 104, 145
монголы 170
Моретти Франко 19–21, 187, 188
  Гипотезы о мировой литературе 19
Мори Аринори 65
Мори Тай 82
Мотидзуки Тецуо 57, 253
Мопассан Ги де 156–159, 164, 222
Муногу/Порог, стихотворение 205
мунса 139, 140, 143
мусиль-ёкхэн (прилагать усилия на практике) 99, 100
Мусянокодзи Санэацу 109
Мэиль синбо, газета 41, 51, 52, 90, 172, 178, 232
Мэйдзи, Тайсё, Сёва хонъяку бунгаку мокуроку/Индекс переводной литературы времен Мэйдзи, Тайсё и Сёва 34, 58

Мэнсфилд Кэтрин 182, 184–186, 190
  Девочка, Которая Устала 182, 184

На Хесок 163
На Дохян 162, 164
  Хванхи/Радость 162
Нагаё Ёсиро 109, 110
Накадзато Кайдзан (Накадзато Яносуке) 85, 92, 95, 98, 99, 102–104
  Торусутои гэнкороку/Изречения и поступки Толстого 92
Накануне (Тургенев) 76, 193, 194, 202, 206–212, 218, 224, 225, 230–234, 236–247
  переводы 76, 194, 206–209, 225, 230, 231, 233, 236, 244
  персонажи 76, 193, 194, 208–211, 218, 224, 236, 240, 241
  пролетарская литература 76, 193, 194, 202, 206, 210, 218, 224, 225, 231, 241
  Река Нактонган 236–247
  рассказчик в романе И.С.Тургенева *Накануне* 209, 240, 241, 244
народ (кокумин, минджок) 15, 45, 81, 83, 84, 87–89, 96, 97, 101, 112, 117–119, 121, 124–127, 131–137, 141, 192, 194, 200, 213, 215, 220, 222, 223, 228, 231, 237, 255
Народная воля, подпольная группа 224
народничество 224, 225, 228
натурализм 47, 110, 184, 218

национализм 16, 17, 83–85, 87, 144, 148, 201, 216
национальная литература 7–11, 15, 16, 19, 21–25, 27, 28, 47, 51, 52, 73, 74, 112–114, 122, 123, 126, 132–139, 143–145, 151, 199, 258, 259
Национальная школа иностранных языков (Кваллип Вегуго Хаккё) 66
национальность (минджоксон) 120, 131–133, 247
Нацумэ Сосэки 127, 130, 155
немецкий язык 18, 61, 64–66
неоидеализм (син исанджуый) 213, 218, 219, 247
неоромантизм 214, 231
Нива Дзюнъитиро 50
нигилизм 69, 203, 205, 213, 223, 247
Николай, священник (Иван Дмитриевич Касаткин) 63, 153
Нисимура Сёдзан 165
Нихон бунгакуси/История японской литературы, Миками Сандзи, Такасу Кувасабуо 135
Нобелевская премия по литературе 189
Нобори Сёму 54, 64, 66, 82, 83, 203, 206
Новая Зеландия 75, 150, 151, 186
Новое время, газета 152
новое направление (син кёнхянпха мунхак) 219

Огонь/Пуль, Хён Джингон 149, 150, 161, 164–170, 172, 173, 175, 182, 185

газетные отчеты 150, 173
женский персонаж 149
ранний брак 149, 170, 172, 173, 175
Спать хочется 164–169
Огури Фуё 206
Одзаки Коё 153
Организация исследований иностранной литературы 62
оригинал 15, 18, 24, 25, 28–30, 32–35, 49, 60, 61, 77, 94, 126, 140, 144, 146, 148, 155, 183, 190, 201, 212, 226–228, 232, 234, 236, 255
иерархия ценностей 28, 29
ориентализм 37, 256
Осака Асахи симбун/Новости Осаки Асахи, газета 81
Осанаи Каору 164
Осуги Сакаэ 217

Пак Ёнхи 47, 56, 148, 156, 159, 160, 177, 192, 200, 201, 213, 215, 216, 218, 219, 221, 223, 241
Чхехопхы хигок-э натханан носоа хванмёльги-ый котхон/Муки эпохи разочарования России, описанные в драмах Чехова 156, 159
пролетарская литература 59, 71–73, 76, 148, 149, 159, 160, 191–194, 200, 201, 212–220, 223, 224, 236, 237, 241, 243, 245–247, 250
русская литература 10, 71–73, 76, 160, 191, 193, 194, 202, 213, 218, 223, 228, 245–247
Пак Кымсун 179

Пак Сонун, персонаж *Реки Нактонган* 237
Пак Хёнгю 251
Пак Чинён 51
Пак Чонхва 214, 218
ПАСКЮЛА, группа 192
перевод 7, *passim*; см. адаптация, присвоение
   автоматизированный 31
   буквальный (дословный) 18, 26, 36–39, 41–44, 47–49, 102, 104, 117, 165, 196, 209
   газеты 19, 41, 43, 52, 76, 100, 150, 182, 194, 204, 230–236, 258
   Запад 29, 47, 77, 78
   иерархия ценностей 28, 32
   историчность 26–29, 32
   источники 7, 16, 52, 71, 79, 102, 103, 152, 208, 250
   колониальный 8, 9, 11, 26, 30, 34, 35, 37, 39–52, 58, 60, 62, 72, 73, 79, 126, 141, 143, 144, 146, 153, 200, 232, 236, 244, 248–252
   компромисс 21
   косвенный 8, 11, 43, 44, 48, 60, 146, 204, 250, 251
   краткое содержание 24, 92, 208, 209, 244, 258
   культурное сопротивление 36–39
   методология 32, 36, 37, 39, 50–52, 74, 258
   оригинал 7, 15, 18, 24–26, 28–30, 32–35, 44, 48, 49, 60, 61, 77, 94, 126, 144, 146, 148, 152, 155, 182, 189, 190, 209, 232–234, 236, 255, 258
   переписывание 11, 30, 42, 48, 70, 94, 190
   социальная ангажированность 8, 32, 69
   стиль письма 27, 49, 69, 110, 203, 204, 223
   творчество 15, 24, 25, 28, 29, 32, 73, 75, 82, 83, 90, 94, 152, 154, 182, 205, 251, 258
   теории 9, 23, 24, 26, 73, 74, 78, 79, 136, 139, 143
   этика 36–39, 47, 109
   японская теория литературы 112, 113, 123, 136–138, 145
переводоведение 11, 12, 29–32
переводчики 7, 16, 25, 27–29, 33, 34, 36, 41, 43, 44, 46, 48, 49, 59, 60, 62, 63, 66, 68, 71, 74, 76, 79, 100, 126, 148, 165, 182, 205, 206, 230, 234, 235, 250, 255
   видимость 16, 28
   писатели 25, 27–29, 44, 48, 59, 62, 68, 71, 76, 206, 230, 250
   русская литература 7, 43, 59, 60, 62, 63, 66, 68, 71, 76, 206, 250, 255
   персонажи художественной литературы 76, 235, 255
   газетные отчеты 41, 43, 76, 100, 182, 235
Пинч Адела 116
писатели 8, *passim*; см. конкретные имена
   женские 150, 162, 163, 184
   журналистика 142, 150, 177
   колониализм 8, 47, 54, 58, 62, 72, 73, 79, 113, 118, 119, 138, 141, 142, 146, 153, 194, 216, 244, 246–251
   корейские термины 137
   образ жизни 44, 72

образцы для подражания 47, 71, 72, 193, 223
образы 10, 70–75, 79, 150, 155, 161, 196, 197, 210, 246, 256
отождествление 72
переводчики 25, 27–29, 44, 48, 59, 62, 68, 71, 76, 206, 230, 250
послевоенное поколение 251
профессиональные 178
русские 54, 56–59, 61, 66, 69–73, 76, 78, 80, 94, 98, 109, 112, 118, 133, 144, 147, 152, 153, 155, 156, 160, 193, 195–197, 199, 202, 217, 218, 222, 223, 247, 254, 255
Плиний 31
полисистемная теория 31
политика 29, 32, 51, 58, 70, 128, 141, 142, 170, 178, 248, 249
популизм 213, 225, 247
Порт-Артур 84
послевоенное поколение (чонху седэ) 251
посредничество 8, 9, 11, 23, 44, 46, 57–62, 73, 78, 146, 251–253
постепенные изменения (gradualism) 87–90, 145
постколониальный период (Корея) 73, 248–252
поэзия 48, 69, 107, 121, 124, 128, 134, 215, 217
корейская пролетарская литература 217
Ли Гвансу 48, 124, 134
теория литературы 121
Толстой 69, 107
Тургенев 69, 217
Чхве Намсон 48

Православная духовная семинария (Сэйкё Сингакко) 54, 61, 63, 64, 66, 113, 206
присвоение 24, 34, 35, 49, 62, 72, 73, 76, 78, 107, 146, 148, 150, 154, 161, 163, 169, 182, 194, 196, 197, 202, 225, 255, 258
адаптация 24, 49, 161, 182
корейская пролетарская литература 194, 202, 225
культурное 196, 197
перевод 24, 34, 35, 62, 72, 73, 76, 146, 148, 150, 154, 161,169, 182, 194, 225, 255, 258
производящее присвоение 148, 150, 154, 161, 182, 255
русской литературы 62, 72,107, 150, 194, 255, 258
Толстого 78, 107, 146, 196, 197
Тургенева 76, 194, 202, 225
Чехова 148, 154, 161, 182
пролетарская литература 59, 71–73, 76, 148, 149, 159, 160, 191–194, 200, 201, 212–220, 223, 224, 236, 237, 241, 243, 245–247, 250
простолюдины (санмин) 101, 170
Путятин Евфимий Васильевич, граф 202
Пушкин Александр Сергеевич 68

рабочее движение, корейское 195, 198, 199
рассказы 35, 45, 46, 53, 73, 75, 76, 91, 92, 147–150, 152–158, 161–165, 167–169, 173, 177, 179–187, 190, 192–194, 203–205, 207, 209, 222, 231, 232, 236, 237, 240–245, 254, 255

Хён Джингон 75, 148–150, 161, 162, 164, 165, 179, 181, 182, 185
реализм 193, 223, 228, 231
Рескрипт об образовании (Япония) 138
Рикёр Поль 148
Римская империя 26
риторика изучение (бидзигаку) 130
Ричардсон Сэмюэл 29
Робинсон Дуглас 31
Роза, персонаж рассказа *Река Нактонган* 237–241, 244, 255
Роллан Ромэн 199
романтизм 23, 115, 116, 214, 218
романы 18–21, 39–41, 50–52, 55, 65, 69, 71, 72, 74, 78, 79, 82, 83, 85, 91, 92, 120, 124, 127, 128, 142, 153, 154, 162, 164, 180, 181, 187, 194, 202–215, 218, 221, 222, 224, 225, 230, 232, 233, 235, 236, 238, 241–246, 251, 254
  адаптации 40, 41, 208, 209, 232
  корейские 52, 79, 180, 232, 246
  Ли Гвансу 72, 74, 78, 79, 82, 115, 116, 120, 124, 162, 180, 254
  новые корейские (синсосоль) 181
  реалисты XIX века 69
  русские 55, 154, 211, 212, 232
  современные 20, 21, 65, 74, 204, 254
  теория литературы 74, 79, 127, 180, 187, 254
  Хён Джингон 162, 164, 208–210
  эмоции 124, 127, 128, 142, 218
  японские 50, 52, 254
Росиа-джок (росиа-тэки, типично русская) 69

Россия 10, 11, 50, 54, 57, 58, 60, 63–66, 83, 86, 90, 123, 140, 150, 152, 156, 158–160, 194, 198, 205, 207, 209, 211, 215, 217, 218, 221–227, 231, 238, 239, 245–247, 250, 251, 253, 255, 257
  буржуазия 194, 239, 245, 246
  Восточная Азия 10, 54, 257
  Корея 10, 11, 50, 54, 58, 60, 66, 140, 150, 156, 194, 217, 218, 221–223, 225, 231, 239, 245–247, 250, 255
  национальный характер 159
  писатели 10, 54, 90, 140, 152, 156, 159, 160, 194, 218, 222–225, 231, 245–247, 255
  революция 159, 160, 207, 211, 215, 218
  Япония 10, 54, 58, 60, 63, 66, 86, 90, 140, 150, 215, 231, 246, 253, 257
Русская православная церковь 63
Русский вестник, газета 207
русская литература 8–10, 43, 44, 50, 53–58, 60–74, 76, 80, 83, 107, 139, 144, 147, 155, 158–160, 193, 195–203, 206, 208, 213, 222, 223, 228, 245, 246, 248–258; см. советская литература, конкретные авторы
  авторитарный режим 8, 57
  Восточная Азия 7–10, 53–55, 72, 74, 80, 252, 253, 255–258
  гуманизм 69, 72, 109, 118, 256, 258
  дореволюционная 76, 193, 202, 213, 218, 221–223, 245–247
  Европа 70, 252, 257

изучение 50, 53, 63, 72, 109, 199, 250, 254
искусство ради искусства 56, 217
Китай 10, 53–55, 252–257
колониализм 8, 9, 34, 44, 50, 54, 58, 60, 62, 67, 72–74, 80, 144, 146, 207, 246–252
косвенные переводы 8, 43, 44, 54, 69, 74, 146, 204, 250, 251
мораль 56
образец 71, 79, 256
Пак Ёнхи 56, 72, 76, 156, 160, 213, 221–223, 251, 255
перевод
персонажи 71, 72, 76, 193, 194, 218, 222, 223, 255
присвоение 62, 72, 107, 150, 194, 255, 258
пролетарская 10, 71–73, 76, 160, 191, 193, 194, 202, 213, 217, 218, 223, 228, 245–247, 250
радикализация 195–202
Япония 8, 10, 53, 54, 57, 58, 60–63, 66, 69, 70, 80, 109, 144, 154, 155, 191, 202, 216, 217, 246, 252–254, 257
японское посредничество 57–62, 73, 78, 251–253
XIX век 10, 53–55, 57, 58, 69, 71, 72, 76, 158–160, 193, 221, 223, 245–247, 253, 254, 257
русский язык 54, 60–68, 144, 153, 203–205, 248, 250, 251, 253
Русско-японская война 10, 58, 63, 67, 69, 82–86, 202
Русско-японский словарь — Ва-ро Цугэн Хико 63
Рузвельт Теодор 82

Сайкайси Сидзука 113
Сакаи Наоки 18, 22, 43
Сакаи Тосихико 217
Сано Манабу 217
Санъютэй Энтё 42
Сатоми Тон 109
Седжон, король 126, 134, 138
Сеятель/Танэ маку хито/Сси ппуринын сарам-дыль, журнал 214–218
Сё Кониси 253
Сёкугэн/Откровенный разговор, журнал 85
Сёнэн сэкай/Мир молодежи, журнал 88
Сидэ ильбо, газета 69, 173, 179
Сига Наоя 109
Сила любви, выпускавшийся по частям роман 235
Симамура Хогэцу 114, 156, 208
Искусство в кандалах 114
символизм 214, 217
Син Сокчон 212
Пан/Комната 212
Синминхве (Новое народное общество) 87–89, 99
Синри хакува/История психологии 130
Сиракаба/Белая береза, журнал 109
Сиракаба/Белая береза, объединение 109–111
Со Хёнджу 162
советская литература 245, 248–250, 255
Советский Союз (СССР) 231, 250, 253

современность 24, 76, 81, 113, 121, 144, 188, 194, 246, 247, 254, 257, 259
  восточноазиатская 254, 257
  Запад 257
  запоздалая 113
  переводная 259
  Россия 194, 247, 257
Созидание, журнал 46, 159, 161, 180, 200, 208; см. Чханджо, Кэбёк
Сома Гёфу 155, 208
  Техофу рон/Исследование о Чехове 155
Сонён/Молодежь, журнал 79, 82, 87, 89–92, 94, 95, 97–99, 101, 103, 104, 106, 107, 112
  приостановка выпуска 90, 103, 104
  Толстой 79, 87, 90–92, 94, 95, 97, 99, 101, 103, 106, 112
сосоль (художественное повествование) 181
социализм 85, 86, 195, 198, 199, 217, 220, 228, 242, 245
  Достоевский 199
  река Нактонган 242
  пролетарская литература 220, 228, 245
  Толстой 85, 86, 195, 198, 199
  труд 86, 195, 198, 242
  христианство 85
Спать хочется, рассказ А. П. Чехова 149, 150, 154, 161, 164–167, 169, 183–185, 190
  адаптации 161, 190
  мировая литература 150
  Огонь 164–169

переводы 149, 150, 154, 161, 165, 190
Спивак Гаятри 36–39
сравнительная литература 22, 29, 30
Суворин Алексей Сергеевич 152
Суни, персонаж рассказа *Огонь* 75, 149, 161–163, 165, 166, 168, 169, 174, 176, 179, 180, 186
Сунджон, король 171
Сэки Такэсабуро 64
Сэнума Каё 64, 153, 154
Сэппун хока хатихэн/Поцелуй и восемь других рассказов 154, 165

Тагор Рабиндранат 34, 231
Такасима Хэйдзабуро 130
Такасу Кувасабуо 135, 136, 138
театр современный 147
теория литературы 73, 74, 77–80, 87, 111–113, 117–119, 121–123, 127, 130, 131, 133, 136, 137, 145, 180, 187, 199, 254
  колониализм 74, 80, 119, 138, 142, 143, 245, 247
  Ли Гвансу 74, 78, 79, 111–123, 133, 180, 199, 254
  самостоятельное изобретение 20, 23
  Толстой 74, 78–80, 87, 108, 111–114, 117, 118, 122, 123, 128, 131, 133, 143, 145, 199–201, 254
  эмоции 121, 123, 127, 128, 130, 131, 133, 142, 199–201, 247
Тёя синбун, газета 202
Токийская школа иностранных языков (Токё Гайкокугу Гакко) 54, 61, 63–67

Токутоми Рока 83
Биография Толстого 83
Тон Ван 251
Тонъа ильбо/Ежедневный вестник Тонъа, газета 59, 141, 172, 174–177, 179, 232
Тонвон 197, 198
Тоннип синмун, газета 100, 170
тонпхо («соотечественники») 117, 118
Толстой Лев Николаевич 55, 57, 66, 69, 71, 73, 74, 78–80, 82–87, 90–120, 122, 123, 128, 131, 133, 143–147, 153, 159, 193, 195–202, 208, 223, 251, 254
  анархизм 83, 85, 86, 93, 101, 103
  антивоенная философия 69, 82–86, 92, 93, 108, 202
  гуманизм 69, 83, 86, 108–111, 118, 120
  западные представления 107
  искусство 74, 79, 86, 108, 110–120, 122, 131, 133, 143, 145, 195, 199–201
  корейские интеллектуалы 55, 74, 78–80, 86, 87, 101, 107, 112, 123, 193, 198, 200
  корейская молодежь 99–101, 104, 145
  Корея 55, 69, 71, 73, 74, 78–80, 85–87, 91, 92, 95, 96, 101, 102, 104, 105, 107–109, 112, 114, 123, 131, 143–145, 147, 153, 193, 195–200, 223, 254
  Ли Гвансу 74, 78–80, 82, 86, 87, 92, 107–109, 111–118, 120, 122, 123, 128, 131, 133, 143–146, 199–201, 254
  национализм 84, 87, 118, 144, 201
  обожествление 94–96
  переводы 73, 74, 78, 79, 82–84, 90–95, 102, 104, 108, 109, 144, 146, 147, 153, 196, 208, 251
  присвоение 78, 107, 146, 196, 197
  пролетарская литература 71, 73, 193, 195, 200, 201
  радикализация 71, 86, 102, 103, 145, 193, 195, 197, 199, 200
  смерть 91, 97, 102, 104–107
  социализм 85, 86, 195, 198, 199
  теория литературы 74, 78–80, 87, 108, 111–114, 117, 118, 122, 123, 128, 131, 133, 143, 145, 199–201, 254
  труд 86, 96–99, 100–102, 104, 107, 195–199
  христианство 85, 95, 97, 98, 108, 114, 118–120, 131, 199
  Чехов 66, 71, 73, 147, 153, 159
  Чхве Намсон 74, 78–80, 82, 86–107, 112, 144–146, 196–198
  эмоции 57, 115–117, 123, 128, 131, 133, 199–201
  Анна Каренина 92
  Война и мир 82, 92
  Воскресение 92, 108, 120, 162, 208, 251
  Исповедь 93, 97–99
  Одумайтесь! 83, 84
  Что такое искусство? 113
Тури Гидеон 31
Торусутои гёсё/произведения Толстого 110
Торусутой каи/Толстовский клуб 110

Торусутой кэнкю /Изучение Толстого, журнал 109–111
Торусутоидзуму корё/Принципы толстовства 102
труд (нодон ёкчак, родо) 26–29, 75, 86, 96–104, 107, 168, 182–190, 195–199
  детский 75, 182–190
  корейская молодежь 99, 100, 101
  Толстой 86, 96–99, 100–102, 104, 107, 195–199
  Чхве Намсон 86, 96–104, 107, 162, 196–198
Тургенев Иван Сергеевич 66, 68, 69, 71–73, 76, 80, 153, 159, 193, 194, 202–212, 217, 218, 221–225, 228–231, 233–236, 238–241, 243–245, 251, 254; см. конкретные работы
  адаптации 206, 208, 209
  интеллектуалы 69, 202, 203, 206, 223–225, 229–231, 241
  корейская пролетарская литература 76, 193, 194, 202, 206, 210, 212–230, 245
  образец для подражания 193, 202, 221, 223, 225
  переводы 69, 73, 76, 153, 194, 203–209, 225, 228, 230–236, 251
  присвоение 76, 193, 194, 202, 206, 223, 225
  социализм 71, 225, 236
  стихотворения в прозе 68, 73, 205, 206, 228, 229
  Чехов 71, 73, 153
  Чо Мёнхи 76, 194, 208, 209, 225, 230–245
  Япония 69, 73, 80, 153, 202–208, 231, 251
  японская литература 254
  Ася 251
  Вешние воды 230
  Записки охотника 203, 205, 254
  Накануне 76, 193, 194, 202, 206–212, 218, 224, 225, 230–234, 236–247
  Новь 206, 218, 222, 224, 225
  Отцы и дети 69, 193, 202, 203, 205, 206, 223
  Рудин 206
  Свидание 203, 204, 207
  Чернорабочий и белоручка 68, 228
Тховольхве, театральное общество 192
Тхэсо муне синбо/Журнал западной литературы, журнал 204, 205
Тэдон синбо/Новости Тэдон, газета 103
Тэйкоку бунгаку/Императорская литература, журнал 113
Тэхан мэиль синбо/Ежедневные новости Кореи, газета 43, 81, 88, 89, 171
Тэхан хакхэ вольбо/Ежемесячный отчет корейского общества 82
Тэхан Чаганхве/Общество самоусиления Кореи 88

Уэда Бин 205

Франция 54, 69, 159, 215
французская литература 34, 53, 56, 57, 60, 61, 68, 157, 159, 188, 253

французский язык 18, 61, 64–66, 189, 253
Фриборн Ричард 225
Фтабатэй Симэй 28, 50, 54, 65, 66, 203, 204, 206, 207, 223, 251, 254, 256
   корейская пролетарская литература 223
   русская литература 54, 65, 66, 203, 204, 206, 251, 254, 256
   Катакои 251
   Укигумо 65, 203, 254
   Форма и дух народного нигилизма 203

Хага Яити 135, 136, 138
   Кокубунгакуси дзикко/Десять лекций об истории национальной литературы 135
Хакчигван, журнал 128, 132, 172
Хам Дэхун 62, 67
Хан Суён 13, 250, 251,
Хансон синбо/Сеульская газета 232
Хансон сунбо/Сеульское обозрение, газета 232
Харди Томас 53
Хасэгава Тэнкэй 113
Хван Сунвон 250
Хван Хён 105
Хван Чонён 78, 115, 128
Хвансон синмун/Новости столицы, газета 81, 100, 171
Хён Джингон 28, 48, 75, 147–150, 154, 156, 161–170, 172, 174, 176, 178–182, 185, 186, 190, 210, 211
   журналистика 178–180
   рассказы 75, 147, 149, 154, 162–164, 169, 179–182, 185, 186

Чехов 75, 147–149, 154, 156, 161, 164, 185, 186
Япония 154
Б сагам-ква лобылето/Любовные письма смотрительницы общежития г-жи Б 164
Ккамакчапки/Жмурки 149
Огонь/Пуль 149, 150, 161, 164–170, 172, 173, 175, 182, 185
Пхиано 169
Таракча 169
Унсу чоын наль/ Удачный день 149
Хисэнхва/Жертвенный цветок 148
Хэтты-нын чипхёнсон/ Горизонт, над которым восходит солнце 181
Чисэ-нын ангэ/Туман на рассвете 210
Чосон-ый ольгуль 169
Хён Чхоль 208, 209
Хилл Кристофер 187
Хироцу Кадзуо 68, 154, 165
   Нэнгэцу-но асиото/Шаги времени 68
холодная война 50, 62, 248
хонъяку, дословный перевод 41, 42, 136
христианство 85, 95, 97, 98, 108, 114, 118–120, 131, 199
художественная литература 125, 127, 128, 148, 150, 177, 178, 180, 181, 241, 258; см. персонажи, художественной литературы
Хэймин синбун/Газета простого народа 83, 85, 93
Хэйминся/Общество простого народа 84

цензура 71, 89, 101, 103–105, 178
  постколониальной Кореи 178
  японская 89, 103
Цицерон 26, 31
Цубоути Сёё 14, 42, 74, 127, 128
  Сёэцу синдзуй/Сущность романа 127
Цянь Гужун 255

Чан Ёнхва 206, 207
Чегук синмун/Новости империи, газета 81, 171
Чехов Антон Павлович 53, 56, 66–68, 71–73, 75, 147–161, 164–167, 179, 182–187, 190, 221, 222
  адаптация 75, 152, 161, 182, 190
  два периода писательства 152, 153, 156, 158
  женские персонажи 182, 184–186
  мировая литература 75, 150, 151
  Новая Зеландия 75, 150, 151
  переводы 53, 73, 147, 149–155, 165, 169, 182
  присвоение 148, 154, 161, 169
  пролетарская литература 71, 73, 159, 160
  пьесы 53, 161
  Толстой 73, 147, 153, 156
  Япония и Корея 152–161
  Поцелуй 149, 154, 165
  Спать хочется 149, 150, 154, 161, 164–167, 169, 183–185, 190
  Степь 152
  Тоска 149
Чжэн Чжэньдо 257

Чин Хакмун (Сунсон) 62, 68, 154
Чо Джунгон 237
Чо Джунхван 52
Чо Мёнхи 76, 194, 208, 209, 217, 224, 225, 230–238, 240–245
  полное собрание сочинений 242
  пролетарская литература 76, 194, 217
  публикация перевода по главам 230–236
  Тургенев 76, 194, 208, 209, 225, 230–245
  Зарисовка моей жизни 231
  Нактонган 76, 194, 224, 231, 236–245
  Ттан сог-ыро/К земле 231
Чон Сеюн 195, 196,
Чон Ынгён 51
Чосон ильбо/Корейский ежедневный вестник, газета 176, 232, 234–236
Чосон мундан/Корейский литературный мир, журнал 69, 164, 181
Чосон нодон кондже хве/ Корейское общество рабочей взаимопомощи 195
Чосон чи кван/Светоч Кореи, журнал 231
Чосон чунъан ильбо, газета 176
Чосон чхоннён тонниптан/ Корейское освободительное молодежное объединение 82
Чу Ёсоп 56, 156, 250
  Носоа-ый тэ мунхо Чхекхопы/ Великий русский писатель Чехов 56, 156
Чу Ёхан 45, 177

Чу Сигён 124
Кугŏ-ва кунмун-ый пхирё/Необходимость национального языка и национальной письменности 124
Чунъан ильбо, газета 173, 176
Чунве ильбо/Ежедневный вестник Чунве, газета 173, 175, 177
Чханджо/Созидание, журнал 46, 180
Чхве Вонсик 23, 162, 246
Чхве Гванок 89
Чхве Дусон 128
Чхве Намсон 48, 72, 74, 78–82, 86–107, 112, 142–146, 196–198, 205
  корейская молодежь 87–90, 99–101, 104, 145
  обожествление Толстого 94–96, 144–146
  переводы 48, 51, 52, 78, 79, 102–104, 144
  ранняя жизнь 81, 82
  смерть Толстого 91, 105, 106,
  теории литературы 78, 79, 145
  Толстой 72, 74, 78–80, 82, 86, 87, 90–107, 112, 144–146, 196–198
  цензура 103–105
  чунъин (средний класс) 81, 100
  Ассоциация молодежи 99, 100
  Сонсэн-ый сун сильхэн/Практика Толстого 91
  Тхолссытхой сонсэн-ый кёси/Учение Толстого 91, 92, 94–97, 101–103
  Тхолссытхой сонсэн хасе кинём/Вспоминая Толстого 105
  Тхолссытхой сонсэн-ыль кокхам/Оплакивание Толстого 92, 106, 107
  Уридыр-ый ыйму/Наш долг 91, 98
  Цели Ассоциации молодежи/Чхоннён Хагухве-ый чуджи 100
Чхве Мёник 105
Чхве Сохэ 149
Чхве Сынман 62
Чхве Тхэвон 41, 51, 52
Чхве Усун 105
Чхве Хонгю 81
Чхоннён Тонджихве/Группа товарищей молодежи 89, 90
Чхоннён Хагухве/Ассоциация молодежи 87, 89, 90, 99
Чхончхун/Молодость, журнал 68, 79, 205
Чхэ Мансик 105

Шестов Лев Исаакович 155, 160, 161
Ши Г. Т. 216
Школа иностранной литературы/Хэве Мунхакпха 67, 68, 161
Шубин, персонаж романа И. С. Тургенева *Накануне* 210, 211, 233, 234, 241

Эвен-Зохар Итамар 31
Эккерман Иоганн Петер 19
эмоции 57, 60, 115–118, 121, 123, 124, 127–135, 142, 179, 199–202, 218, 225, 238, 247
  Ли Гвансу 115–118, 121, 123, 124, 127–133, 199, 201
  литература 57, 115, 116, 121, 123, 124, 127–135, 247

национальность 127, 131–133, 135, 247
романтизм 115, 116
теория литературы 121, 123, 127, 130, 131, 133, 199
Толстой 115–117, 128, 131–133, 199–202
Энгельс Фридрих 19, 223
этика 36–39, 47, 85, 109, 122, 171, 172

Юм Дэвид 116
Юй Дафу 55
Ю Чинхи 198
Социалистическое исследование рабочего движения 198
Юн Донджу 206
Юн Пёнро 162
Юн Суни 174
Юнг Эдуард 28
Мысли об оригинальном сочинении 29
Южная Корея 50, 248, 249

Ямакава Хитоси 217
Ямато нисики/Японский шелк, журнал 207, 232
Ямадзаки Тосио 108
Ян Китак 88, 89
Япония 8, 10, 12, 13, 41, 43–47, 53, 54, 57–64, 66, 67, 69–71, 73, 75, 80–83, 85–88, 90–92, 103–105, 107–111, 113, 123, 125, 127, 131, 137, 138, 140, 142, 144, 145, 150–157, 160, 161, 184, 186, 191, 202–207, 210, 214, 215, 217, 230, 231, 246, 252–254, 257
японская литература 34, 45–47, 49, 57, 60, 66, 134–136, 138, 203, 253
японский колониальный режим 8, 52, 54, 141, 145, 192, 195, 232, 252
японский язык 8, 22, 43–46, 58, 66, 81–83, 85, 123, 135, 137, 139, 144, 146, 153, 155, 164, 165, 183, 206, 251

Оглавление

Предисловие 7
Благодарности 12
Заметки о транслитерации и именах 14

Введение. Перевод и создание современной литературы ... 15
Глава 1. Манипулирование славой и тревожностью.
  Конструирование образцового интеллектуала
  и теория литературы 77
Глава 2. Переписывая литературу и реальность.
  Перевод, журналистика и современная литература 147
Глава 3. Стремление к новой литературе.
  Создание пролетарской литературы на основе русских
  произведений XIX века 191
Эпилог. Общее восприятие в Восточной Азии
  и представления об альтернативных историях
  литературы 248

Источники 260
Библиография 264
Предметно-именной указатель 278

Научное издание

Хигён Чо
ЗАБЫТАЯ ИСТОРИЯ ПЕРЕВОДА
Русская литература, японское посредничество и формирование современной корейской литературы

Директор издательства *И. В. Немировский*
Ответственный редактор *И. Белецкий*
Куратор серии *Е. Яндуганова*
Заведующая редакцией *Н. Ломтева*

Дизайн *И. Граве*
Редактор *О. Немира*
Корректоры *Е. Гайдель, А. Филимонова*
Верстка *Е. Падалки*

Подписано в печать 27.06.2024.
Формат издания 60 × 90 $^1/_{16}$. Усл. печ. л. 18,8.
Тираж 200 экз.

Academic Studies Press
1577 Beacon Street, Brookline, MA 02446 USA
https://www.academicstudiespress.com

ООО «Библиороссика».
198207, г. Санкт-Петербург, а/я № 8

Эксклюзивные дистрибьюторы:
ООО «Караван»
ООО «КНИЖНЫЙ КЛУБ 36.6»
http://www.club366.ru
Тел./факс: 8(495)9264544
e-mail: club366@club366.ru

Книги издательства можно купить
в интернет-магазине: www.bibliorossicapress.com
e-mail: sales@bibliorossicapress.ru

*Знак информационной продукции согласно
Федеральному закону от 29.12.2010 № 436-ФЗ*

www.ingramcontent.com/pod-product-compliance
Lightning Source LLC
Chambersburg PA
CBHW070401100426
42812CB00005B/1593